# Beiträge zur Graphischen Datenverarbeitung

Herausgeber:
Zentrum für Graphische Datenverarbeitung e.V., Darmstadt (ZGDV)

# Beiträge zur Graphischen Datenverarbeitung

J. L. Encarnação (Hrsg.): Aktuelle Themen der Graphischen Datenverarbeitung. IX, 361 Seiten, 84 Abbildungen, 1986

G. Mazzola, D. Krömker, G. R. Hofmann: Rasterbild – Bildraster.
Anwendung der Graphischen Datenverarbeitung zur geometrischen
Analyse eines Meisterwerks der Renaissance: Raffaels „Schule von Athen".
XV, 80 Seiten, 60 Abbildungen, 1987

W. Hübner, G. Lux-Mülders, M. Muth: THESEUS. Die Benutzungs-
oberfläche der UNIBASE-Softwareentwicklungsumgebung.
X, 391 Seiten, 28 Abbildungen, 1987

M. H. Ungerer (Hrsg.): CAD-Schnittstellen und Datentransferformate
im Elektronik-Bereich. VII, 120 Seiten, 77 Abbildungen, 1987

H. R. Weber (Hrsg.): CAD-Datenaustausch und -Datenverwaltung.
Schnittstellen in Architektur, Bauwesen und Maschinenbau.
VII, 232 Seiten, 112 Abbildungen, 1988

J. Encarnação, H. Kuhlmann (Hrsg.): Graphik in Industrie und Technik.
XVI, 361 Seiten, 195 Abbildungen, 1989

D. Krömker, H. Steusloff, H.-P. Subel (Hrsg.): PRODIA und PRODAT.
Dialog- und Datenbankschnittstellen für Systementwurfswerkzeuge.
XII, 426 Seiten, 45 Abbildungen, 1989

J. L. Encarnação, P. C. Lockemann, U. Rembold (Hrsg.): AUDIUS –
Außendienstunterstützungssystem. Anforderungen, Konzepte und
Lösungsvorschläge. XII, 440 Seiten, 165 Abbildungen, 1990

J. L. Encarnação, J. Hoschek, J. Rix (Hrsg.): Geometrische Verfahren
der Graphischen Datenverarbeitung. VIII, 362 Seiten, 195 Abbildungen, 1990

W. Hübner: Entwurf Graphischer Benutzerschnittstellen. Ein objektorientiertes
Interaktionsmodell zur Spezifikation graphischer Dialoge. IX, 324 Seiten,
129 Abbildungen, 1990

M. Frühauf, M. Göbel: Visualisierung von Volumendaten. VII, 178 Seiten,
107 Abbildungen. 1991

B. Alheit, M. Göbel, M. Mehl, R. Ziegler: CGI und CGM. Graphische Standards
für die Praxis. X, 192 Seiten, 44 Abbildungen. 1991

B. Alheit   M. Göbel   M. Mehl
R. Ziegler

# CGI und CGM

Graphische Standards für die Praxis

Mit 44 Abbildungen

Springer-Verlag
Berlin  Heidelberg  New York
London  Paris  Tokyo
Hong Kong  Barcelona
Budapest

*Reihenherausgeber*

ZGDV, Zentrum für Graphische Datenverarbeitung e.V.
Wilhelminenstraße 7, W-6100 Darmstadt

*Autoren*

Bernd Alheit
ZGDV, Zentrum für Graphische Datenverarbeitung e.V.
Wilhelminenstraße 7, W-6100 Darmstadt

Martin Göbel
Max Mehl
Rolf Ziegler
FhG-AGD, Fraunhofer-Arbeitsgruppe
für graphische Datenverarbeitung
Wilhelminenstraße 7, W-6100 Darmstadt

ISBN 3-540-53699-X Springer-Verlag Berlin Heidelberg New York

Die Deutsche Bibliothek – CIP-Einheitsaufnahme
CGI und CGM: graphische Standards für die Praxis / B. Alheit ... – Berlin; Heidelberg; New York;
London; Paris; Tokyo; Hong Kong; Barcelona; Budapest: Springer, 1991
(Beiträge zur graphischen Datenverarbeitung)
ISBN 3-540-53699-X
NE: Alheit, Bernd

33/3140–543210 – Gedruckt auf säurefreiem Papier

# Vorwort

Graphische Standards finden zunehmend Einzug in viele Bereiche der visuellen Präsentation der in der Datenverarbeitung errechneten Ergebnisse. Überall dort, wo eine Vielzahl unterschiedlicher Geräte, Programme und Einsatzumgebungen vorhanden ist, stellen graphische Standards den meist einzig sinnvollen Weg dar, um die unterschiedlichen Randbedingungen einheitlich erfassen zu können.

In diesem Buch geben wir zunächst einen Abriß über den Einsatz graphischer Standards. Es wird ein kurzer Überblick der geometrischen graphischen Standards vorgestellt und ihr Bezug zueinander verdeutlicht.

Das Hauptanliegen bildet eine ausführliche Vorstellung der beiden Standards der sogenannten Virtuellen Geräteschnittstelle. Das "Computer Graphics Interface (CGI)" bietet einen geräteunabhängigen und effizienten Zugang zu den interaktiven Fähigkeiten moderner graphischer Aus- und Eingabegeräte. Das "Computer Graphics Interface (CGM)" dient zur langfristigen Speicherung von "Bildern", also einer rechnerinternen Repräsentation der graphischen Daten. Beide Standards sind durch dieselbe Kodierung benutzbar und so eng aneinander gekoppelt.

Beide Standards bieten grundlegende Fähigkeiten, die in jedem graphischen System benötigt werden. Dabei ist es unerheblich, ob das Graphik-Paket, was sich auf diese Standards stützt, selbst nach einem Standard entworfen ist, oder andere Einsatzgebiete hat. Als Beschreibung graphischer Schnittstellen bieten beide Standards ein weites Anwendungsgebiet. Sie bieten damit eine Basis, auf der die Datenformate zum Austausch zwischen sonst inhomogenen Systemen erfolgen kann.

Dieses Buch wendet sich hauptsächlich an solche Personen, die einen praktischen Einsatz eines CGI oder CGM durchführen, konzipieren, bewerten, oder überwachen müssen. Es sind dabei sowohl die Aspekte der Implementierung als auch die von Seiten der Benutzer berücksichtigt. Damit sind sowohl Systemimplementierer wie auch Anwendungsprogrammierer angesprochen.

Dieses Buch bietet jedem Neuling auf dem Gebiet der graphischen Standards einen leichten Einstieg in die Thematik. Durch zusätzliche Erläuterungen und Beispiele wird versucht, ein tiefes Verständnis für die einzelnen Aspekte zu wecken. Die Arbeit mit den graphischen Standards hat uns immer wieder gezeigt, daß die Dokumente, die als Standard publiziert werden, für viele Nutzer zu formell und zu kompakt gehalten sind. Nicht zuletzt soll durch diese umfassende Beschreibung in deutscher Sprache der Zugang zu den internationalen und daher nur in englisch verfügbaren Standards für alle Personen im deutschen Sprachraum erleichtert werden. Dies ist unseres Erachtens umso wichtiger, als damit auch ein einfacher Zugang zu den aktuellsten Neuentwicklungen anderer internationaler Standards ermöglicht wird.

Die Implementierung eines Standards muß immer unter Zuhilfenahme der Originaldokumente erfolgen. Wir konnten und wollten nicht auf alle Details eingehen, die notwendig sind, um ein normkonformes Werk entwerfen zu können. Dennoch sind sicherlich die vielen erklärenden Absichten dieses Buchs dazu geeignet, eine Hilfestellung geben zu können.

Es muß hier den vielen Freunden und Kollegen gedankt werden, die das Gelingen dieses Buches erst ermöglichten. Die fruchtvollen Diskussionen und Anregungen lassen sich gar nicht mehr einzeln aufführen. Besonders wertvoll waren auch viele Fragen, die wir während unserer Vorträge zu diesem Thema zu beantworten hatten.

Unser ausdrücklicher Dank gilt Frank Reine für seine unermüdlichen Arbeiten zur editorischen Ausgestaltung dieses Buches.

Ein besonderer Dank geht an Herrn Prof. Dr. Encarnacao, der durch seine unermüdlichen Bemühungen (nicht nur bei der Entwicklung der graphischen Standards) dieses Werk erst möglich gemacht hat.

Darmstadt, 1990

Bernd Alheit

Martin Göbel

Max Mehl

Rolf Ziegler

# Inhaltsverzeichnis

I       Einleitung ................................................................................... 1

1       Graphische Standards ............................................................... 1
1.1     Das Referenzmodell der Graphischen Standards ....................... 3
1.2     Standards der Anwendungsprogrammierschnittstelle ................ 7
1.2.1   GKS ............................................................................................. 7
1.2.2   GKS-3D ....................................................................................... 11
1.2.3   PHIGS ......................................................................................... 11
1.2.4   Bilddateien der API-Standards .................................................. 12
1.2.5   Sprachanbindungen .................................................................. 12
1.3     Virtuelle Geräteschnittstellen .................................................. 12

II      C G I - Das Computer Graphics Interface ................................. 14

1       Die CGI - Normen ..................................................................... 16
1.1     Die funktionale Spezifikation des CGI ...................................... 17
1.2     Die Kodierungen ....................................................................... 18
1.3     Die Sprachanbindungen ............................................................ 18

2       Systemumgebungen für den Einsatz des CGI ............................ 19
2.1     CGI Konfigurationen .................................................................. 19
2.1.1   CGI-Anwendungen ..................................................................... 21
2.1.2   Unterstützte Geräte ................................................................... 22
2.2     CGI und Graphische Standards .................................................. 22
2.2.1   CGI und GKS .............................................................................. 22
2.2.2   CGI und 3D-Systeme .................................................................. 24
2.2.3   CGI und CGM ............................................................................. 24
2.3     CGI in verteilten graphischen Systemen .................................... 25

3       Die Konzepte in CGI .................................................................. 28
3.1     Die Funktionalität des CGI in der Übersicht .............................. 28
3.2     Vergleich der Konzepte CGI und GKS ........................................ 30
3.3     Die CGI - Objekt - Pipeline ....................................................... 31
3.3.1   Graphische Objekte .................................................................... 31
3.3.2   Die Operationsfolgen in der Pipeline ......................................... 33
3.3.3   Operationsfolge bei offenem Segment ........................................ 37

3.4     Eingabe-Pipeline ................................................................. 38
3.5     Zustandsmodelle ................................................................ 38
3.6     Datenstrukturen und Erfragefunktionen ............................ 39
3.6.1   Beschreibungstabellen ....................................................... 39
3.6.2   Zustandslisten .................................................................... 40
3.6.3   Erfragefunktionen .............................................................. 42
3.7     Fehlerbehandlung .............................................................. 42

4       Profile - zum Maßschneidern von CGI-Implementierungen ........... 43
4.1     Minimalprofile (foundation profiles) ................................. 45
4.2     Anwendungsprofile (constituency profiles) ........................ 46

5       Normkonformität von virtuellen CGI-Geräten ....................... 47

6       Der funktionale Umfang des CGI .......................................... 48
6.1     Kontrollfunktionen ............................................................ 49
6.1.1   Geräteverwaltung und -steuerung ...................................... 49
6.1.2   Virtuelle Gerätekoordinaten .............................................. 51
6.1.3   Fehlerkontrolle .................................................................. 55
6.1.4   Numerische Genauigkeit ..................................................... 56
6.1.5   Fluchtfunktion und externe Funktionen ............................ 57
6.1.6   Voreinstellungen ............................................................... 57
6.2     Graphische Ausgabeprimitive ............................................ 58
6.2.1   Attributanbindung ............................................................ 58
6.2.2   Spezifikations-Modi ........................................................... 60
6.2.3   Objektklippen .................................................................... 60
6.2.4   Farbdefinition und Transparenz ........................................ 61
6.2.5   Schnelle Attributwechsel .................................................. 62
6.2.6   Linienprimitive .................................................................. 62
6.2.7   Markenprimitiv .................................................................. 64
6.2.8   Textprimitive ..................................................................... 64
6.2.9   Füllgebietprimitive ............................................................ 71
6.2.10  Weitere Ausgabeprimitive .................................................. 76
6.2.11  Zusammengesetzte Primitive .............................................. 76
6.3     Segmente ........................................................................... 79
6.3.1   Segmentattribute ............................................................... 81
6.3.2   Segment Regenerierung ...................................................... 83
6.3.3   Kopieren von Segmenten .................................................... 84
6.3.4   Überlauf des Segmentspeichers .......................................... 86
6.3.5   Voreinstellungen ............................................................... 86
6.4     Graphische Eingabe und Echos ......................................... 86
6.4.1   Eingabeklassen und logische Eingabegeräte ....................... 87
6.4.2   Maßwerte und Auslöser ..................................................... 88
6.4.3   Echoing, Prompting & Acknowledgement ........................... 89
6.4.4   Timeout ............................................................................. 90
6.4.5   Request-Eingabe ................................................................ 91
6.4.6   Sample-Eingabe ................................................................. 91

6.4.7 Remote Echoing ............................................................................ 92
6.4.8 Event-Eingabe ............................................................................. 94
6.4.9 Portionieren von Rückgabedaten ............................................... 95
6.4.10 Voreinstellungen ........................................................................ 95
6.5　Rasterfunktionen ........................................................................... 96
6.5.1 Bitmap-Typen ............................................................................... 97
6.5.2 Bitmap Identifier .......................................................................... 98
6.5.3 Kontrolle der Bitmaps ................................................................. 99
6.5.4 Bitmap-Manipulationen ............................................................. 100
6.5.5 Pixel Arrays ................................................................................. 102
6.5.6 Voreinstellungen ......................................................................... 103

III　CGM - Das Computer Graphics Metafile ..................................... 104

1　CGM im Überblick ......................................................................... 104
1.1　Die Entwicklung des CGM ............................................................ 104
1.2　Verwendungszweck der Bilddateien ............................................ 105
1.3　Die Struktur des CGM ................................................................... 108
1.4　CGM-Kodierungen ......................................................................... 110
1.5　Transformationen des CGM und GKSM ........................................ 112

2　Kontrollelemente des CGM ........................................................... 112
2.1　Konfigurierbarkeit des CGM ......................................................... 112
2.2　Begrenzungselemente (Delimiter Elements) ................................ 113
2.3　Bilddateibeschreibungselemente (Metafile Descriptor Elements) 115
2.4　Bildbeschreibungselemente (Picture Descriptor Elements) .......... 117
2.5　Steuerungselemente des CGM ....................................................... 118

3　Die Darstellungselemente des CGM .............................................. 120
3.1　Linienelemente .............................................................................. 120
3.2　Markierungselement ...................................................................... 120
3.3　Textelemente ................................................................................. 121
3.4　Flächenelemente ............................................................................ 121
3.5　Zellmatrixelement .......................................................................... 122
3.6　Weitere Darstellungselemente ..................................................... 122
3.7　Die Voreinstellung der Attribute ................................................... 122
3.8　Sonstige Elemente des CGM .......................................................... 122

4　CGM-Generatoren und Interpreter ............................................... 122

5　CGM-Interpreter und Generatoren in GKS .................................. 124

6　Erweiterung des CGM-Konzepts ................................................... 125
6.1　CGM Addendum 1 .......................................................................... 126
6.2　CGM Addendum 2 .......................................................................... 127
6.3　CGM Addendum 3 .......................................................................... 128

7       Die Kodierung des Computer Graphics Metafile ........................... 129
7.1     Die Zeichenkodierung des CGM ....................................... 129
7.1.1   Kodierung der Parameter ............................................. 131
7.1.2   Kodierung von Elementen ............................................. 135
7.2     Die Binärkodierung des CGM .......................................... 136
7.2.1   Kodierung der Datentypen ............................................ 137
7.2.2   Abbildung von CGM-Datentypen ........................................ 138
7.2.3   Beispiele der Binärkodierung ........................................ 139
7.3     Die Klartextkodierung des CGM ....................................... 140
7.3.1   Kodierung von Datentypen ............................................ 141
7.3.2   Syntaxbeispiel der Klartextkodierung ................................ 142
7.3.3   Beispiel-CGM in Klartextkodierung ................................... 143
7.4     Tabelle der Opcodes für CGM ......................................... 144

Anhang A  : CGI & CGM Normen und Normentwürfe ............................ 151
Anhang B  : Literaturverzeichnis ........................................ 153
Anhang C  : Abkürzungsverzeichnis ....................................... 157
Anhang D  : Begriffserläuterungen ....................................... 160
Anhang E  : Beispiel-Programm ........................................... 169
Anhang F  : CGI-Funktionsverzeichnis .................................... 178
Anhang G  : CGM-Funktionsverzeichnis .................................... 182
Anhang H  : Abbildungsverzeichnis ....................................... 185

Index ................................................................... 186

# I Einleitung

## 1 Graphische Standards

Die Verarbeitung und Ausgabe von Bildern durch den Computer erfolgt im wesentlichen durch zwei Konzepte:

- Durch die Nutzung von graphischen Programmiersprachen lassen sich graphische Objekte durch integrierte Datenstrukturen erfassen und graphische Funktionen in Form von Anweisungen darstellen. Die graphischen Funktionen sind in der Programmiersprache eingebettet und bilden eine homogene Erweiterung zur Syntax einer bekannten Programmiersprache.

- Software-Pakete bestehen aus einem Satz von Unterprogrammen, die graphische Funktionen ausführen. Zunächst entstanden von einzelnen Firmen entwickelte Pakete (wie z.B. Plot10, CalCom), die einen begrenzten Satz von Ausgabegeräten bedienten. Diese Pakete boten dem Programmierer funktional eine einheitliche Schnittstelle, waren selbst aber in sehr hohem Maße geräteabhängig.

Die Entwicklungen graphischer Standards nahm die Form der Unterprogramm-Pakete auf, um ein hohes Maß an Geräteunabhängigkeit, also die Entkopplung von Anwendungsprogrammen, graphischen Systemen und der Geräte-Hardware, anbieten zu können /GSPC-79, ISO-85/.

Diese standardisierten Unterprogramm-Aufrufe wurden auf der Basis eines funktionalen Modells einer graphischen Umgebung spezifiziert. Sie bestehen aus einer Menge von Operationen auf diesem Modell (z.B. Transformationen) und am Ausgabegerät sichtbaren Eigenschaften dieser Operationen.

Software-Normen sind ihrer Natur nach zumeist Normierungen von Schnittstellen. Dies trifft im Prinzip auf eine programmiersprachliche Norm ebenso zu wie auf ein genormtes System von Prozeduren wie GKS. Während erstere für die direkte Benutzung durch den Programmierer konzipiert sind, setzt das Prozedursystem ein Anwendungsprogramm voraus, welches sich auf Dienstleistungen des Systems durch Aufruf der Prozeduren stützt. Eine Normung eines solchen Prozedursystems bezweckt in erster Linie die Portabilität des Anwendungsprogramms und nicht etwa die Portabilität des Prozedursystems selbst. Die Norm hat zu diesem Zweck im wesentlichen das zu definieren, was aus der Sicht des Anwendungsprogramms beobachtbar ist: Sie ist eine funktionale Spezifikation, die in der Regel nicht festlegen will, auf welche Weise und mit welchen Algorithmen die verschiedenen Dienstleistungen des Prozedurensystems zu erbringen sind.

Während eines IFIP-Workshops in Seillac, Frankreich /Gued-79/ verständigten sich Fachleute vieler Nationen, daß die Portabilität (Abb. I-1) graphischer Systeme unter folgenden Gesichtspunkten gesehen werden kann:

- Portabilität der Programme (funktionelle Schnittstellen),
- Portabilität der Programmierer (gemeinsames Modell),
- Geräteunabhängigkeit (logische Ein-/Ausgabe-Geräte),
- Portabilität der Bilddaten (Bilddateien).

Ein graphisches Kernsystem sollte eine einheitliche Schnittstelle zur Anwendung und zu den gerätespezifischen Funktionen bieten, so daß ein einheitliches Format für den Austausch von graphischen Daten verwendet wird und daß ein gemeinsames Modell für ein graphisches Kernsystem vorliegt.

Es gibt eine Vielzahl von unterschiedlichen Personengruppen, die mit der Computer Graphik in Berührung kommen, z.B. der Konstrukteur bei der Benutzung eines CAD-Paketes, der Sicherheitsingenieur bei der Prozeßführung in Kraftwerken oder der Verkaufsstratege bei der strategischen Planung von Absatzmärkten. Daneben gibt es die Gruppe von Programmierern graphischer Systeme, die durch den Entwurf von Mensch-Maschine-Schnittstellen oder die Implementierung graphischer Visualisierungsalgorithmen eine aktive Gestaltung der graphischen Systeme wahrnehmen.

Die *Bediener*, *Benutzer* oder *Operateure* eines graphischen Systems werden in diesem Umfeld als *Anwender* bezeichnet. Sie haben keinen Einfluß auf die Realisierung des graphischen Systems, können aber durch interaktive Techniken den Ablauf bestimmen. Sie reagieren auf die vom System erzeugte Ausgabe durch Eingabe von Kommandos oder andere Formen der Ablaufkontrolle. Sie arbeiten mit graphischen Endgeräten, fixieren beispielsweise Positionen und geben sie ein. Ihre Freiheitsgrade (Art und Anzahl der Geräte, Kommandos, ...) sind durch das Anwendungsprogramm vorgegeben.

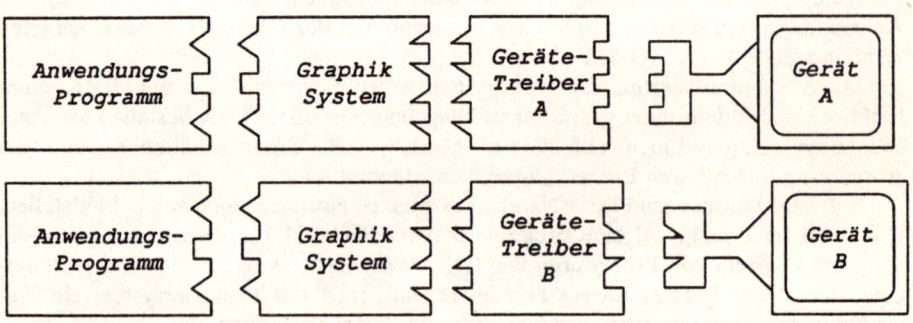

Abb. I-1: Das Portabilitätskonzept /EnEn-83/

Die *Implementierer* graphischer Systeme realisieren die Norm, d.h. die darin enthaltenen abstrakten Spezifikationen eines Systems mittels üblicher Werkzeuge wie Programmiersprachen, Kompilierer, Linker, etc. Sie realisieren die Übergänge zwischen normierten Programmierschnittstellen und gerätetypischen Ansteuerungen.

Die *Anwendungsprogrammierer* der Computer Graphik benutzen die Schnittstellen eines graphischen Systems (Funktionen, Sprachkonstrukte), um Anwendungs-programmsysteme zu erstellen. Die meisten graphischen Systeme sind als Unter-programmpakete realisiert (z.B. /ISO-85/, /GSPC-79/, /GINO-76/). Sie können aus mehreren Sprachumgebungen heraus aufgerufen werden. Ihre Programmierung erfordert explizite Systemkenntnis, denn die Fehler werden erst zum Ausführungszeit-punkt erkannt, und Vertrautheit mit den sprachbezogenen Schnittstellen.

## 1.1 Das Referenzmodell der Graphischen Standards

Die bisher entwickelten graphischen Standards sind funktionale Beschreibungen eines Modells für ein graphisches System. Dieses Modell wird durch eine Menge von Operationen beeinflußt. Dies geschieht durch einen feststehenden Satz von Funktionen, die entweder als Menge von Unterprogrammen oder als kodierte Form von Datenformaten entworfen sind. Daneben sind die sichtbare Effekte dieser Funktionen beschrieben. Diese Standards definieren nicht die Art und Weise, wie diese Effekte erreichbar sind. Sie bestimmen also nicht die Details der Implementierung oder die Realisierung in der Wahl eines Algorithmus oder einer internen Datenstruktur. Sie beziehen sich ausschließlich auf die Schnittstelle zwischen einem graphischen System und den Anwendungssystemen. Sie streben hier eine Vereinheitlichung an mit dem Ziel, eine vielfältig nutzbare graphische Umgebung für portable Anwendungssysteme zu schaffen.

Die in Abb. I-2 angedeutete Trennung zwischen den Aufgabenbereichen der Anwendung und der Strukturierung und deren Bezüge stellt ein relativ einfaches **Referenzmodell** für ein graphisches System dar. Es verbindet die funktionalen Komponenten eines Anwendungssystems mit den graphischen Ein-/Ausgabegeräten und damit mit den Bedienern. Zudem wird angezeigt, daß die Anwendung über eine externe Datenbank zu anwendungseigenen Daten Zugriff hat und das graphische System intern über die Fähigkeit der Bilddatenhaltung verfügt. Zusätzlich zu den in Abb. I-2 gezeigten Modulen gibt es normalerweise noch Zugriffswege auf das Betriebssystem. Dies kann an nahezu allen Stellen auftreten, z.B. bei der Dateiverwaltung, und ist hier nicht dargestellt.

Die Entwicklung graphischer Standards begann im wesentlichen mit dem Graphi-schen Kernsystem GKS, das 1985 als endgültig verabschiedeter Text vorlag. Die Vorarbeiten hierzu hatten schon in den 60er Jahren begonnen. Es zeigte sich sehr schnell, daß zur erfolgreichen Festlegung eines Standards auch eine Eingrenzung und Beschränkung der Funktionalität und des Einsatzgebietes notwendig sind. Als wichtige äußere Bedingungen ist dabei sicherlich eine Konsenzfähigkeit bei den Entwerfern und zukünftigen Benutzergruppen wichtige Voraussetzung, um auch langfristig die Nutzung sicherzustellen. GKS wurde als Beschreibung eines zwei-dimensionalen interaktiven graphischen System ausgelegt.

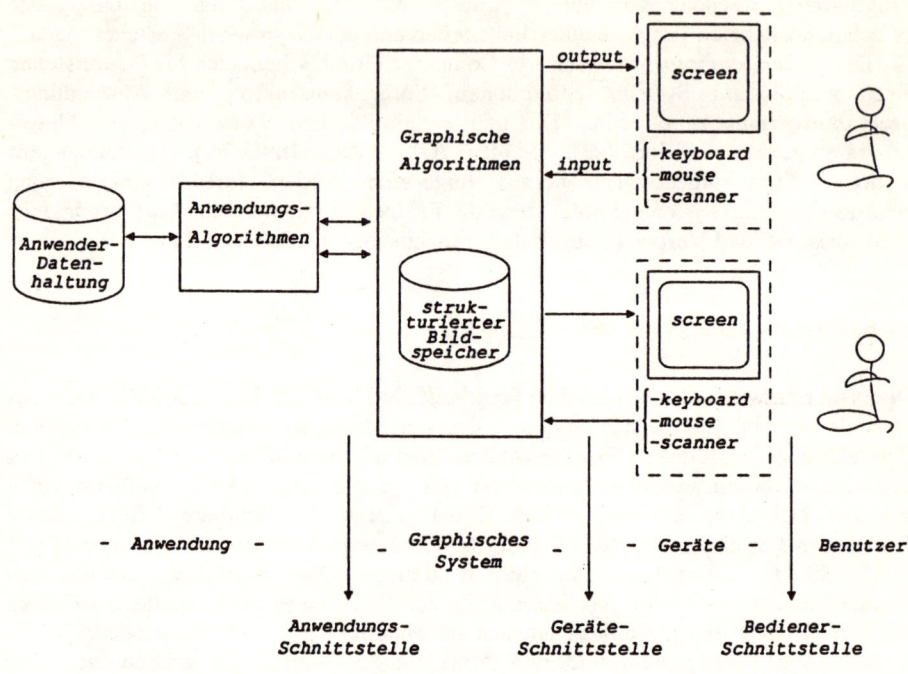

Abb. I-2: Einfaches Referenzmodell graphischer Systeme

Mit der Einführung unterschiedlicher graphischer Standards wurde im Zuge der Diskussion bezüglich der Harmonisierung und (Aufwärts-) **Kompatibilität** die dringende Notwendigkeit erkannt, daß die verschiedenen Standards zueinander in geordneter Beziehung stehen. Das in Abb. I-3 vorgestellte Modell, das die aktuellen graphischen Standards GKS, GKS-3D, PHIGS, CGM und CGI umfaßt, diente als Bezug und als Referenz für die Kompatibilität der verschiedenen Standards.

Mit Abb. I-3 soll außerdem eine Spezifikation graphischer Ressources und eine Verteilung der Fähigkeiten in verschiedene Schnittstellen verdeutlicht werden. Dabei sind wesentlich zwei Arten von graphischen Standards zu unterscheiden:

-   Die Anwendungsprogramme benutzen eine Ebene des geräteunabhängigen Zugangs über Programmierschnittstellen, um die Fähigkeiten der grundlegenden Hard- und/oder Software zu nutzen. Standards dieses Typs sind in der Abb. I-3 durch große Blöcke dargestellt und entsprechen graphischen Systemen wie GKS und PHIGS. Diese Systeme bilden in der Regel die durch sie spezifizierte Schnitt-stelle (zum Anwendungssystem) auf eine funktional niedrigere Schnittstelle (in Geräterichtung) ab. Bestandteil dieser Standards ist allerdings ebenfalls die

Definition von visuellen Effekten und damit eine semantische Beschreibung der **Anwendungsschnittstelle.** Standards dieses Typs werden als funktionale graphische Standards, bzw. Standards an der Anwendungsschnittstelle (**application programmer interface (API) standards**) bezeichnet.

- Der zweite Typ graphischer Standards stellt die Verbindungen zwischen den funktionalen Standards und den graphischen Geräten dar. Diese Standards beinhalten die syntaktische Spezifikation der Schnittstellen, beispielsweise als Folge von Kommandos, die den Regeln einer bestimmten Programmiersprache, bzw. Kodiervorschriften folgen. Solche Standards werden in /ArBo-88/ als "Virtual Device Interface (VDI)" (Geräteschnittstellen) bezeichnet. Damit soll sowohl auf die Geräteunabhängigkeit, aber auch auf die Nähe und effiziente Unterstützung moderner gaaphischer Geräte (device) hingewiesen werden. Hierbei wird die Datenübertragung zum physikalischen Gerät durch die Spezifikation **Kodierung (data stream encoding)** der graphischen Funktionen besonders berücksichtigt. Standards dieses Typs sind CGI und CGM.

Als zusätzliche Unterscheidung beider Gruppen läßt sich anführen, ob eine Nutzung von mehreren graphischen Ein-/Ausgabegeräten gleichzeitig möglich ist. Bei der ersten Gruppe der API-Standards werden mehrere Geräte gleichzeitig über das Konzept des Arbeitsplatzes (Workstation) unterstützt. Bei den Geräteschnittstellen-Standards kann genau ein Gerät angesprochen werden. Diese Unterscheidung ist jedoch aus praktischen Erwägungen beim CGI (einfachere Programmierbarkeit, Übersichtlichkeit) an der Schnittstelle der Sprachanbindungen aufgehoben.

Die programmtechnische Nutzung wird bei beiden Arten durch Sprachanbindungen (language binding) jedes einzelnen Standards beschrieben. Die Sprachanbindungen sind eigene Standards, die für die meisten weitgehend benutzten technischen Programmiersprachen (Pascal, C, Ada, FORTRAN) die Abbildung der Datentypen und Unterprogrammaufrufe beschreiben, mit denen die funktional definierten Standards in einer Programmumgebung benutzt werden können.

Die beiden Hauptkapitel dieses Buches beschreiben die "Geräteschnittstellen-Standards" CGI (Computer Graphics Interface) und CGM (Computer Graphics Metafile). Prinzipiell ist jeder Standard eigenständig nutzbar; es werden keine Abhängigkeiten zu anderen Standards erforderlich. Um die Einbettung und kompatible Nutzung der durch Standards beschriebenen Funktionen in einem komplexen Gesamtsystem überhaupt zu ermöglichen, sind alle die hier vorgestellten Standards in ihren Konzepten und Methoden aufeinander abgestimmt (kompatibel). Dabei hat (historisch bedingt) das Graphische Kernsystem GKS eine hohe Bedeutung erlangt, da sich die anderen Standards als kompatible Ergänzungen und verfeinerte Spezifikationen darstellen.

Wir werden im folgenden daher kurz die API-Standards GKS, GSK-3D und PHIGS vorstellen, damit die zusammenfassende Nutzung mit CGI und CGM deutlich wird.

Alle graphischen Standards beschreiben konzeptionell geräteunabhängige Eigenschaften, d.h. die semantisch mächtigere Schnittstelle (i.a. die zur Anwendung) enthält keine Besonderheiten bestimmter Geräte, bzw. deren Kontrolle oder Kodierung.

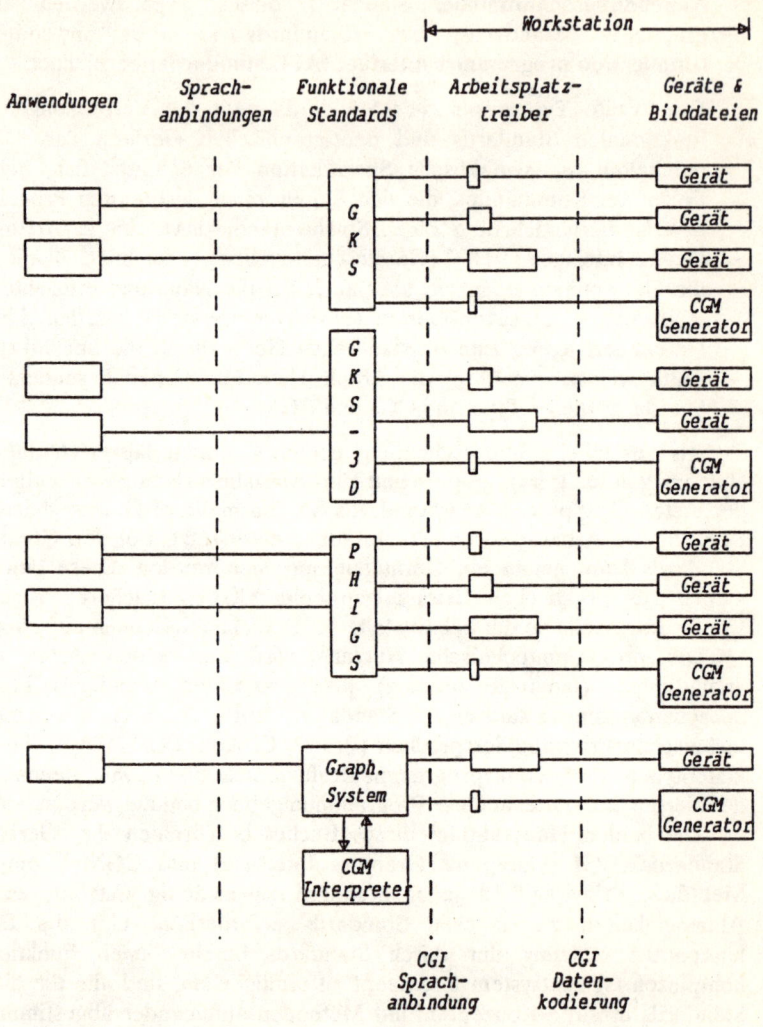

Abb. I-3: Schnittstellen und Einbettung der graphischen Standards

Die Standards ermöglichen es, auf einer festgelegten funktionalen Ebene sie geräteunabhängig betrieben zu werden, und zwar in vielen Fällen unter Ausnutzung der angebotenen Erfragefunktionen, die die jeweiligen Systemfähigkeiten einer Implementierung des Standards der Anwendung transparent machen.

Üblicherweise wird in Realisierungen von funktionalen graphischen Standards die spezifizierte, mächtigere Schnittstelle auf die Fähigkeiten graphischer Ein-/ Ausgabegeräte abgebildet und dabei die vom jeweiligen Gerät nicht realisierte Funktionalität in der Software der Implementierung unter bestmöglicher Nutzung der verfügbaren Gerätefähigkeiten emuliert. Diese Software-Lösung beinhaltet Details einer Implementierung, die für die Anwendung in den seltensten Fällen transparent ist. Mit dieser auch durch den Standard nicht festgeschriebene Freiheit wird die Nutzung einer geräteunabhängig definierte Schnittstelle erst ermöglicht.

## 1.2 Standards der Anwendungsprogrammierschnittstelle

Schnittstellen zum Anwendungsprogramm werden durch drei unterschiedliche graphische Standards definiert: GKS ist eine 2D-Schnittstelle, GKS-3D als aufwärtskompatible Erweiterung des GKS für dreidimesionale Anwendungen und PHIGS als komfortables, aber nicht vollständig aufwärtskompatibles 3D-System mit erweitertem Funktionsumfang. Diese Standards werden im allgemeinen durch Unterprogrammbibliotheken realisiert, die zu der Anwendung hinzugebunden werden können und Funktionen für die graphische Eingabe und Bildgenerierung bereitstellen. Diese Standards werden als "Application Programmers Interface (API)" bezeichnet.

Die Motivation zur Standardisierung der graphischen Schnittstellen zum Anwendungsprogramm besteht darin, eine Plattform zur Realisierung portabler Anwendungssysteme zu schaffen, und zwar für eine Vielzahl von Betriebssystemen, Programmiersprachen und graphischen Ein-/ Ausgabegeräten. Programme, die sich an die durch den Standard definierten Konventionen halten, können zwischen verschiedenen Konfigurationen ausgetauscht werden, sind ohne größere Veränderungen ablauffähig und erzielen die gleichen Effekte wie unter der ursprünglichen Hard- und Software-Konfiguration.

Ein weiterer Vorzug dieser Standards ist, daß sie von Geräteeigenschaften derart abstrahieren, daß technologische Neuerungen auf der Geräteebene jederzeit in die Implementierung des Standards aufgenommen werden können, sich aber dadurch nicht die Schnittstelle zur Anwendung ändert.

### 1.2.1 GKS

Das Graphische Kernsystem (GKS) /ISO-85/ stellt den ersten internationalen graphischen Standard dar. Dieser besteht aus ca. 200 Funktionen, die den Anwendungsprogrammierer in die Lage versetzen, graphische Ausgabe und graphische Eingabe mit einer Vielzahl von graphischen Geräten durchzuführen. Monochrome als auch Farbbildschirme, Drucker, Plotter, sowie Mäuse, Tabletts und Tastaturen sind mit GKS adressierbar. GKS unterstützt zweidimensionale Anwendungen, eine Projektion von 3D-Daten auf 2D muß von der Anwendung bei Bedarf selbst durchgeführt werden, bevor GKS zur Generierung der Ausgabe genutzt wird.

Sprachanbindungen für GKS definieren die Syntax jeder GKS-Funktion in den Programmiersprachen wie C, FORTRAN, PASCAL, ADA.

GKS unterstützt das Konzept eines **graphischen Arbeitsplatzes (workstation)**, um die Anwendung gleichzeitig mehrere Ein- und/oder Ausgabegeräte bedienen lassen zu können. Eine beliebige Konfiguration graphischer Peripherie, wie z.B. ein Ausgabegerät, das u.U. mit verschiedenen (graphischen) Eingabegeräten verbunden ist, wird damit geräteunabhängig benutzbar. Im allgemeinen wird eine derartige Gerätekombination von einem Bediener benutzt (zum Entwerfen, zum Zeichnen, etc.). Ein Beispiel für einen graphischen Arbeitsplatz ist ein Plotter oder ein graphisches Bildschirmgerät mit Tastatur und Maus. Dieses Konzept der graphischen Arbeitsplätze wurde mit GKS für das allgemeine Verständnis von Graphiksystemen festgelegt. Graphische Arbeitsplätze (workstations) sind zu sehen als eine Abstraktion der graphischen Geräte zur Definition einer logischen (graphischen) Funktionalität. Jeder abstrakte graphische Arbeitsplatz verfügt über keine/eine Ausgabefläche und/oder graphische Eingabegeräte.

Eine graphische Ausgabe wird mit GKS durch Aufruf der Funktionen der graphischen **Primitive (Darstellungselemente)** realisiert, so daß ein Bild konstruktiv durch eine Folge von Primitiven aufgebaut wird. Die Ausgaben werden durch Daten beschrieben, die in einem zweidimensionalen, beliebig definierbaren kartesischen Koordinatensystem vorliegen müssen. GKS kennt sechs verschiedene Primitive:

- POLYLINE (Linienzug) ist eine Folge von verbundenen Linien, die durch die Punkte an den Ecken festgelegt werden.
- POLYMARKER (Polymarke) ist eine Anzahl vonn Symbolen, deren Position durch eine Folge von Punkten bestimmt ist.
- TEXT stellt einen Text an einer anzugebenden Position dar.
- FILL AREA (Füllgebiet) erzeugt eine ausgefüllte Fläche, deren Begrenzung durch geradlinige Verbindungen zwischen den angegebenen Eckpunkten beschrieben werden.
- CELL ARRAY (Zellmatrix) erzeugt eine Matrix von virtuellen Pixeln mit individuellen Farben.
- GENERALIZED DRAWING PRIMITIVE (GDP) (Verallgemeinertes Darstellungselement, VDEL) ist eine GKS-Ausgabefunktion zum Ansprechen der besonderen geometrischen Fähigkeiten eines graphischen Arbeitsplatzes.

Das Erscheinungsbild eines Primitivs kann durch Attribute gesteuert werden. Jedes Primitiv hat einen eigenen Satz von Attributen (z.B. Linientyp bei POLYLINE, Zeichenhöhe bei TEXT), mit denen die Ausprägungen der Ausgabe variiert werden kann.

Die Wahl eines beliebigen kartesischen Koordinatensystems ist in GKS möglich. Das Anwendungsprogramm kann dadurch selbst bestimmen, welche Koordinaten es für seine Ausgaben benutzen will. Es bestimmt sein eigenes Weltkoordinatensystem. Weltkoordinaten werden durch eine Normierungstransformation auf ein innerhalb des GKS benutzes normiertes Koordinatensystem abgebildet.

Aus diesem wird durch die Gerätetransformation auf das jeweilige arbeitsplatzspezifische Gerätekoordinatensystem abgebildet. Diese Transformationen sind durch die Anwendung wählbar, um die Lage des Bildes, eine Anpassung der Bildgröße oder des Bildausschnittes bestimmen zu können.

Für die Benutzereingaben stehen Eingabe-Funktionen zur Verfügung. Neben den eigentlichen graphischen Eingabearten wie Positionierung und Identifikation von Teilbildern (positioning, pointing) bietet GKS weitere Eingabefunktionen, so z.B. alphanumerische Eingabe, Alternativenauswahl und die Eingabe von reellen Werten.

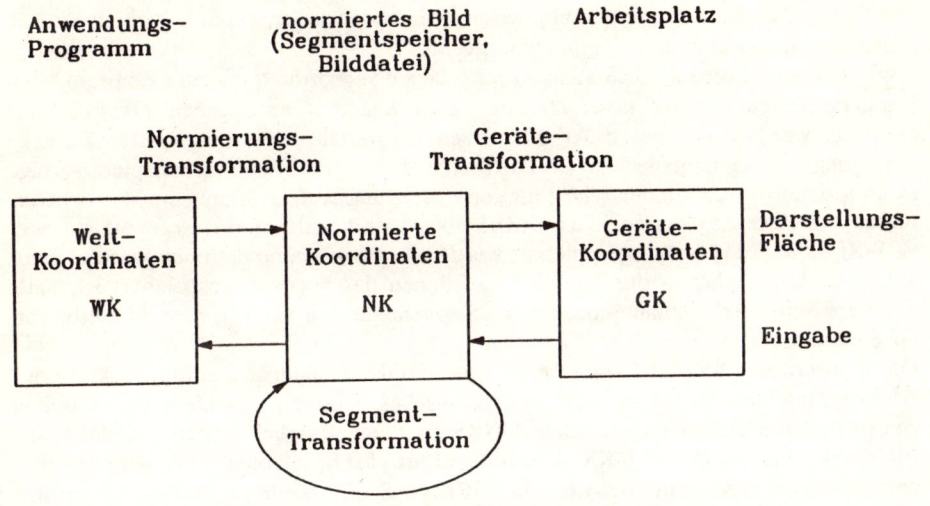

Abb. I-4: Koordinatensysteme und Transformationen in GKS

GKS gewährleistet an der Programmierschnittstelle geräteunabhängige Eingabefunktionen, indem es **logische Eingabegeräte (logical input devices)** Eingabegeräte zur Programmierung anbietet. Eine Interaktion wird möglich, indem ein GKS-Anwendungsprogramm eine Eingabe von einem logischen Eingabegerät empfängt, darauf reagiert und eine Reaktion durchführt, z.B. in Form von Änderungen der Bildausgabe mithilfe der graphischen Primitive.

Jedes logische Eingabegerät liefert logische Eingabedaten (Datenstrukturen und Werte). Der Datentyp wird durch die **logische Eingabeklasse (input class)** festgelegt. GKS definiert 6 logische Eingabeklassen:

- **Lokalisierer (locator)** zur Positionseingabe,
- **Liniengeber (stroke)** zur Eingabe einer Positionsfolge,
- **Wertgeber (valuator)** zur Eingabe eines reellen Wertes,
- **Auswähler (choice)** zur Eingabe einer "1 aus n Auswahl",
- **Picker (pick)** zur Identifikation graphischer Objekte,
- **Textgeber (string)** zur Eingabe von alphanumerischen Zeichenfolgen.

Um der Anforderung der Manipulation von Teilbildern mit GKS zu genügen, wurde das Konzept der Segmentierung entwickelt. Ein Bild besteht zunächst aus Darstellungselementen (Primitiven), die jedoch wieder zu Teilbildern oder Objekten zusammengefaßt werden können. Derartige Objekte werden in GKS als **Segmente** bezeichnet. Für Segmente sind - im Gegensatz zu Darstellungselementen - weitere Attribute und Manipulationen definiert, wie Sichtbarkeit, Transformation, Kopieren, Löschen. Diese Funktionen lassen sich gezielt auf ein Segment anwenden. Fernerhin lassen sich Segmente mit Picker-Eingaben durch den Bediener identifizieren. Weitergehende Funktionen auf Segmenten sind in Kombination mit einem **arbeitsplatz-unabhängigen Segmentspeicher (AUSS) (workstation independent segment storage, WISS)** in GKS definiert. Segmente lassen sich zwischen graphischen Arbeitsplätzen transferieren und in andere Segmente einfügen.

Ein Segment wird in GKS allen Arbeitsplätzen zugeordnet, die zum Zeitpunkt der Segmenterzeugung **aktiv** sind. Die in einem Segment enthaltenen Darstellungselemente werden auf diesen Arbeitsplätzen dargestellt - allerdings unter Berücksichtigung von segmentspezifischen Attributen. Jeder graphische Arbeitsplatz verfügt (konzeptionell) ab einer bestimmten Leistungsstufe über einen **arbeitsplatzabhängigen Segmentspeicher (AASS) (workstation dependent segment storage, WDSS)**, in dem Segmente gespeichert werden. Segmentmanipulationen werden dann auf allen Arbeitsplätzen durchgeführt, auf denen das Segment gespeichert ist. Falls ein graphischer Arbeitsplatz über keinen Segmentspeicher verfügt, so wird dieser von GKS emuliert.

Das Konzept der **Bilddatei (metafile)** wurde in GKS festgelegt, um die Funktion der Archivierung von Bildern und des Bildaustausches zwischen verschiedenen Systemen zu ermöglichen. Bilddateien werden in GKS über eigene Arbeitsplatztypen, der **GKS-Bilddatei-Ausgabe (BA) (GKS metafile output, MO)**, erzeugt und können über entsprechende **GKS-Bilddatei-Eingabe (BE) (GKS metafile input, MI)** Arbeitsplätze wieder von GKS gelesen und später interpretiert werden. Dieses Konzept der Bilddateien trägt wesentlich zur Flexibilität bei. Bilddateien können z.B. auch von Nicht-GKS-Systemen erzeugt oder interpretiert werden, sobald entsprechende Format-Konventionen und Kodierungen eingehalten werden.

Die GKS-Funktionen werden in 9 verschiedenen **Leistungsstufen (level)** gruppiert. Diese bezeichnen als Kombinationen die funktionale Mächtigkeit des Systems, bezüglich der graphischen Ausgabe (level 0,1 und 2) und der graphischen Eingabe (level a,b,c), wobei die Leistungsstufen jeweils aufwärtskompatibel sind:

| | |
|---|---|
| 0 | elementare graphische Ausgabe, |
| 1 | Segmente und dynamische Arbeitsplatzattribute, |
| 2 | arbeitsplatzunabhängiger Segmentspeicher, |
| a | keine Eingabe, |
| b | synchrone Eingabe, |
| c | asynchrone Eingabe. |

Die niedrigste Leistungsstufe (level 0a) definiert eine minimale Menge von graphischen Funktionen zur elementaren graphischen Ausgabe, in der höchsten Leistungsstufe (level 2c) sind alle in GKS definierten Funktionen enthalten (ebenso die, die in 0a enthalten sind). So kann in Abhängigkeit von den Anforderungen der Anwendung eine geeignet umfangreiche GKS-Implementierung gewählt werden.

GKS ist in einer Übersetzung des internationalen ISO-Standards auch als deutscher DIN-Standard 66252 /DIN-85/ verfügbar. Alle neueren graphischen Standards werden nicht in deutscher Fassung erscheinen.

## 1.2.2 GKS-3D

Dieser funktionale graphische Standard GKS-3D (Graphical Kernel System for Three Dimensions) /ISO-87b/ spezifiziert die Erweiterung von GKS zur Darstellung von 3D-Objekten. Er umfaßt vollständig den GKS-Funktionsumfang und stellt somit eine Aufwärtskompatibilität zu GKS sicher. Reine GKS-Anwendungen (2D) können uneingeschränkt unter GKS-3D ausgeführt werden. GKS-3D ist als 3D-Darstellungssystem konzipiert und enthält keine Modellierungsfunktionen. Damit wird u.a. erreicht, daß GKS- und GKS-3D-Implementierungen in ihrer Größe, Komplexität und Entwicklungsaufwand in akzeptablen Grenzen gehalten wird. Der überwiegende Anteil der heutigen, graphischen Anwendungen werden durch den Funktionsumfang des GKS und GKS-3D erfaßt, z.B. Geschäftsgraphiken, statistische Auswertungen, technische Zeichnungen, verschiedenartige Editoren bis hin zu hochinteraktiven Systemen.

GKS-Programme sind ohne Änderungen auch mit GKS-3D lauffähig. Dies bedeutet, daß alle Funktionen des GKS und alle Modelle identisch in GKS-3D verfügbar sind. Die dreidimensionalen Erweiterungen sind durch zusätzliche Funktionen realisiert, wobei durch die gleichen Konzepte eine Aufwärtskompatibilität gegeben ist.

GKS-3D kennt neben allen GKS 2D-Primitiven die zusätzlichen 3D-Primitive: POLYLINE 3, POLYMARKER 3, TEXT 3, FILL AREA 3, CELL ARRAY 3, GENERALIZED DRAWING PRIMITIVE 3. Sie werden durch Punkte in einem dreidimensionalen kartesischen Weltkoordinatensystem spezifiziert. Als neue Funktion gibt es noch ein FILL AREA SET 3, daß eine Menge von Teilflächen gleichzeitig bearbeitet. Hiermit lassen sich auf einfache Weise nicht-zusammenhängende Flächen und solche mit Löchern spezifizieren.

Die Wahl der sichtbaren Ausschnitts wird durch Angabe von Viewing-Transformationen ermöglicht, die einen Blickpunkt und Blickausschnitt in Form einer Pyramide und einer Transformation auf eine 2D-Darstellungsfläche beschreiben.

## 1.2.3 PHIGS

Das PHIGS (Programmer's Hierarchical Interactive Graphics System) /ISO-87c/ spezifiziert als 3D-Standard eine Anwendungsschnittstelle zu einem funktional sehr mächtigen, ebenfalls geräteunabhängigen graphischen System. PHIGS soll Anwendungen wie z.B. aus dem CAD/CAE/CAM-Bereich, Modellierung von Molekülen, Simulation, Prozeßkontrolle weitgehend unterstützen, und zwar mit Konzepten, die eine sehr dynamische, hoch interaktive Benutzerschnittstelle versprechen und schnelle Aktualisierung von komplexen Bilder durch verfügbare Gerätetechnologie auszunutzen verstehen.

Neben den Darstellungsmöglichkeiten des GKS-3D unterstützt PHIGS das Erstellen, Modifizieren und die Darstellung geometrischer Modelle. Diese werden in einem zentralen Strukturspeicher abgelegt und setzen sich aus vernetzten Bildstrukturen zusammen. Diese Strukturen wiederum lassen sich als Sequenz graphischer Darstellungselemente und/oder bereits definierter Strukturen spezifizieren. Sie lassen sich gezielt auf bestimmten graphischen Arbeitsplätzen (workstations) sichtbar machen und editieren, d.h. jederzeit modifizieren und damit die graphische Darstellung verändern.

PHIGS ist nicht GKS-aufwärtskompatibel. Bei seinem Entwurf ist auf eine hohe Dynamik der Bildänderungen Wert gelegt worden.

Es existiert ein Vorschlag eines PHIGS + zur Erweiterung der Mächtigkeiten graphischer Primitve, um modernen Hochqualitätsdarstellungen gerecht werden zu können. Zusätzlich sind Lichtquellen angebbar, womit natürlich erscheinende Farbgebungen möglich werden. PHIGS + ist aufwärtskompatibel zu PHIGS entworfen.

### 1.2.4 Bilddateien der API-Standards

Die Standards der Anwendungsschnittstelle besitzen alle Mechanismen zur Speicherung und Archivierung von Bildern und können somit die einmal erzeugten Bilddaten später weiterverarbeiten. Diese Mechanismen sind jedoch für den jeweiligen Standard spezifisch. Sie eignen sich daher normalerweise nur dann als langfristiger Speicher, wenn die Bilder später durch das gleiche System benutzt werden. Ihre Eignung ist nicht besonders gut, wenn Bilder zwischen unterschiedlichen graphischen Systemen auszutauschen sind. Für diesen Zweck wurden eigens graphische Bilddateien (CGM) standardisiert, die einheitliche Bildbeschreibungselemente inklusive deren Syntax festlegen, die von den Speicherungs- und Archivierungsmechanismen der jeweiligen Systeme verwendet werden kann. Die uneingeschränkte Nutzung der langfristigen Speicherung und des systemunabhängigen Datentransfers, der durch CGM besteht, kann entweder direkt (GKS) oder durch zusätzliche Treiberprogramme allen graphischen Standards zugänglich gemacht werden.

### 1.2.5 Sprachanbindungen

Sprachanbindungen definieren in der Syntax der jeweiligen Zielsprache, wie einzelne Funktionen der Anwendungsschnittstelle eines graphischen Systems anzusteuern sind. Dies erfolgt üblicherweise über eine prozedurale Schnittstelle, d.h. jeder Funktion des graphischen Systems entspricht eine Prozedur in einer Zielsprache. Die Sprachanbindung legt neben dem Prozedurnamen die Parameter mit ihrer Reihenfolge, ihren Datentypen und ihren Wertebereich fest. Zur Programmierung eines graphischen Systems ist die Beachtung der relevanten Sprachanbindung unerläßlich.

Zu GKS wurden in einem separaten, mehrteiligen (multipart) Standard bislang die Ansteuerung in den Sprachen FORTRAN, PASCAL, ADA, C festgelegt. Es ist zu erwarten, daß jede Sprachanbindung der in diesem Buch präsentierten Standards zumindest in diesen vier Programmiersprachen festgelegt wird. Eine Ausnahme bildet CGM, das ein Datenaustauschformat für graphische Informationen spezifiziert und somit keine Sprachanbindung erfordert.

### 1.3 Virtuelle Geräteschnittstellen

Virtuelle Geräteschnittstellen sind in graphischen Systemen die eigentliche Verbindung zwischen geräteunabhängigen und gerätespezifischen Komponenten. Diese Schnittstellen sind i.a. nicht für die Anwendungsprogrammierung zugänglich. Systementwickler, Gerätehersteller und Gerätetreiberentwickler gehören zu dem Kreis, der diese Schnittstelle programmieren und bedienen muß. Die graphische Geräteschnittstelle CGI (Computer Graphics Interface) stellt eine solche virtuelle Geräteschnittstelle dar. CGI umfaßt eine Funktionsmenge, die den Datenaustausch zwischen dem graphischen System und einem Gerät semantisch spezifiziert. Weiterhin gehen mit CGI verschiedene Kodierungsvorschriften und Sprachanbindungen einher, die die Syntax der virtuellen Geräteschnittstelle festlegen. CGI ist zunächst auf 2D-Geräte ausgerichtet. Es unterstützt graphische Gerätefunktionen etwa bis zur Ebene des GKS und zusätzlich elementare Gerätefunktionen wie Rasteroperationen.

Das CGM (Computer Graphics Metafile) ist der Standard zur Definition einer Bilddatei. Es dient dazu, die Bildspeicherung zum Zweck der Archivierung oder des Austausches von Bilddaten zwischen verschiedenen graphischen Systemen zuzulassen. Mit GKS wurde erstmals eine GKS-Bilddatei definiert. Jedoch ersetzt heute das CGM diesen Vorschlag vollständig. Diese Bilddatei definiert Datensätze zur Abspeicherung von 2D-Bilddaten. Eine Datei kann mehrere voneinander getrennte Bilder enthalten. Die Erzeugung und die Interpretation von CGM-Bilddaten erfolgt durch sogenannte CGM-Generatoren, bzw. CGM-Interpreter. Diese können unter Einbeziehung der funktionalen Standards an der Anwendungsschnittstelle (z.B. GKS) operieren, d.h. GKS kann CGM-Bilddaten erzeugen diese können mit Hilfe von GKS visualisiert werden. Die Erweiterungen des CGM beinhalten die Funktionalität des GKS und CGI (Addendum 1) sowie 3D-Bilddaten (Addendum 2).

Das CGI und das CGM sind durch ein einheitliches Konzept und falls sinnvoll durch identische Funktionen aufeinander abgestimmt. Der wahlweise Anschluß eines CGI oder eines CGM an ein graphisches System wird dadurch vereinfacht, wenn nicht sogar ohne Aufwand möglich, daß beide Standards dieselben Formen der Kodierung benutzen. Im einfachsten Fall kann daher der Datenstrom zu einem CGI-Ausgabegerät einfach an ein CGM-Gerät umgelenkt werden, damit die graphischen Daten in einer CGM-Bilddatei protokolliert werden.

# II  C G I - Die Graphische Geräteschnittstelle

# (Computer Graphics Interface)

Mit dem Graphischen Kernsystem (GKS) wurde eine einheitliche Programmier-schnittstelle für graphische Anwendungssysteme geschaffen. Die gerätetechnologische Entwicklung für graphische Ein-/ Ausgabegeräte hat sich seitdem oft an diesem Standard orientiert, bzw. ihn in Teilen übertroffen. Dennoch ist die Vielfalt der graphischen Geräteschnittstellen auch nach der GKS-Standardisierung weiterhin gewachsen, obwohl für sehr viele Geräte eine Kompatibilität zu GKS von den Herstellern versprochen wird.

Die Problematik bei der Programmierung graphischer Systeme wurde durch Schaffung des GKS-Standards von der Anwendungsschnittstelle zur Geräte-schnittstelle verlagert, denn der Austausch von Geräten, bzw. der Anschluß neuer graphischer Geräte an verfügbare graphische Grundsoftware verlangt eine ständige Modifikation dieser Grundsoftware. Die Forderung nach einer standardisierten Ge-räteschnittstelle, die für eine *steckerkompatible Austauschbarkeit graphischer Geräte* steht, ist von wachsendem Interesse sowohl bei Hard- und Software-Entwicklern als auch bei Anbietern von DV-Leistungen (wie z.B. Rechenzentren).

Arbeiten zur Standardisierung der Schnittstellen graphischer Geräte wurden un-ter der Bezeichnung **VDI** (*Virtual Device Interface*) bereits vor der endgültigen Festle-gung von GKS (1985) begonnen. Heute sind diese Arbeiten unter dem Namen CGI (*Computer Graphics Interface*) /ISO-89/ sowohl in den internationalen Gremien (ISO) als auch in nationalen Gremien bereits soweit fortgeschritten, daß eine technisch sta-bile Spezifikation dieser Geräteschnittstelle entwickelt worden ist, auch wenn diese erst 1991 den formalen Status einer Norm erlangen wird.

Der CGI-Standard (ISO 9636, Teile 1 - 6) umfaßt die funktionale Beschreibung der Geräteschnittstelle. In separaten Normen werden Kodierungstechniken (ISO 9637, Teile 1 - 3) und Sprachanbindungen (ISO 9638, Teile 1 - 4) definiert. Die Be-ziehungen zu anderen graphischen Standards (wie z.B. GKS, CGM) werden im CGI-Standard selbst klargestellt. Eine grundlegende Darstellung der Abhängigkeiten der einzelnen graphischen Normen unter- bzw. zueinander ist u.a. in Referenzmodellen /CaMc-86, ISO-88c/ für graphische Standards beschrieben.

Das Computer Graphics Interface (CGI) ist die funktionale und syntaktische Be-schreibung *einer* virtuellen Schnittstelle zwischen dem geräteunabhängigen Teil eines graphischen Systems und einem, die graphischen Funktionen letztlich realisierenden, graphischen Ein-/Ausgabe-Gerät (inklusive dessen Treiber).

CGI spezifiziert damit die Schnittstelle zu einem *abstrakten* graphischen Gerät, dem sogenannten virtuellen CGI-Gerät (*CGI virtual device*) mit der Funktionalität der graphischen Ein- und Ausgabe, der Bildgenerierung, Bildspeicherung und Bildmanipulation /PoFA-86, ArBo-88/. Diese Schnittstelle kann sowohl zwischen zwei Software-Systemen, bestehend aus der CGI-Anwendung und dem CGI-Gerät (Treiber-Software), wie zwischen einem Software-System (CGI-Anwendung) und einer Hardware (Gerät) realisiert sein. Dazu sind unterschiedlichen Arten der Ansteuerung des CGI, Datentransferprotokolle oder Prozeduraufrufe, definiert, womit letztlich das CGI ebenso als graphische Schnittstelle innerhalb einer verteilten Netzwerkumgebung geeignet ist.

CGI ist in erster Linie als Schnittstelle innerhalb graphischer Systeme zu sehen, die selbst eine Schnittstelle zur Anwendungsprogrammierung definieren. Die CGI-Schnittstelle ist geeignet, die Ansteuerung der graphischen Geräte innerhalb der von vielen Anwendungen benutzten graphischen Systeme GKS, GKS-3D und PHIGS durchzuführen sowie als graphische Ausgabeschnittstelle für Bilddatei-Interpreter zu dienen. Da CGI bemüht ist, mögliche Gerätefunktionalität weitgehend abzudecken, ist diese Schnittstelle eine im Detail sehr mächtige und daher äußerst komplexe Schnittstelle, die für die Programmierung höherer Anwendungsprobleme weniger gut geeignet ist. Demgegenüber bildet sie eine hervorragende Grundlage für die Erstellung geräteunabhängiger Graphiksysteme.

CGI beschränkt sich auf die 2D-Funktionalität graphischer Geräte und dient im Gegensatz zu GKS zur Ansteuerung jeweils nur eines Gerätes.

CGI definiert eine synchrone, serielle Schnittstelle "nach oben", d.h. zur CGI-Anwendung (*client*). Dies bedeutet, daß eine CGI-Funktion vollständig bearbeitet ist, bevor die Folgefunktion angenommen wird. Insbesondere Erfagefunktionen für Systemzustände und Fehlermeldungen setzen diese sequentielle Bearbeitung von CGI-Funktionsfolgen voraus. Ebenso setzt das Attributierungskonzept für die graphische Ausgabe diese serielle Bearbeitung voraus, damit aktuell gültige Attribute (wie z.B. Farbe oder Linienbreite) eindeutig für die nachfolgende Generierung von Darstellungselementen (wie Linien, Texte oder Flächen) eingesetzt werden können.

CGI-Implementierungen selbst können darüber hinaus durchaus *asynchrone* Aktivitäten beinhalten (wie z.B. Ereignis-Eingabe), die synchrone Funktions-Schnittstelle zur CGI-Anwendung (client) bleibt dabei bestehen.

Vielschichtige Vorzüge rechtfertigen die Entwicklung der CGI-Norm und ihrer Verwendung sowohl innerhalb als auch außerhalb graphischer Systeme. So wird beispielsweise

- die Anbindung neuer graphischer Geräte an existierende Systeme bei Verwendung dieser Schnittstelle lediglich auf den Austausch der Hardware reduziert und

- die Entwicklung graphischer Systeme von der Beachtung spezieller Gerätecharakteristika befreit.

- Der Austausch von Software-Systemen wird auf der Grundlage dieser unabhängigen Schnittstelle möglich, Portierungen können schnell und effektiv vorgenommen werden.

• Gerätefunktionalität wird mit CGI mit einer einheitlichen Terminologie und durchgängigen Konzepten belegt. Dies dient insgesamt und in Ausbildungs- und Schulungsprogrammen einem einheitlichen Sprachgebrauch.

• Das Zusammenwirken der Gerätefunktionen wurde definiert, so daß gezielt an Performanzverbesserungen durch spezielle Funktionenfolgen für graphische Geräte gearbeitet werden kann.

• Hinsichtlich der Kostenentwicklung zwischen Hardware und Software bietet CGI die Vorteile, daß

- Verringerung des Wartungsaufwandes durch weniger Schnittstellen,
- Wiederverwendung von Software statt Re-Implementierung für neue Gerätetypen,
- Konzentration auf die Probleme der Anwendung und weniger der Basisgraphik,
- Herstellerunabhängigkeit und Ausnutzung der kürzeren Entwicklungszeiten für neue, leistungsfähigere Geräte, und
- Entwicklung von Geräten in unterschiedlichen Leistungsklassen, aber mit Standardschnittstellen

gewährleistet ist.

• Gegenüber GKS bietet der Einsatz eines CGI folgende Vorteile:

- flexibler, d.h. für Anwendungsklassen anpaßbar und damit optimierbarer, Funktionenumfang,
- erweiterte Funktionalität zur Unterstützung von Segmenten (zur Speicherung und nachträglichen Änderbarkeit von graphischen Daten),
- Verfügbarkeit von Rasterfunktionen, so daß Rastergeräte und Window-Systeme unterstützt werden können, und
- definierte Kodierung der Funktionen und Daten, die voll kompatibel zu CGM ist.

# 1  Die CGI - Normen

Die Zielsetzung des CGI ist es, in geräteunabhängiger Weise die Gerätefunktionalität zu beschreiben und darauf aufbauend den Transfer graphischer Informationen zu und von dem graphischen Gerät zu definieren. Die Gerätevielfalt, die das CGI zu unterstützen vermag, reicht von recht einfachen graphischen Ein- bzw. Ausgabegeräten bis hin zu der Funktionalität von graphischen Arbeitsplätzen wie sie aus GKS bekannt sind. CGI definiert sowohl das funktionale Verhalten graphischer Geräte, die Semantik, wie auch die Syntax zur Ansteuerung dieser Geräte (siehe Anhang A.1).

Die Geräteschnittstelle CGI wird insgesamt durch drei aufeinader abgestimmte Normen spezifiziert:

• der **funktionalen Spezifikation** (CGI Functional Specification, ISO 9636),
• den **Kodierungen** (CGI Data Stream Encodings, ISO 9637) und
• den **Sprachanbindungen** (CGI Library Language Bindings, ISO 9638).

Diese Dreiteilung trennt bewußt zwischen der Festlegung der Funktionalität inklusive des Zusammenwirkens von Funktionsgruppen und der syntaktisch korrekten Ansteuerung dieser Funktionen.

Jede der drei obigen Normen wird in internationalen Gremien des ISO IEC/JTC1/SC24 erarbeitet, womit gewährleistet ist, daß die daran beteiligten nationalen Normungsinstitutionen, beispielsweise des DIN in der Bundesrepublik Deutschland, der AFNOR in Frankreich, BSI in Großbritannien, ANSI in den USA etc. diese Norm als nationale Norm übernehmen und darüber hinaus -wie dies bereits mit GKS der Fall war - diese Norm insgesamt auch als Europäische Norm übernommen wird.

Die Normen werden zunächst in englischer Sprache entwickelt und zur gegebenen Zeit übersetzt. Es ist heute aufgrund des enormen Übersetzungsaufwandes noch nicht absehbar, ob eine deutschsprachige Übersetzung erarbeitet wird. Man kann davon ausgehen, daß die internationale (englische) Version der CGI-Normen in dem deutschsprachigen Raum anerkannt und vertrieben werden.

Jede der drei CGI-Normen erscheint als ein sogenannter *"Multi-Part Standard"*, d.h. die Norm besteht aus mehreren Teilen, wobei jeder Teil für sich als eigenständiger Normungsvorgang festgelegt werden kann.

## 1.1  Die funktionale Spezifikation des CGI

Diese Spezifikation besteht aus insgesamt sechs Teilen, die unterschiedliche Funktionsgruppen definieren:

- Teil 1: **Overview, Profiles and Conformance** enthält die Konzepte;
- Teil 2: **Control** definiert Kontrollfunktionen;
- Teil 3: **Output** spezifiziert die graphische Ausgabe;
- Teil 4: **Segments** beschreibt die Segmentfunktionen;
- Teil 5: **Input and Echoing** definiert Eingabefunktionen;
- Teil 6: **Raster** legt elementare Funktionen der Rastergraphik fest.

Während der erste Teil eine prinzipielle Übersicht über die Zielsetzung, die Entwurfsrichtlinien und die Konzepte des CGI gibt, spezifizieren die Teile 2 - 6 die jeweiligen Funktionen sowie die zugehörigen Datenstrukturen nebst Erfragefunktionen (*Inquiries*). Weiterhin beschreibt jeder der Teile 2 - 6 die Syntax der relevanten CGI-Funktion in einer formalen Grammatik.

Teil 1 definiert mit dem *Referenzmodell*, der Einbindung des CGI in andere graphische Standards und insbesondere den grundlegenden Konzepten innerhalb der *graphischen Ausgabepipeline* einen Rahmen, in dem die einzelnen Funktionen der übrigen Teile sowie ihr Zusammenwirken zu sehen sind.

Neben der Beschreibung einzelner Funktionen sieht CGI ebenso eine Festlegung der Syntax für die Ansteuerung graphischer Geräte vor. Prinzipiell werden sowohl *Kodierungen* als auch *Sprachanbindungen* für die CGI-Funktionen standardisiert.

## 1.2 Die Kodierungen

Die Kodierungsnorm für CGI (CGI Data Stream Encoding) setzt sich aus drei Teilen zusammen, die jeweils unterschiedliche Kodierungen für den *gesamten* Funktionsumfang des CGI beschreiben:

- Teil 1: **Character Encoding**            (Zeichenkodierung)
- Teil 2: **Binary Encoding**               (Binärkodierung)
- Teil 3: **Clear Text Encoding**           (Klartextkodierung)

Kodierungen ermöglichen es, über physikalische Schnittstellen (wie z.B. die serielle Schnittstelle V24) graphische Geräte mit einem sequentiellen Datenstrom zu versorgen oder Daten sequentiell vom graphischen Gerät zu lesen. In diesem Kontext sind dann auch einige der CGI-(Kontroll-) Funktionen äußerst sinnvoll, die beispielsweise die Anzahl der Bits für einen bestimmten Datentyp definieren.

Kodierungen werden in Anlehnung an die Kodierungen des Computer Graphics Metafile (CGM, siehe Kap. III) definiert. Funktionen bzw. Elemente, die sowohl in CGI als auch in CGM definiert sind, werden in gleicher Weise kodiert. Für CGI werden genau wie für das CGM die oben aufgeführten Kodierungen erstellt:

- die **Zeichenkodierung (character encoding)** als kompakte, dem Datentransfer angepaßte Funktionskodierung, besonders geeignet zum Transfer in Netzen, die keine Binärdaten zulassen,

- die **Binärkodierung (binary encoding)** als effiziente maschinennahe Kodierungsart, die vergleichbar geringen Kodierungs- und Dekodierungsaufwand impliziert und

- die **Klartextkodierung (clear text encoding)** als textuelle, durch einen Text-Editor erstell- und änderbare Form der Funktionskodierung, die im Transfer-Modus für Textdateien übertragen werden kann.

## 1.3 Die Sprachanbindungen

Sprachanbindungen werden zur Ansteuerung des CGI aus unterschiedlichen Programmiersprachen definiert. Die CGI-Funktionen werden dabei im allgemeinen über Unterprogramm-/ Prozeduraufrufe angesprochen  und deren Parameter auf Datentypen der jeweiligen Sprache abgebildet. Sprachanbindungen für FORTRAN, Pascal, Ada und C sind in einer separaten Norm (CGI Library Language Bindings, ISO IEC 8638) vorgesehen. Diese besteht aus den folgenden Teilen

- Teil 1: **FORTRAN**
- Teil 2: **Pascal**
- Teil 3: **Ada**
- Teil 4: **C**

Jeder dieser Teile definiert die prozedurale Anbindung sämtlicher CGI-Funktionen in der jeweiligen Sprache. Neben der Festlegung der Funktionsnamen, bzw. deren

Abkürzungen werden ebenso die abstrakten Datentypen des CGI auf Datentypen der jeweiligen Sprache abgebildet (siehe auch das Programmbeispiel in Anhang E).

Die Sprachanbindung kann unterschiedlich erfolgen: das sogenannte *procedural binding* sieht vor, daß für jede Funktion des Standards eine eigene prozedurale Schnittstelle einschließlich des Funktionsnamens geschaffen wird. Ein *procedural single-entry-point binding* stellt demgegenüber nur eine Prozedur zur Ansteuerung des gesamten Funktionsumfangs von CGI bereit. Die verschiedenen CGI-Funktionen werden durch Parameter in den entsprechenden Datensätzen der Schnittstellenprozedur erreicht. Während diese zweite Art der Sprachanbindung für funktionale Standards aus Gründen der Benutzerfreundlichkeit außer Frage steht, beinhaltet diese für CGI als nicht anwendungsprogrammierbare Geräteschnittstelle ein großes Maß an Kompaktheit. Sie ist dann geeignet, wenn beispielsweise eine effiziente Ansteuerung der Arbeitsplatzschnittstelle innerhalb eines graphischen Systems angestrebt wird.

Es ist beabsichtigt, beide Typen der Sprachanbindung für die o.a. Sprachen zu definieren. Von vornehmlichem Interesse sind allerdings zunächst die 1:1-Anbindungen. Hier existieren bereits die ersten Vorschläge für C /Zieg-89/ und FORTRAN. Diese werden von den auf dem Markt befindlichen CGI-Implementierungen /Vand-88, Eber-88/ berücksichtigt.

CGI-Implementierungen werden in der Regel beides, eine Sprachanbindung und eine oder mehrere Kodierungen realisieren. Das prinzipielle Zusammenwirken dieser syntaktisch unterschiedlichen Schnittstellen ist in der Abb. II-5 dargestellt.

## 2 Systemumgebungen für den Einsatz des CGI

Die funktionalen graphischen Standards GKS, GKS-3D und PHIGS adressieren abstrakte graphische Geräte, die als graphische Arbeitsplätze bezeichnet werden. CGI unterstützt ein breites Spektrum von Geräten, beginnend mit einfachen graphischen Ausgabegeräten bis hin zu interaktiven Geräten mit der GKS-Arbeitsplatzfunktionalität.

### 2.1 CGI Konfigurationen

CGI steht als Schnittstelle zwischen zwei Komponenten eines graphischen Systems, der CGI-Anwendung und dem graphischen Gerät. Die funktionale Differenz zwischen beiden Komponenten erfüllt die CGI-Implementierung, die unterschiedlich mächtig sein kann.

In Abhängigkeit davon, ob eine Komponente ein CGI-Datenstrom erzeugt bzw. eine prozedurale CGI-Schnittstelle benutzt oder eine Komponente die CGI-Funktionalität letztlich visuell oder in Form einer Bilddatei realisiert, unterscheidet man CGI-Anwendungen (*CGI clients*) und CGI-Implementierungen. Eine CGI-Implementierung, bestehend aus einem graphischen Gerät (*target*) mit gerätespezifischer Schnittstelle und einer Komponente, die CGI auf diese Schnittstelle abbildet, bezeichnet man als *virtuelles CGI-Gerät*.

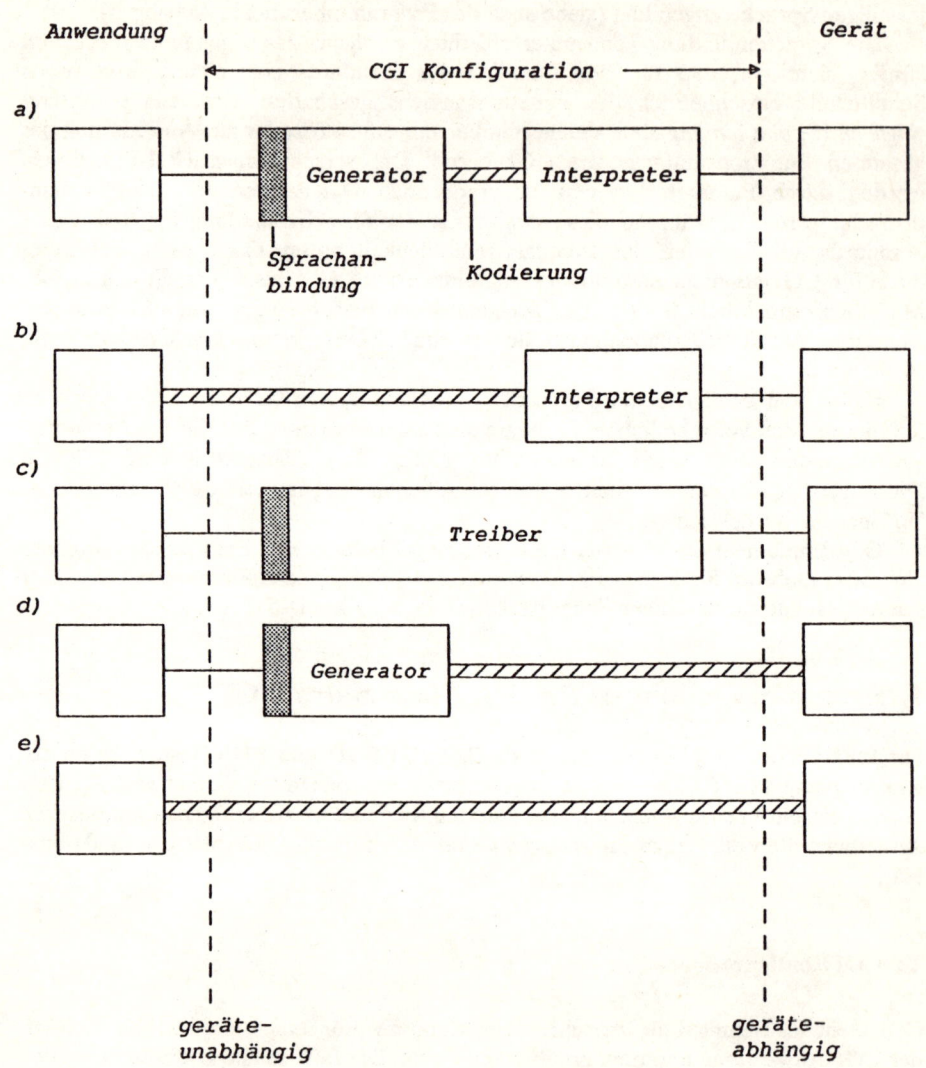

Abb. II-1: CGI-Konfigurationen

Realisiert das Gerät direkt CGI-Funktionalität und läßt sich über eine CGI-Kodierung ansteuern, so handelt es sich um ein CGI-Gerät (*CGI target*).

Wird beispielsweise ein Arbeitsplatz in GKS über CGI angesteuert (Abb. II-2), so ist der arbeitsplatzunabhängige Teil des GKS die CGI-Anwendung, der Arbeitsplatz ist die CGI-Implementierung nebst graphischem Gerät.

Im Umgang mit CGI-Kodierungen (*data stream encodings*) verwendet man zudem den Begriff *Generator* für die Komponente einer CGI-Implementierung, die eine CGI-Kodierung aus einer prozeduralen CGI-Schnittstelle erzeugt. Als *Interpreter* werden solche Komponenten einer CGI-Implementierung bezeichnet, die einen kodierten Datenstrom empfangen und in eine geräteeigene Kodierung umsetzen.

Die Abb. II-1 stellt die ganze Breite möglicher CGI-Generator/Interpreter-Konfigurationen innerhalb von CGI-Implementierungen dar. Die Fallbeispiele a - e sind folgend erklärt:

a. Die CGI-Implementierung gliedert sich in einen Generator, der einen kodierten Datenstrom für einen CGI-Interpreter erzeugt. Eine derartige Konfiguration findet man in verteilten graphischen Systemen vor, in denen das graphische System neben dem CGI noch andere Geräteschnittstellen bedient und eine möglichst komfortable, geräteunabhängige Schnittstelle zum Gerät verwendet wird.

b. Demgegenüber stellt die zweite Konfiguration ein maßgeschneidertes graphisches System dar, in dem die Ansteuerung des CGI-Gerätes per Datenstrom enthalten ist (*generating client*), und somit Komfort zugunsten der Effizienz vernachlässigt wird. Der Interpreter empfängt wie im Fall a den Datenstrom und setzt diesen auf gerätespezifische Kommandos um.

c. In der prozeduralen Anbindung des CGI-Gerätetreibers (*callable target*) wird eine Konfiguration vorgestellt, in der dieser Treiber direkt die Abbildung der CGI-Funktionen auf eine gerätespezifische Kodierung durchführt.

d. Ebenso wird es graphische Geräte (*CGI target*) geben, die per Hard-/ Firmware bereits ein CGI in Form der Datenkodierung anbieten. In diesem Fall obliegt es dem Generator, die zur Anwendung implementierte Schnittstelle auf die Gerätefähigkeiten abzubilden und eine entsprechende Kodierung vorzunehmen.

e. Letztlich kann das Anwendungssystem selbst - wie im Fall b - direkt die Kodierung des CGI vornehmen und entsprechende CGI-Geräte (*CGI target*) unterstützen.

### 2.1.1 CGI-Anwendungen

Die CGI-Spezifikation wurde maßgeblich durch die Anforderungen des GKS und des CGM geleitet. Es ist daher ein direkter Bezug zu sehen zu

- GKS-Implementierungen, die virtuelle CGI-Geräte als GKS-Arbeitsplatz benutzen und hierbei einen Performanzgewinn erzielen;

- CGM-Interpreter, die Bildelemente direkt einem virtuellen CGI-Gerät übergeben, vorausgesetzt es liegt die gleiche Kodierung vor;

Darüberhinaus erlaubt die Funktionalität von CGI auch folgenden Anwendungen zu genügen:

- 3D-Systeme, die eine Schnittstelle beispielsweise zu Hardcopy-Geräten ansteuern;

- kommerziellen graphischen Anwendungssystemen, "Tool Kits" für Business- und Präsentationsgraphiken;

- interaktive Leit- und Monitor-Systemen aus der Automatisierungstechnik;

- kartographisch orientierte Anwendungen;

- selbst CGI-Implementierungen, wenn eine Abbildung auf ein funktional weniger mächtiges CGI stattfindet (Abb. II-5).

### 2.1.2 Unterstützte Geräte

Das CGI ist geeignet, unterschiedliche Zielsysteme zu unterstützen. In erster Linie war diese Schnittstelle konzipiert, um die Funktionalität graphischer Ein- und Ausgabegeräte zu vereinheitlichen. Mit zunehmender Bedeutung von Bildtransferformaten /MuSc-88/ und Fenstersystemen kann CGI eine breite Palette sogenannter virtueller Geräte verwenden:

- Herkömmliche *graphische Geräte*, Ausgabegeräte wie Farbrastergeräte, Plotter, Laser-, Tintenstrahl- und andere Drucker, Diabelichter u.ä. Eingabegeräte, darunter Digitalisierer, Scanner, Kamera. Insbesondere eignet sich CGI auch, um unterschiedliche Zusatz-Hardware für Standard-Farbmonitore (wie EGA, VGA) mit einer einheitlichen graphischen Schnittstelle zu versehen. Im allgemeinen werden diese Geräte über einen Treiber angesprochen, der CGI-Funktionen auf Gerätefunktionen abbildet.

- *Bilddateien* mit der Funktionsbreite des CGM oder auch des GKSM lassen sich über das CGI generieren. Im Falle gleicher Kodierung ist es dabei sogar möglich, einzelne kodierte CGI-Funktionen direkt in die Bilddatei zu übernehmen.

- *Fenstersysteme* lassen sich über CGI beispielsweise derart ansteuern, daß ein Fenster einem Gerät entsprechend von CGI für graphische Ein- und Ausgabe verwendet wird. Entsprechende Treiber setzen CGI-Funktionen auf Funktionen des Fenstersystems um, dabei bieten die Rasterfunktionen des CGI interessante Variationsmöglichkeiten an.

- Künftig werden *CGI-Geräte* angeboten werden, die neben anderen häufig verwendeten Schnittstellen ebenso die standardisierte Geräteschnittstelle CGI anbieten.

### 2.2 CGI und Graphische Standards

Die Verwendungsmöglichkeiten des CGI in den bereits entwickelten graphischen Standards GKS, GKS-3D, CGM, PHIGS wird in der CGI-Norm beispielhaft aufgezeigt. Insbesondere in Verbindung mit GKS läßt sich CGI auf verschiedenen funktionalen Ebenen in die Implementierungen einführen.

### 2.2.1 CGI und GKS

Eine GKS-Implementierung verwaltet in der Regel eine definierte Menge graphischer Geräte unter Verwendung des Konzeptes graphischer Arbeitsplätze. Diese können unter Einbeziehung von virtuellen CGI-Geräten (*CGI virtual devices*) realisiert sein.

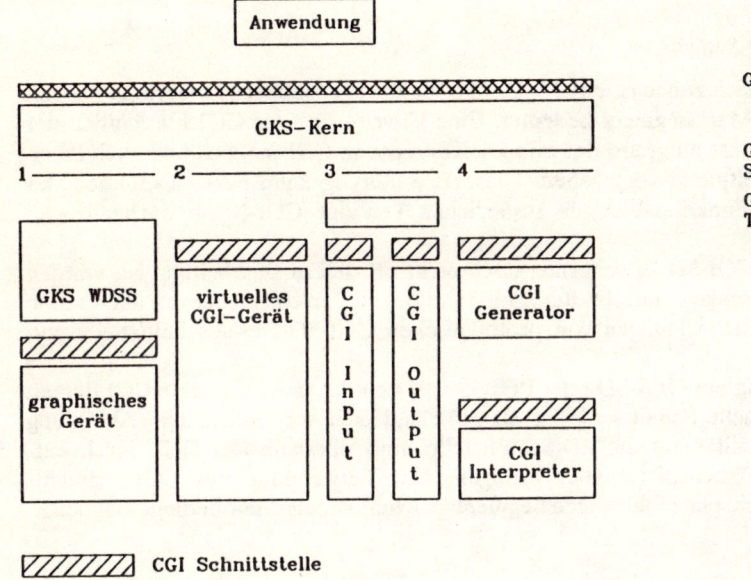

Abb. II-2: CGI-Schnittstellen in GKS-Implementierungen

Die Abb. II-2 zeigt vier unterschiedliche Varianten auf. Die Anwendung kommuniziert mit GKS üblicherweise über eine GKS-Sprachanbindung. Der arbeitsplatzunabhängige GKS-Kern verwaltet die graphischen Arbeitsplätze.

1. Der erste Arbeitsplatztreiber realisiert die Funktionen des arbeitsplatzabhängigen Segmentspeichers (WDSS, workstation dependent segment storage) von GKS, bevor das graphische Gerät (das nicht über diese Funktionalität des Segmentspeichers verfügt) über ein prozedurales CGI adressiert wird.

2. Ein CGI-Gerät mit Segmentspeicher wird als Arbeitsplatz 2 verwendet. Dieses Gerät unterstützt die gesamte von GKS geforderte Funktionalität eines graphischen Arbeitsplatzes.

3. Der Arbeitsplatz 3 setzt sich aus zwei CGI-Geräten zusammen, eines zuständig für die graphische Ausgabe inklusive Segmentspeicherung und das andere für die Eingabe. Die Funktionalität der Picker-Eingabe (Segmentidentifikation) muß hierbei gegebenenfalls in der Treiber-Software des Arbeitsplatzes gelöst werden. Ebenso muß diese Treiber-Software die Ansteuerung der beiden CGI-Geräte übernehmen. CGI definiert die Schnittstelle zu einem virtuellen Gerät. Die Verwaltung eines Arbeitsplatzes mit Ansteuerung mehrerer Geräte ist nicht definiert. Hier ist zusätzliche Software notwendig.

4.  Der vierte Arbeitsplatz zeigt die bereits in Abb. II-1 vorgestellten Konfigurationen, bestehend aus CGI-Generatoren und Interpretern.

### 2.2.2 CGI und 3D-Systeme

CGI beschränkt sich zunächst auf 2D-Geräte, da dies gegenüber 3D-Geräten das mit Abstand größte Marktsegment bedeutet. Eine Erweiterung des CGI hinsichtlich der 3D-Funktionalität ist aufgrund der offenen Konzepte in CGI möglich und auch zu einem späteren Zeitpunkt vorgesehen. Diese Erweiterung kann durch Definition der entsprechenden Funktionalität als zusätzlicher Teil der CGI-Norm nachvollzogen werden.

Obwohl die CGI-3D-Erweiterung noch nicht offiziell in Bearbeitung ist, wurden bereits erste Vorschläge unterbreitet /Poll-88/. Diesen Vorschlägen liegen auch schon abgeschlossene Entwicklungen von prototypischen CGI-3D-Geräteschnittstellen zugrunde.

In Verbindung mit GKS-3D oder PHIGS läßt sich das standardisierte CGI derzeit lediglich als virtuelle Schnittstelle zu 2D-Arbeitsplätzen verwenden. Die Abbildung der 3D-Funktionalität auf die 2D-Schnittstelle muß oberhalb des CGI durch entsprechende 3D-Arbeitsplatztreiber erfolgen. Die Verwendung des CGI-Segmentspeichers als arbeitsplatzabhängigen Segmentspeicher ist daher nur bedingt möglich.

### 2.2.3 CGI und CGM

Die Funktionalität des *Computer Graphics Metafiles* (*CGM*) zur Bildgenerierung hat die Definition der Darstellungselemente des CGI-Standards wesentlich beeinflußt. Es ist daher möglich, CGM-Generatoren über eine CGI-Schnittstelle anzusteuern und CGM-Daten durch eine CGI-Implementierung direkt interpretieren zu lassen. Da es zudem ein Entwurfsprinzip war, die gleichen Kodierungsrichtlinien für beide Standards zu verwenden, ist es möglich, CGM-Bilddaten unmittelbar zu einem CGI-Gerät zu übertragen und das Bild visuell darzustellen, nachdem das CGI-Gerät entsprechend den CGM-Spezifikationen bzgl. Kodierungs- und Übertragungsmodi eingestellt ist.

Die Abb. II-3 zeigt dieses Zusammenwirken von CGM-Interpreter und CGI-Geräten. Der Interpreter wird von dem Anwendungssystem angesteuert, das einen bestimmten CGM selektiert hat. Der Interpreter steuert das CGI-Gerät direkt an. Er liest die Beschreibungsdaten vom Metafile und initialisiert das Gerät entsprechend (z.B. Voreinstellung der Attribute, der Datentransferformate, etc.). Sobald sich die im Metafile niedergelegte Funktionalität und die durch das CGI-Gerät realisierte Funktionalität decken, sowie die verwendeten Kodierungen übereinstimmen, lassen sich Bildinhalte (*picture bodies*) des CGM unmittelbar auf das CGI-Gerät übertragen und darstellen.

Das Zusammenspiel zwischen GKS, CGI und CGM wird in der Abb. II-4 dargestellt. Vier Arbeitsplätze in GKS werden hier unterschieden:

1.  der konventionelle interaktive Bildschirmarbeitsplatz;

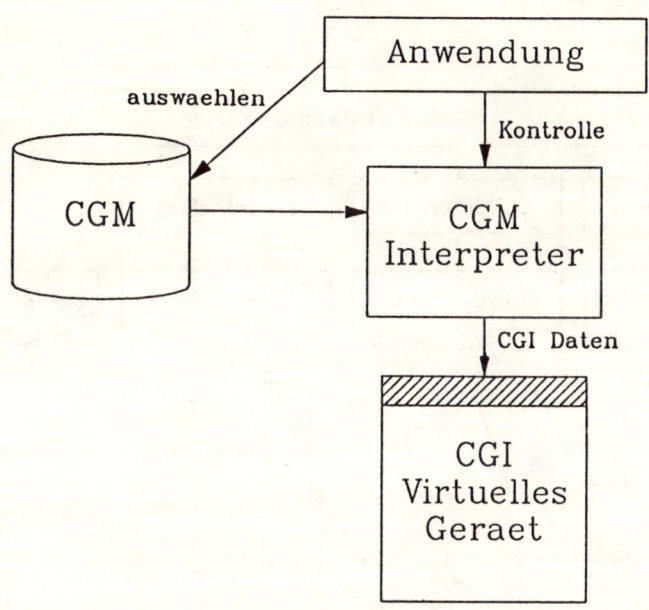

Abb. II-3: CGM Interpretation mit einem CGI-Gerät

2.  ein dezentrales CGI-Gerät wird über ein Netz als interaktiver graphischer Arbeitsplatz verwendet, wobei ein entsprechend kodierter Datenstrom über das Netz ausgetauscht wird;

3.  ein Bilddatei-Ausgabe-Arbeitsplatz, der ein CGM generiert, wird über eine prozedurale CGI-Schnittstelle gesteuert;

4.  ein Bilddatei-Eingabe-Arbeitsplatz, der CGM-Daten für GKS erfaßt.

### 2.3  CGI in verteilten graphischen Systemen

Graphische Systeme verfügen häufig über eine Architektur, die sich aus verteilten Hard- und Software-Komponenten zusammensetzt. Diesem neueren Aspekt der verteilten graphischen Systeme wird mit CGI ebenso Rechnung getragen.

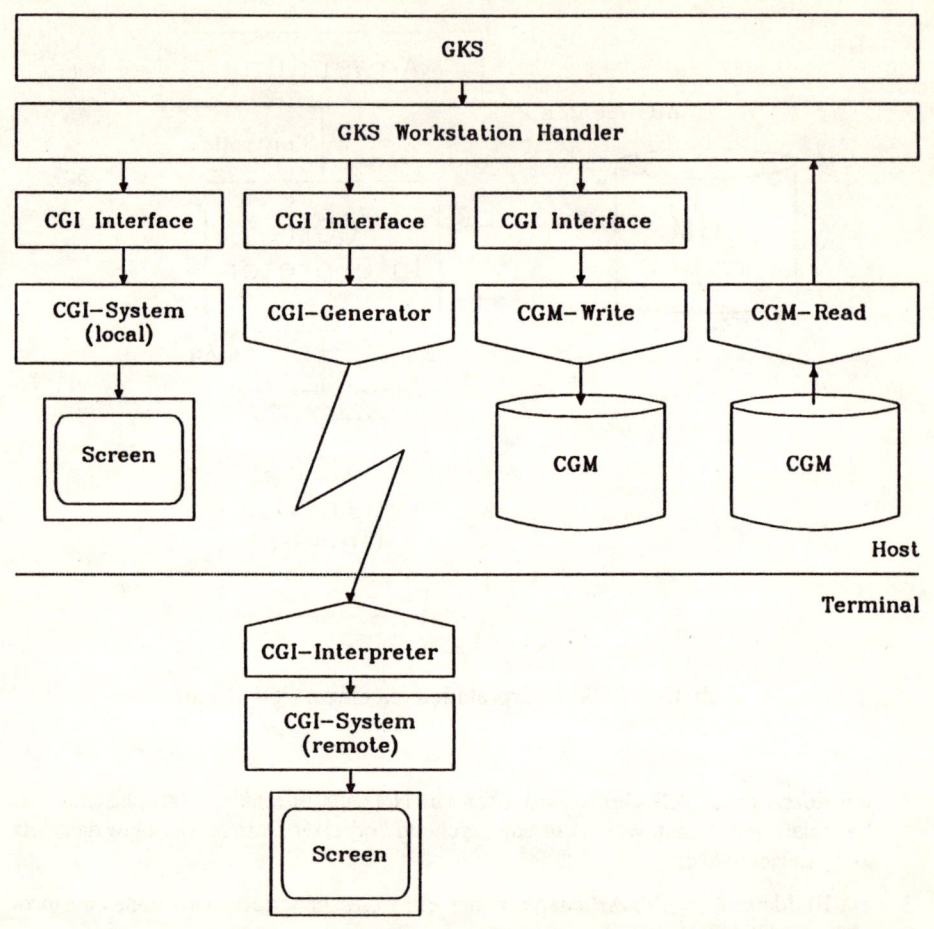

Abb. II-4: CGI und CGM innerhalb von GKS

In Abb. II-5 wird ein graphischer Arbeitsplatz durch ein virtuelles CGI-Gerät realisiert. Der Zentralrechner (Mainframe) führt das Anwendungsprogramm aus, das für die graphische Darstellungen und Interaktionen ein GKS benutzt. Diese wiederum nutzt die CGI-Sprachanbindung um das dezentrale, virtuelle CGI-Gerät zu adressieren. Im Mainframe selbst wird die zur Kommunikation über das Netz notwendige Zeichenkodierung von dem sogenannten CGI-Generator erzeugt. Diese muß zunächst auf dem Arbeitsplatz von dem Kodierungskonverter a in Binärkodierung umgewandelt werden.

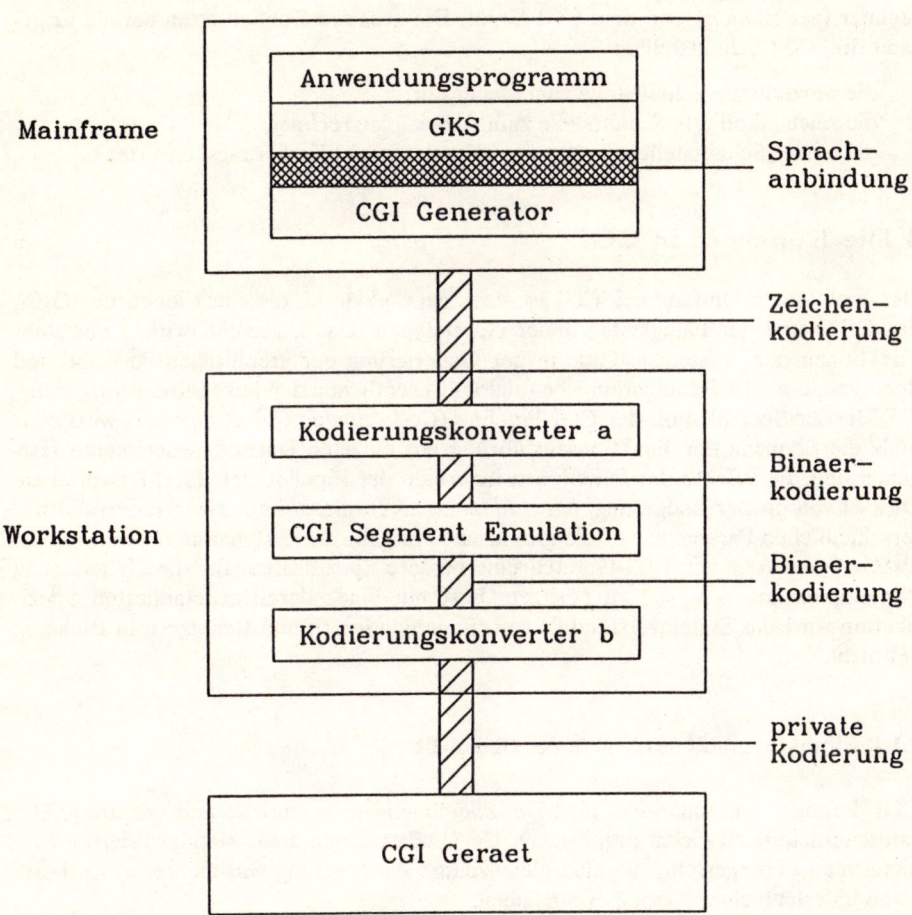

Abb. II-5: Virtuelle Geräteschnittstellen in einem verteilten graphischen System

Das virtuelle CGI-Gerät verfügt nicht über einen Segmentspeicher, wie dies für graphische Arbeitsplätze gefordert ist. Die CGI-Interpreter-Software (CGI Segment Emulation) führt diese Funktionalität auf dem Arbeitsplatzrechner aus. Dieser Emulator akzeptiert Binärkodierung und generiert Binärkodierung, die letztlich frei von Segmentfunktionen ist.

Das graphische Gerät selbst wird mittels einer gerätespezifischen Kodierung gesteuert. Der Kodierungskonverter b - Bestandteil des virtuellen CGI-Geräts - setzt CGI-Binärkodierung auf diese geräteeigene Kodierung um.

Die aus diesem Szenario resultierende Konfiguration stellt ein verteiltes graphisches System dar, wie es in heutigen lokalen Netzen anzutreffen ist. Dieses besteht aus drei Verarbeitungseinheiten, dem Zentralrechner (*mainframe*), dem Arbeitsplatz-rechner (*workstation*) und dem CGI-Gerät. Die gesamte Konfiguration enthält insgesamt drei CGI-Schnittstellen:

- die prozedurale Schnittstelle zum Generator,
- die zeichenkodierte Schnittstelle zum Arbeitsplatzrechner,
- die binäre Schnittstelle zum Segment-Emulator und Kodierungskonverter b.

## 3 Die Konzepte in CGI

Der funktionale Umfang des CGI ist stark geprägt durch die Funktionen des GKS, des CGM und der Fähigkeiten neuer Gerätetypen. Das Zusammenwirken einzelner Funktionen oder Systemzustände in der Generierung der graphischen Ausgabe und der Akzeptanz der Benutzereingabe folgt im wesentlichen den bekannten Prinzipien.

Mit der Spezifikation der CGI-Pipeline (*CGI Graphic Object Pipeline*) wird erstmals die Sequenz der Funktionsausführung auf einzelne Darstellungselemente festgelegt und die Effekte der Funktionen innerhalb der Pipeline detailliert beschrieben. Dies ist von großer Bedeutung, um zum einen als *Benutzer* die Auswirkungen der unterschiedlichen Parameter auf die graphische Ausgabe zu verstehen und zum anderen als *Implementierer* von CGI-Geräten eine bessere Spezifikation für die Generierung der graphischen Ausgabe zu besitzen. Erst mit einer derartig detaillierten Spezifikation wird das Systemverständnis von Implementierern und Benutzern in Einklang gebracht.

### 3.1 Die Funktionalität des CGI in der Übersicht

CGI definiert eine funktional niedrige, zweidimensionale, serielle und synchrone Geräteschnittstelle zu einem graphischen Gerät. Es werden keine standardisierten Mechanismen bereitgestellt, die eine gleichzeitige Ansteuerung von mehreren CGI-Geräten innerhalb einer Sitzung ermöglichen.

Die Konzepte in CGI orientieren sich an den mit dem Graphischen Kernsystem GKS entwickelten Modellen. Sie sind, da sie auf Gerätefunktionalität abzielen, insgesamt detaillierter und damit auch wesentlich präziser als in GKS definiert. Viele Bereiche, die GKS bewußt offenläßt, da diese arbeitsplatz- oder geräteabhängig sind, werden in CGI eingegrenzt und mit ihren Alternativen erfaßt.

Die Menge von Funktionen, die in einer konkreten CGI-Implementierung für ein graphisches Gerät auftreten können, gruppieren sich wie folgt in

- **Kontrollfunktionen:** Sie führen eine Initialisierung, bzw. Terminierung des Gerätes durch. Das von der CGI-Anwendung benutzte virtuelle Koordinatensystem für diese CGI-Sitzung läßt sich ebenso mit entsprechenden Kontrollfunktionen festlegen. Darüber hinaus kann das Protokoll zum Austausch graphischer Daten mit dem Gerät spezifiziert und variiert werden;

- **Graphische Ausgabeprimitive** (wie Linien, Flächen, etc.) als Bestandteile der visuellen Darstellung eines Bildes mittels der Geräteschnittstelle. Bilder setzen sich in CGI - wie auch in GKS, PHIGS und CGM - aus graphischen *Primitiven* (auch *Darstellungselemente* genannt) zusammen;

- **Attributfunktionen** zur Steuerung der visuellen Aspekte (z.B. Farbe, Linienbreite, Schriftart) der Ausgabeprimitive und damit der Erscheinungsform der graphischen Ausgabe;

- **Ausgabekontrollfunktionen:** Sie steuern die globalen Attribute aller Ausgabeprimitve. Dazu gehören die Spezifikation der Farbdefinition (direkt oder indirekt) oder die Definition des Klipprechtecks;

- **Segmentfunktionen**, mit denen Ausgabeprimitive zu graphischen Objekten zusammengefaßt und benannt werden können. Segmente bilden wie in GKS eine abgeschlossene Einheit, die auf der Ebene der Segmentattribute (z.B. Segmenttransformation, Sichtbarkeit) manipuliert und modifiziert werden können;

- **Eingabefunktionen**, mit denen graphische Benutzereingaben von einem Eingabegerät bezogen werden können. Die Ansteuerung der Eingabegeräte erfolgt geräteunabhängig unter Verwendung logischer Eingabegeräte, die in unterschiedlichen Betriebsarten synchron und asynchron betrieben werden können;

- **Rasterfunktionen** für eine effiziente Ansteuerung von Rastergeräten und der damit in vielen Fällen angebotenen schnellen Bitmap/Pixmap-Graphik. Zudem werden damit elementare Ein- und Ausgabefunktionen bereitgestellt, die für andere Aufgaben, z.B. die Bildverarbeitung, von Interesse sind.

Weiterhin definiert CGI einzelne Funktionen, mit denen weitere Gerätefähigkeiten angesteuert oder erfragt werden können, z.B.:

- **Fluchtfunktionen (escape)**, mit der gerätespezifische Funktionen zur graphischen Darstellung angesteuert werden können, die durch keine andere CGI-Funktion erfaßt sind;

- **Externe Funktionen (externals)**, die zur Übermittlung nichtgraphischer Informationen an das Gerät dienen;

- **Erfragefunktionen (inquiry functions)**, zur Feststellung der Fähigkeiten einer CGI-Implementierung und von aktuellen Gerätezuständen aus Beschreibungstabellen und Zustandslisten.

- **Fehlerbehandlungsfunktionen**, mit denen die Fehlererkennung und die Art der Fehlermeldungen gesteuert werden können sowie Fehlermeldungen vom CGI-Gerät abgerufen werden können.

Das Zusammenwirken dieser Funktionsklassen wird generell durch die CGI-Objekt-Pipeline (*CGI graphic object pipeline*) festgelegt. Darüber hinaus sind konzeptionell Datenstrukturen, Erfragemechanismen und Fehlerbehandlungsmechanismen einheitlich über alle Teile des Standards definiert.

## 3.2 Vergleich der Konzepte CGI und GKS

|  | GKS | CGI |
|---|---|---|
| Gerätekontrolle | mehrere Arbeitsplätze | ein Gerät |
| Leistungsstufen | festgelegt | Mindestanforderung per Profile definiert |
| Zustandsmodelle | erfragbar | ebenso |
| Datenstrukturen | erfragbar | ebenso |
| Fehlerbehandlung | 3 Fehlerklassen | 9 Fehlerklassen |
| Bilddatei | GKSM | CGM (über Interpreter/Generator) |
| Arbeitsplatzkontrolle | definiert | nicht definiert |
| Koordinatensysteme | kartesisch | ebenso |
|  | Ursprung festgelegt | Ursprung beliebig |
| Transformationen | 2-stufig | einstufig |
| Klippen | keine Festlegung | verschiedene Klippmodi |
| Darstellungselemente | 5 Primitive | 5 Primitiv-Klassen Compound Primitives |
| **Attribute** |  |  |
| Attributspezifikation | definiert | z.T. Alternativen |
| Attributanbindung | gebündelt/individuell | ebenso |
| Attributänderung | über Bündel | zusätzlich über Vererbung möglich |
| **Segmente** |  |  |
| Segmentmanipulation | Öffnen, Schließen, Umbenennen, Löschen, Kopieren | zusätzlich Reopen möglich |
| Segmentmodifikation | über Segmentattribute | ebenso, zusätzlich Picker-Priorität |
| **Eingabe** |  |  |
| Eingabegeräte | 6 Klassen | 2 zusätzliche Klassen |
| Betriebsarten | Request, Sample, Event | zusätzlich Echo Request |
| Gerätekonfigurierung | vordefiniert | Maßwert und Auslöser-zuordnung kann zur Laufzeit erfolgen |
| **Raster** |  |  |
| Rasterfunktionen | nur Erfragefunktionen | Pixel Array Input zusätzlich Bildspeicher-auswahl |
| Rasteroperationen | keine BitBlt | auf Bildspeicher |

### 3.3 Die CGI - Objekt - Pipeline

Die in CGI ausgearbeitete CGI-Objekt-Pipeline ist, verglichen mit den übrigen graphischen Standards, sehr detailliert. Sie gibt Auskunft über den Bearbeitungszustand eines graphischen Objektes (z.B. eines Darstellungselements, Segments oder auch einer Bitmap) auf seinem Weg von der Anwendung zum graphischen Gerät. Sie bildet damit die grundlegende Referenz für CGI-Implementierer. Aus ihr läßt sich leicht eine formale Spezifikation ableiten, die Implementierungsrichtlinien beinhalten kann.

Das Modell der CGI-Objekt-Pipeline (Abb. II-6) wird an dieser Stelle ausführlich vorgestellt. Die in späteren Kapiteln folgenden Beschreibungen einzelner CGI-Funktionen sind immer auf diese Pipeline zu beziehen.

Die CGI-Objekt-Pipeline enthält:

- **Pipes**, die den Weg darstellen, den ein graphisches Objekt verfolgen kann. Sie führen von der Anwendung, gegebenenfalls über den Segmentspeicher, zum Bildschirm des Gerätes (in Abb. II-6 meist durch gerichtete, fettgedruckte Linien dargestellt);

- **Operationen**. Sie werden durch Rahmen mit abgerundeten Ecken dargestellt. Sie repräsentieren die unterschiedlichen graphischen Operationen wie Attributanbindung, Transformation, Klippen in ihrer zeitlichen Aufeinanderfolge (von links nach rechts);

- **Zustandsinformationen**. Diese werden den jeweiligen Zustandslisten entnommen, sobald sie zur Ausführung von Operationen benötigt werden. Das Klipprechteck stellt beispielsweise eine solche Information dar. Zustandsinformationen werden in der Abb. II-6 durch Rechtecke dargestellt.

### 3.3.1 Graphische Objekte

Die Pipeline transportiert Objekte, keine CGI-Funktionen. Ein graphisches Objekt entsteht durch die Interpretation einer Funktion für ein Darstellungselement (z.B. der Funktion POLYLINE zur Generierung einer Linie) und die Anbindung der aktuell gültigen Darstellungsattribute (wie Linienbreite, Farbe) sowie der Kontrollattribute (wie Klippmodus, Pickerkennzeichen, Aspektanzeiger, etc.) aus den Zustandslisten. Während die graphischen Objekte die Pipeline passieren, werden Operationen auf sie angewendet. Diese Operationen bewirken im allgemeinen eine Modifikation des Objektes, sowohl seiner geometrischen Informationen wie auch der Attribute. Graphische Objekte können in Segmenten gespeichert werden, um zu einem späteren Zeitpunkt wieder die Pipeline zu durchlaufen (Segment-Regenerierung).

Während also Primitivfunktionen graphische Objekte erzeugen, lösen Kontrollfunktionen wie COPY SEGMENT und DRAW ALL SEGMENTS einen Objektstrom vom Segmentspeicher aus. Die Modifikation dynamischer Segmentattribute löst eine implizite Regenerierung und damit ebenfalls einen Objektstrom vom Segmentspeicher aus.

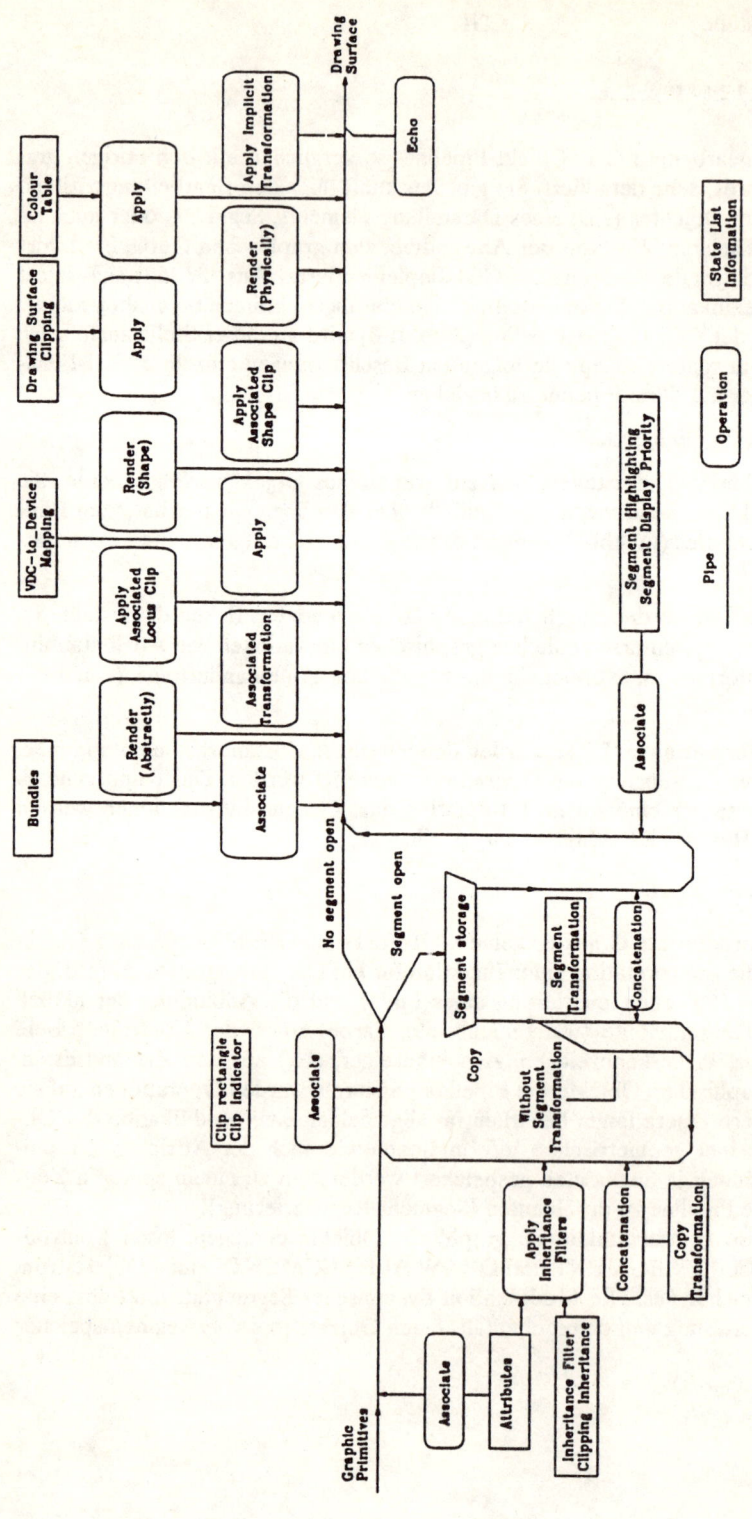

Abb. II-6: CGI-Objekt-Pipeline

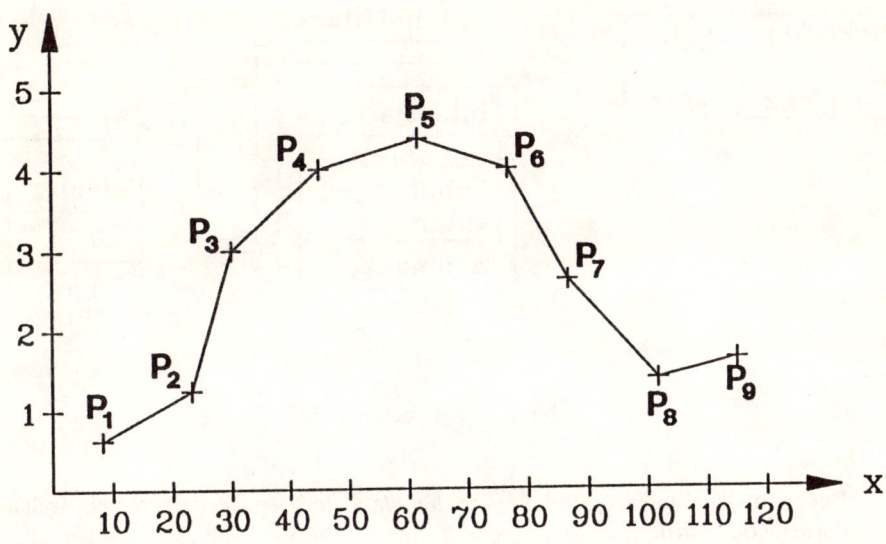

Abb. II-7: Das Darstellungselement POLYLINE

Die Bewegung eines Objektes in der Pipeline wird von den CGI-Funktionen in unterschiedlicher Weise beeinflußt, so zum Beispiel die Auswahl *alternativer* Pfade durch Öffnen eines Segmentes oder das Ändern der Informationen in den Zustandslisten und damit der Parameter für die Operationen innerhalb der Pipeline.

### 3.3.2 Die Operationsfolgen in der Pipeline

Prinzipiell beginnt die Pipeline mit der Interpretation einer Funktion für ein Darstellungselement oder mit dem Zusammenstellen sogenannter zusammengesetzter Primitive (*compound primitives*, siehe Kap. II.6.2.11) wie etwa CLOSED FIGUREs.

Hier soll exemplarisch das Darstellungselement POLYLINE zunächst die Pipeline bei nicht geöffnetem Segment durchlaufen.

Eine POLYLINE ist definiert durch n Punkte $P_i$ mit $i = 1, .., n$ in einem 2-dimensionalen kartesischen Koordinatensystem (virtuelle Gerätekoordinaten), wobei n-1 direkte Linien diese Punkte miteinander verbinden.

Linienart, Linienbreite und die Farbe der Linien werden als die Aspekte des Linienzuges bezeichnet. Diese Aspekte werden über Attribute definiert, wobei jeder Aspekt entweder durch ein individuelles Attribut oder ein Attributbündel, das Werte für alle drei Aspekte enthält, bestimmt wird. Ein entsprechender Aspektanzeiger (*aspect source flag*, ASF) legt für jeden Aspekt fest, ob dieser durch das individuelle Attribut "Linienart" oder durch den entsprechenden Eintrag in dem Linienzug-Bündel definiert ist. Die Bündel werden einer vordefinierten Bündeltabelle entnommen.

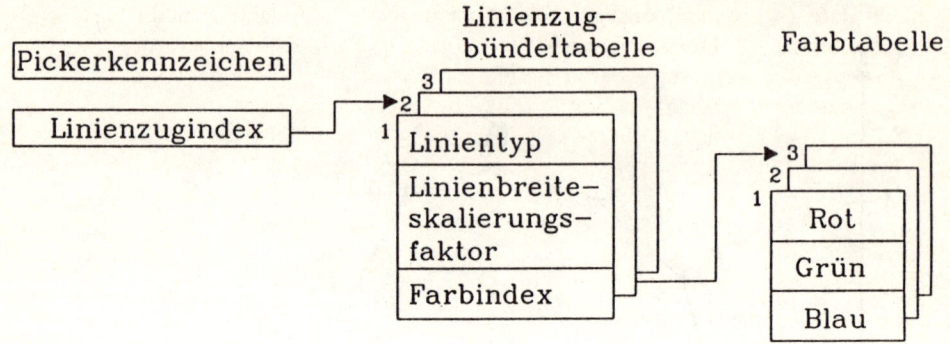

**Abb. II-8: Attributauswahl**

Der aktuelle Linienzug-Index (*line bundle index*) spezifiziert dabei, welches Bündel selektiert wird.

Der Unterschied zwischen der individuellen und gebündelten Attributanbindung liegt darin, daß individuelle Attribute, nebst Pickerkennzeichen, Aspektanzeiger und Linienzug-Index, zum graphischen Objekt gebunden im Segmentspeicher abgelegt werden (wenn ein Segment geöffnet ist) und später im Falle der Bildregenerierung aus dem Segmentspeicher nicht modifiziert werden können. Die gebündelte Anbindung erlaubt demgegenüber eine Modifikation der Bündeltabelle, womit gleichzeitig eine Bildregenerierung unter Verwendung der neuen Bündeldefinitionen implizit erfolgt.

Weitere Attribute, die zum Objekt POLYLINE gehören, sind die Spezifikationsmodi für die Linienbreite und die Farbe.

CGI definiert für Linienbreiten, Kantenbreiten und Markengrößen je zwei unterschiedliche Spezifikationsmodi (*specification modes*): 'VDC' oder 'scaled'. Der Spezifikationsmodus 'VDC' bedeutet, daß die Angaben in VDC-Einheiten vorgenommen werden. Das bewirkt, daß sich bei gleichbleibender VDC-Ausdehnung die entsprechenden Größen (z.B. die Linienbreite) proportional mit der Größe der Gerätedarstellungsfläche (*device viewport*) ändern. Bei der Wahl des Spezifikationsmodus 'scaled' wird ein Skalierungsfaktor angegeben. Dieser Skalierungsfaktor bezieht sich auf einen vom Implementierer festgelegten Wert (*nominal scaled line width*) in Gerätekoordinaten und ist von Gerät zu Gerät verschieden. Skalierungsfaktor 3 bedeutet daher 3-fache nominale skalierte Linienbreite. Dies hat auch zur Folge, daß die Größen invariant gegenüber assoziierten Transformationen und der Abbildung von VDC auf den Gerätedarstellungsbereich (Gerätetransformation, *VDC-to-Device-Mapping*) sind.

Farbe kann in CGI entweder nur über eine Farbtabelle per Farbindex ('indexed only') oder zusätzlich noch direkt ('indexed and direct') spezifiziert werden. Die Farbtabelle enthält pro Farbindex ein entsprechendes Tripel (RGB-Tripel) der Rot-, Grün-, Blau-Anteile. Die Realisierung hängt von der entsprechenden Kodierung, bzw.

Sprachanbindung ab. Die Angabe kann daher als ganzzahlige Werte oder aber als reelle Werte (prozentual) erfolgen. Es ist zu beachten, daß unterschiedliche Geräte auch unterschiedliche Farbeigenschaften haben. Die Farbtabellen können verschieden sein, die Anzahl der verfügbaren Farben differieren oder die Farbrepräsentationen trotz gleicher Angaben voneinander abweichen. Gleiche Anwendungsprogramme können daher durchaus zu unterschiedlichen Ergebnissen auf verschiedenen Geräten führen. Bei Farbrastergeräten hat jedes Pixel einen Farbwert. Die geräteinterne Realisierung (wieviel Bit pro RGB-Anteil) bleibt dem Anwender verborgen. Daher sind Resultate von Pixelverknüpfungen (BitBlt-Operationen, siehe Kap. II.6.5) nicht immer vorherbestimmbar.

Die weiteren angebundenen Attribute, der Klippmodus, die Transparenz, die Zwischenraumfarbe (*auxiliary colour*) und das Pickerkennzeichen werden an späterer Stelle erläutert.

Nachdem im ersten Schritt das Polyline-Objekt zusammengestellt wurde, wird anschließend das Klipprechteck und ein Klippindikator, der angibt ob oder ob nicht geklippt wird, hinzugefügt.

Im dritten Schritt werden die nicht individuell definierten Aspekte durch die entsprechenden Bündeleinträge festgelegt. Damit ist zunächst die Zusammenstellung der Attribute abgeschlossen. Das Polyline-Objekt durchläuft im folgenden eine Reihe von Operationen:

1. Abstrakte Objektgenerierung (*abstract rendering*)

   Diese Operation innerhalb der CGI-Objekt-Pipeline bewirkt, daß Objekte inklusive derjenigen Attribute, die Lage und Größe bestimmen, aufgelöst werden. So wird eine Linie beispielsweise aufgrund ihres Linienbreiteattributs von der abstrakten Spezifikation in ein "flächiges" Objekt umgesetzt. Attribute wie etwa Farbe bleiben von dieser Operation unbeeinflußt.

2. Assoziierte Transformation

   Die assoziierte Transformation setzt sich aus der *Segmenttransformation* und der evtl. eingeschalteten *Kopiertransformation* zusammen. Sie führt eine Abbildung innerhalb des VDC-Systems durch mit den üblichen, über eine 2*3-Matrix definierbaren, Transformationen wie Rotation, Skalierung, Translation.

   Für das Beispiel des Polyline-Objektes wird diese Transformation nicht durchgeführt, da die Polyline außerhalb eines Segmentes generiert wird.

3. Klippen

   CGI definiert drei *Objekt-Klipp-Modi* (siehe Abb. II-9). Diese können für Linien, für Kanten und für Polymarken über die entsprechende CLIPPING MODE-Funktion aktiviert werden. Wenn der Klippanzeiger eingeschaltet ist, werden nur diejenigen Teile des Objektes generiert, die sich innerhalb des assoziierten Klipprechtecks und innerhalb der VDC-Ausdehnung (VDC EXTENT, siehe Kap. II.6.1.2) befinden. Jeder Objekt-Klipp-Modus kann, sobald er eingeschaltet ist, ein Klippen des spezifizierten Objekts (*locus clipping*), des generierten Objektes (*shape clipping*) oder beides (*locus then shape clipping*) erlauben.

- **SHAPE-Klippen** wird mit Zielsetzung der größtmöglichsten Genauigkeit beim Klippen durchgeführt. Beispielsweise setzt das Shape-Klippen bei Rastergeräten auf der Grundlage des generierten Bildes in einzelnen Pixeln an.

- **LOCUS-Klippen** setzt für jedes Objekt (oder Teilen davon) auf der Ebene der definierten Positionen ein, unabhängig davon, wie und auf welchem Gerät das Objekt generiert wird. Beispielsweise werden keine Bruchstücke eines Markers erzeugt, wenn die Markerposition außerhalb des Klipprechtecks liegt, aber Teile des Markers hineinragen.

- **LOCUS-THEN-SHAPE-Klippen** führt zunächst ein Klippen der Objekte in ihrer geometrischen Definition durch und anschließend ein Klippen der generierten Primitive.

Abb. II-9 zeigt die zu klippenden graphischen Objekte: eine sehr dicke Linie (kein Rechteck), eine dicke Linie und einen Marker.

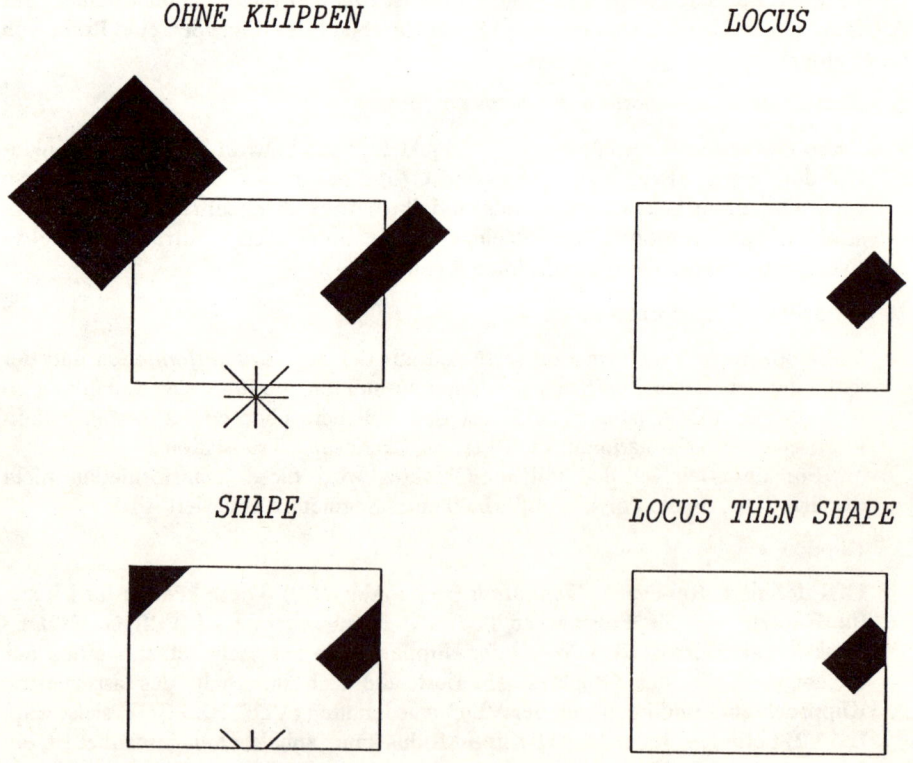

Abb. II-9: Die Effekte der unterschiedlichen Klipp-Modi

Bei der sehr dicken Linie oben links liegen beide Linienpunkte, sowie deren Verbindungslinie, außerhalb des Klipprechtecks. Bei der dicken Linie am rechten Rand liegt der erste Linienpunkt innerhalb und der zweite Linienpunkt außerhalb des Klipprechtecks. Die Markerposition liegt außerhalb des Klipprechtecks. Zu beachten ist das Klippen der dicken Linie. Beim LOCUS-Klippen wird zuerst ein neuer Linienpunkt berechnet und die beiden Linienpunkte verbunden. Erst dann wird das Attribut "Liniendicke" angewendet. Deshalb wird die eine Ecke außerhalb des Klipprechtecks gezeichnet. Beim LOCUS-THEN-SHAPE-Klippen verschwindet diese Ecke.

LOCUS-Klippen wird in GKS und CGM als minimale Anforderung definiert, die von den Implementierungen realisiert werden muß. SHAPE-Klippen ist in GKS zugelassen, womit sehr viele Implementierungsfreiheiten möglich sind.

4.  Gerätetransformation (*VDC-to-Device Mapping*)

Die Gerätetransformation in CGI, die Abbildung virtueller Koordinaten auf abstrakte Gerätekoordinaten (siehe Kap. II.6.1.2), erlaubt Translation und, im Gegensatz zu der Gerätetransformation in GKS, anisotrope Skalierung, d.h. die VDC-Ausdehnung wird auf den gesamten Gerätedarstellungsbereich (*device viewport*) abgebildet ohne auf das Seitenverhältnis zu achten. Kreise können so als Ellipsen erscheinen.

5.  Geräteklippen (*Drawing Surface Clipping*)

Anschließend wird (falls eingeschaltet) das Geräteklippen (*view surface clipping*) durchgeführt, das auf der Ebene der Gerätekoordinaten die generierten Objekte klippt. Der Effekt ist ähnlich dem des SHAPE-Klippens. Das entsprechende Klipprechteck (*view surface clipping rectangle*) wird von der Anwendung über die CGI-Zustandsliste (*CGI state list*) spezifiziert und ist nicht von dem graphischen Objekt abhängig.

6.  Physikalische Objektgenerierung (*physical rendering*)

Letztlich wird das abstrakt erzeugte Objekt unter Verwendung der Farbattribute und Transparenz in Pixel generiert. In dem Fall, daß Rasterfunktionalität (siehe Kap. II.6.5) verfügbar ist, wird das Objekt in die Ausgabe-Bitmap eingetragen und dabei entsprechend des Schreibmodus (*drawing mode*, siehe Kap. II.6.5.6) mit dem bereits existierenden Bild verknüpft.

### 3.3.3 Operationsfolge bei offenem Segment

Ist ein Segment offen, so wird bevor die Bündelattribute ausgewählt werden, das Objekt in dem Segmentspeicher innerhalb des offenen Segmentes gespeichert.

Der Segmentspeicher erfüllt die Funktion des arbeitsplatzabhängigen Segmentspeichers (WDSS) in GKS. Er dient der Bildregenerierung sowie der Objektidentifikation mit der Picker-Eingabe. Die Wiederverwendung graphischer Objekte, in GKS nur über die Funktionalität des arbeitsplatzunabhängigen Segmentspeichers (WISS) möglich, bietet CGI bereits auf der Ebene des (Geräte-) Segmentspeichers durch die Funktion des Kopierens und Einfügens von Segmenten. Es ist zudem möglich, die

Primitivattribute während des Kopier- und Einfügevorgangs erneut den entsprechenden Zustandslisten zu entnehmen und damit zu modifizieren.

Sobald ein Objekt innerhalb eines Segmentes definiert ist, unterliegt es der assoziierten Transformation, die während der Generierung der Segmenttransformation entspricht.

### 3.4 Eingabe-Pipeline

Die graphische Eingabe in CGI steht nur im Falle der Lokalisierer-, Liniengeber- und Picker-Eingabe mit der Objekt-Pipeline in Verbindung. Für die Positionseingabe wird die inverse Transformation von Gerätekoordinaten zu VDC-Koordinaten durchgeführt und diese Position als Echoausgabe wieder sichtbar gemacht.

Echos werden am Ende der CGI-Objekt-Pipeline erzeugt und sind nicht in Segmenten oder Bitmaps enthalten. Das Picker-Echo kann den Segmentinhalt erneut darstellen, um Segmentnamen und Pickerkennzeichen des aktuell erfaßten Segments hervorzuheben.

### 3.5 Zustandsmodelle

Graphische Systeme werden in der Regel in einen Initialzustand gebracht, bevor sie von einem Anwendungssystem genutzt werden. Damit wird sichergestellt, daß die im System verfügbaren Funktionen ihre definierten Effekte erzielen. Beispielsweise kennzeichnet sich ein Initialzustand durch

- den gelöschten Segmentspeicher,
- Einstellen der Hintergrundfarbe auf dem Gerät,
- Sicherstellung von definierten Voreinstellungen für

  - Koordinatenbereiche,
  - Transformationen,
  - Attribute,
  - etc.

Ausgehend von einem Initialzustand lassen sich erlaubte Sequenzen von Funktionen durch Zustandsübergänge ausdrücken, die zu Folgezuständen führen.

Das globale Zustandsmodell des CGI ist gegenüber GKS oder CGM (Kap. III) reduziert auf die Initialisierung. Sobald ein Gerät initialisiert ist, kann nahezu jede CGI-Funktion verwendet werden. Eine Ausnahme bilden hierbei einige wenige Funktionen, die einem weitergehenden Zustandsmodell unterliegen. Diese werden in den entsprechenden Teilen der CGI-Norm definiert, ggf. mit Verweisen auf benachbarte Zustandsmodelle.

Es existieren beispielsweise Zustandübergangsdiagramme für die graphische Eingabe in unterschiedlichen Betriebsarten und für die Textdarstellung. Die wichtigsten Modelle werden zusammen mit den betreffenden Funktionen vorgestellt.

Prinzipiell jedoch wird der Systemzustand durch die aktuellen Werte der verschiedenen Systemparameter (wie Attribute, Transformationen, Klipprechteck, etc.) bestimmt. Diese Systemparameter werden in definierten Datenstrukturen, den Zustandslisten, gespeichert. Sie lassen sich mit Funktionen von der CGI-Anwendung definieren (z.B. LINE BUNDLE INDEX) und mit Erfragefunktionen (z.B. IN-QUIRE LINE ATTRIBUTES) erfragen.

### 3.6 Datenstrukturen und Erfragefunktionen

CGI definiert in den einzelnen Teilen des Standards zwei unterschiedliche Arten von Datenstrukturen, jeweils **Beschreibungstabellen** (*description tables*) und **Zustandslisten** (*state lists*). Beschreibungstabellen geben Auskunft über die prinzipiellen Fähigkeiten des virtuellen CGI-Gerätes. Zustandslisten beschreiben, wie oben erwähnt, den aktuellen Systemzustand.

Beschreibungstabellen werden i.a. vom Implementierer erstellt und können von der Anwendung lediglich erfragt, aber nicht modifiziert werden.

Zustandslisten werden zu Beginn einer Anwendungssitzung initialisiert (*default values*) und können fortan von der Anwendung sowohl geändert als auch erfragt werden. Nicht alle Einträge der Zustandslisten besitzen einen von der CGI-Norm definierten Initialisierungswert. Einige Einträge sind implementierungs-, bzw. geräteabhängig und können in gewisser Weise auch als gerätespezifische Beschreibung bezeichnet werden. Beispielsweise sind die voreingestellten Bündeltabellen und natürlich die Farbtabelle geräteabhängig. Nahezu jede Zustandsliste enthält mindestens einen implementierungs-, bzw. geräteabhängigen Eintrag.

### 3.6.1 Beschreibungstabellen

CGI definiert ein hierarchisches Modell der Datenstrukturen. Eine globale Beschreibungstabelle (*Function and Profile Support Description Table*) gibt an, welche Funktionen realisiert sind. Diese Tabelle ist in jeder CGI-Implementierung (mit Ausnahme derjenigen mit 1-Way-Output-Profil, siehe Kap. II.4) verfügbar. Sie enthält die Liste aller realisierter und verfügbarer Funktionen. Darin enthalten sind auch die Erfragefunktionen, die wiederum auf die Existenz der entsprechenden Beschreibungstabellen und Zustandslisten hindeuten.

Im Folgenden sind alle Beschreibungstabellen und Zustandslisten, die in der CGI-Norm definiert sind, aufgelistet.

- Teil 2: *Control*
  - *Device Identification Description Table*: Geräteklasse und Gerätename.
  - *Output Device Description Table*: Allgemeinere Gerätebeschreibung, z.B. ob Vektor- oder Rastergerät.
  - *Function and Profile Support Description Table*: Enthält die Liste mit allen verfügbaren Funktionen und die realisierten Profile.
  - *Control Description Table*: Gibt Auskunft über die Kontrolleigenschaften des Gerätes, z.B. die Größe des Puffers für Fehler oder die Liste der Escape-Funktionen.

- Teil 3: *Output*
  - *Primitive Support Description Table*: Allgemeine Beschreibungsdaten, z.B. die maximale Anzahl der Punkte für die Funktion POLYLINE.

- *Line Description Table*
- *Marker Description Table*
- *Text Description Table*
- *Fill Description Table*
- *Edge Description Table*
- *Output Control Description Table*: Enthält in erster Linie die Farbfähigkeiten, z.B. Anzahl der verfügbaren Farben oder die Farbrealisierung (additiv oder subtraktiv).

- Teil 4: *Segments*

  - *Segment Description Table*: Einzige Beschreibungstabelle des Segment-Teils. Gibt Auskunft über maximale Anzahl der Segmentnamen, die Anzahl der unterstützten Picker-Prioritäten, etc.

- Teil 5: *Input and Echoing*

  - *Input Description Table*: Sie gibt Auskunft über die verfügbaren logischen Eingabegeräte.
  - *Class-Independent Logical Input Device Description Table*: Hier sind die Listen der verfügbaren Echo-, Prompt- und Acknowledgement-Typen enthalten.
  - *Class-Specific Logical Input Device Description Table*: Hier werden die Spezifika der jeweiligen logischen Eingabegeräte beschrieben.
  - *Echo Output Description Table*: Hier werden, als Extra-Tabelle, alle Echo-Ausgabe-Fähigkeiten beschrieben.

- Teil 6: *Raster*

  - *Raster Description Table*: Auch hier nur eine einzige Beschreibungstabelle, die alle Rasterfähigkeiten auflistet. Beispielsweise findet man hier die Größe eines Pixels in Millimeter.

Diese Liste von Beschreibungstabellen macht deutlich, daß CGI über ein sehr umfangreiches Modell für Datenstrukturen verfügt, das ausreichend ist, die unterschiedlichsten Charakteristika graphischer Geräte in einer verallgemeinerten Datenstruktur aufzunehmen und der Anwendung in geräteunabhängiger Weise zur Verfügung zu stellen.

### 3.6.2 Zustandslisten

Zustandslisten können je nach ihrer Funktion statische oder auch dynamische Datenstrukturen sein. Im Gegensatz zu den statischen Datenstrukturen, die jeweils nur eine Ausprägung eines bestimmten Datums (z.B. LINE BUNDLE INDEX) enthalten, lassen sich die in dynamischen Zustandslisten enthaltenen Datenstrukturen instanziieren. Beispiele für dynamische Zustandslisten sind die Segmentzustandsliste(n), die für jedes Segment eingerichtet werden und über dessen Lebensdauer existieren.

Die in CGI definierten Zustandslisten sind:

- Teil 2: *Control*

  - *Control State List*: Diese Liste spiegelt den aktuellen "Kontrollzustand" des Gerätes wieder. Beispielsweise die aktuellen Werte der VDC-Ausdehnung oder die Anzahl der bereits protokollierten Fehlermeldungen.

- Teil 3: *Output*
  - *Line Attributes State List*
  - *Marker Attributes State List*
  - *Text Attributes State List*
  - *Fill Attributes State List*
  - *Edge Attributes State List*
  - *General Attributes and Output Control State List*: Diese Liste beschreibt den aktuellen globalen "Ausgabezustand". Beispielsweise die eingestellten Spezifikationsmodi, den Klippanzeiger oder die aktuelle Farbtabelle.

- Teil 4: *Segments*
  - *Segment State List*: Diese Liste beschreibt den aktuellen Zustand der Segmente. Ob beispielsweise ein Segment offen ist und wenn ja, den entsprechenden Segmentnamen. Außerdem enthält sie die Liste aller bereits generierter Segmente. Zu jedem dieser Segmente gehört die folgende dynamische Zustandsliste.
  - *Individual Segment State List*: Diese Liste enthält für jedes Segment die aktuellen Attribute.

- Teil 5: *Input and Echoing*
  - *Class-Independent Logical Input Device State List*: Diese Liste beschreibt den allgemeinen Zustand der Eingabe. Beispielsweise die aktuellen Echo-, Prompt- und Acknowledgement-Typen oder die Definition des aktuellen Echobereiches.
  - *Class-Specific Logical Input Device State List*: Hier wird der aktuelle Zustand jedes logischen Eingabegerätes protokolliert.
  - *Event Input State List*: Spezielle Liste die nur den Zustand der Event-Eingabe enthält.
  - *Echo Entity State List*: Diese Liste enthält den Zustand aller verfügbaren logischen Eingabegeräte, bzgl. Echo-Ausgabe. Jedes dieser Eingabegeräte wiederum befindet sich in einem aktuellen Zustand, der durch die folgende dynamische Liste beschrieben wird.
  - *Individual Echo Entity State List*: Diese Liste protokolliert den aktuellen Zustand eines logischen Eingabegerätes, soweit es in der obigen Liste enthalten ist.

- Teil 6: *Raster*
  - *Raster State List*: Diese Liste gibt Auskunft über den aktuellen Zustand, die Rastereigenschaften betreffend. Beispielsweise ist die Liste der Namen aller darstellbaren und nicht-darstellbaren Bitmaps enthalten. Der Zustand der entsprechenden Bitmap ist in der folgenden Liste beschrieben.
  - *Bitmap State List*: Hier spiegelt sich der aktuelle Zustand jeder Bitmap wieder, z.B. wie die VDC-Ausdehnung oder die Bittiefe ('mapped' oder 'full depth') definiert ist.

### 3.6.3 Erfragefunktionen

CGI definiert weiterhin **Erfragefunktionen** (*inquiry functions*) für die obigen Datenstrukturen. D.h. für jeden funktionalen Teil (*Control, Output, Segments, Input and
Echoing, Raster*) sind Erfragefunktionen definiert. Mit diesen Funktionen kann der
Inhalt jeder Beschreibungstabelle und Zustandsliste erfragt werden, soweit die entsprechende Funktion implementiert ist.

   Die Funktion LOOKUP FUNCTION SUPPORT liefert die Liste aller Funktionen der CGI-Implementierung, die verfügbar, d.h. implementiert, sind. Dazu gehören
auch die Erfragefunktionen. Jede Erfragefunktion des CGI liefert einen Parameter
zurück, der Auskunft darüber gibt, ob der zurückgelieferte Wert für das erfragte Da-
tum gültig ('valid') oder ungültig ('invalid') ist. Nur bei Berücksichtigung dieser beiden
Punkte erfolgt ein kontrollierter Zugriff auf CGI-Datenstrukturen.


### 3.7 Fehlerbehandlung

Die Ausführung von CGI-Funktionen kann zu Fehlern führen, die von der CGI-Implementierung erkannt werden. In der CGI-Norm sind für jede Funktion mögliche
Fehler festgeschrieben. Außerdem fordert die CGI-Norm, daß einer CGI-Implementierung Fehler jeder Fehlerklasse, außer Fehler der Klasse 9, gemeldet werden.

CGI definiert insgesamt 9 verschiedene Fehlerklassen:

Klasse 1:     Fehler durch Verwendung eines Parameterwertes, der außerhalb eines
              festen Wertebereiches liegt. Der Wertebereich bezieht sich auf den
              entsprechenden Datentyp, der entweder in der CGI-Norm fest
              spezifiziert ist oder durch Einträge in den Beschreibungstabellen
              festgelegt ist. Beim Auftreten von Fehlern der Klasse 1 wird die
              verursachende Funktion ignoriert. Die entsprechende Fehlernummer
              läßt erkennen, welcher Parameter den falschen Wert gesetzt hat.
              Das Setzen eines Linienbündels mit der Funktion LINE REPRESEN-
              TATION würde einen Fehler der Klasse 1 verursachen, wenn der In-
              dex negativ oder größer als die Anzahl der setzbaren Bündeleinträge
              ist. Die Fehlernummer würde "1:001" sein (Fehler der Klasse 1, 1. Pa-
              rameter falsch). Fehler der Klasse 1 sind nicht mit Fehlern der Klasse 3
              zu verwechseln.

Klasse 2:     Fehler die auftreten, wenn das geforderte Datenformat eines
              Rückgabeparameters nicht erfüllt werden kann. Diese Fehler treten
              also nur bei Funktionen auf, die Rückgabe liefern. Bei diesen
              Funktionen ist jeweils der erste Rückgabeparameter ein Schalter (*flag*),
              der angibt, ob die restlichen Rückgabewerte gültig ('*valid*') oder
              ungültig ('*invalid*') sind. Bei Fehlern der Klasse 2 liefert dieser
              Parameter 'invalid' als Rückgabe. Wie bei Klasse-1-Fehlern bedeutet
              die Fehlernummer, welcher Parameter nicht zurückgeliefert werden
              kann.

Klasse 3:     Fehler durch Verwendung nicht unterstützter Eigenschaften, wie z.B.
              Linienattribute. Der Aufruf der Funktion wird dann ignoriert oder die

Anforderung wird auf eine ähnliche, unterstützte Eigenschaft abgebildet. Für jede Eigenschaft in CGI, bei der Fehler dieser Klasse auftreten können, wird explizit ausgesagt, ob eine implizite Abbildung stattfindet.

**Klasse 4:** Fehler durch Ansteuerung einer nicht implementierten Funktion. Der Funktionsaufruf wird ignoriert.

**Klasse 5:** Verstöße gegen Zustandsmodelle in CGI. Die Fehlerreaktion ist von der jeweiligen Funktion abhängig.

**Klasse 6:** Fehler in der CGI-Implementierung, wie etwa Speicherüberlauf oder Ressourcenmangel. Diese Fehler können in der Regel nur durch ein implizites Beenden und Neustarten der CGI-Implementierung behoben werden.

**Klasse 7:** Fehler, die eine Behebung durch einen Bediener benötigen, wie fehlendes Papier oder leere Zeichenstifte. Klasse-7-Fehler sind immer implementierungsabhängig und die Fehlernummer negativ.

**Klasse 8:** Fehler, die auftreten wenn eine nicht standardisierte Funktion einen Fehler verursacht. Damit auch in solchen Fällen Fehlererkennung gewährleistet ist. Wie bei Klasse-7-Fehlern negative Fehlernummer.

**Klasse 9:** Reserviert für Fehler die abhängig von der jeweiligen Implementierung sind. Auch hier negative Fehlernummer.

Die **Fehlererkennung** (*error detection*) und die **Fehlerbehandlung** (*error reaction*) können für jede *Fehlerklasse* jeweils zugelassen oder unterdrückt werden. CGI führt, nachdem ein Fehler entdeckt ist, zunächst eine **Fehlermeldung** (*error reporting*) durch.

CGI-Geräte verfügen über einen FIFO-Puffer, in dem aufgetretene Fehler mit ihrer Kennung (Fehlerklasse, CGI-Teil und Fehlernummer) gespeichert werden. Dieser Puffer (*error queue*) wird mit der Initialisierung des Gerätes gelöscht. Die CGI-Anwendung kann die Meldungen sequentiell aus dem Puffer lesen und damit den belegten Pufferplatz wieder freigeben. Im Falle eines Überlaufs des Puffers wird die älteste Fehlermeldung überschrieben und die Anzahl der Überläufe gezählt.

Die CGI-Implementierung führt, nachdem der Fehler in den Puffer eingetragen worden ist, eine **Fehlerbehandlung**, soweit dies möglich ist, durch.

Mit diesem detaillierten Konzept der 9 Klassen für Fehlersituationen wird im CGI eine gegenüber GKS weitaus verbesserte Form der manuellen oder automatischen Fehlerbehandlung möglich.

## 4 Profile - zum Maßschneidern von CGI-Implementierungen

Die CGI-Funktionen lassen sich in Teilmengen (siehe Abb. II-10), den sogenannten **Profiles**, zusammenfassen. Die CGI-Norm sieht zwei Arten dieser Profile vor:

1. **Foundation Profiles**, sind Minimalprofile, die sich an der grundsätzlichen Gerätefunktionalität orientieren.

2. **Constituency Profiles** sind Anwendungsprofile, d.h. decken die Anforderungen bestimmter Anwendungen ab. Der CGI-Standard definiert entsprechende Anwendungsprofile, um GKS in seinen unterschiedlichen Leistungsstufen sowie CGM zu unterstützen. Andere *Anwendungsprofile* sind durchaus denkbar und können künftig festgelegt bzw. registriert werden.

Jedem *CGI-Profil* ist eine feste Anzahl von Funktionen zugeordnet und es werden minimale Anforderungen sowie Einschränkungen definiert, die eine CGI-Implementierung zu unterstützen hat, bzw. der Anwender zu beachten hat, sobald das betreffende Profil realisiert ist.

Mit diesen Profilen wird in CGI ein Mittel bereitgestellt, um normkonforme CGI-Implementierungen zu erstellen, die unterschiedliche funktionale Mächtigkeit besitzen. Dieses Konzept kann mit den GKS-Leistungsstufen verglichen werden, ist allerdings wesentlich flexibler, da Anzahl und Umfang der "*constituency profiles*" nicht limitiert ist.

CGI-Implementierungen können durchaus mehrere Profile unterstützen. Es muß allerdings sichergestellt sein, daß diese zueinander verträglich sind und nicht den im CGI-Standard definierten Prinzipien widersprechen, beispielsweise keine anderen Voreinstellungen definieren als es der Standard vorsieht.

Ein Profil wird im wesentlichen definiert durch:

a. den Profilnamen,
b. die Liste der im Profil enthaltenen Funktionen und
c. die zu erfüllenden Minimalanforderungen, auf die eine Anwendung maximal zurückgreifen kann.

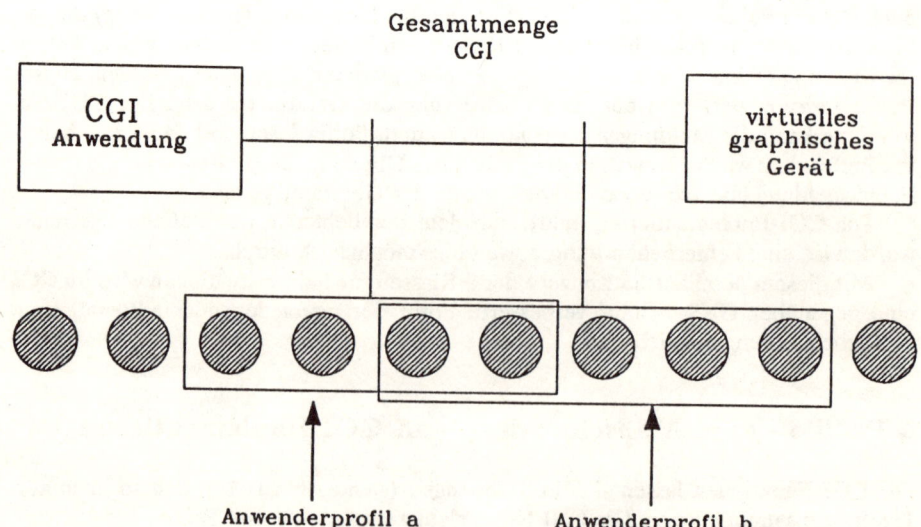

Abb. II-10: Konzept der Profile

Darüber hinaus sind für ein Profil jeweils die Verwendung von allgemein gehalte-
nen Funktionen (wie Verallgemeinerte Darstellungselemente und Fluchtfunktionen)
festzulegen. Ebenso sind die für das Profil getroffenen Entscheidungen bezüglich eini-
ger im CGI offengelassenen Realisierungsalternativen für gewisse Funktionen zu fixieren. Die CGI-Norm spezifiziert in solchen Fällen eine sogenannte bevorzugte Alternative (*preferred behaviour*). Beispielsweise sollte die Auswahl der Farben sowohl über
Farbindex aus einer Farbtabelle (indiziert) als auch direkt über Angabe der Rot-,
Grün- und Blau-Farbanteile möglich sein.

Minimale Anwendungsprofile werden durch die Forderung festgelegt, daß alle
Anwendungsprofile grundsätzlich mindestens ein Minimalprofil vollständig enthalten
müssen.

### 4.1 Minimalprofile (foundation profiles)

Die CGI-Norm definiert drei unterschiedliche Minimalprofile:
- das *2-WAY-OUTPUT* foundation profile,
- das *1-WAY-OUTPUT* foundation profile, und
- die *<input class>* INPUT foundation profiles.

### 1. 2-WAY OUTPUT Foundation Profile

Dieses Profil definiert die Funktionsmenge für virtuelle Ausgabegeräte mit der
Möglichkeit, Gerätefähigkeiten zu erfragen (bidirektional).
Darin enthalten ist
- die Initialisierung des CGI-Gerätes,
- die Spezifikation des Koordinatensystems, der Darstellungsfläche und des
  Klipprechtecks,
- POLYLINE-Ausgabe in 4 verschiedenen Linienarten,
- minimale TEXT-Ausgabe,
- sowie einige relevante Erfragefunktionen.

### 2. 1-WAY OUTPUT Foundation Profile

Dieses Profil definiert unidirektionale Ansteuerung virtueller Ausgabegeräte. Es
umfaßt die gleiche Funktionalität wie das bidirektionale 2-WAY OUTPUT, allerdings mit Ausnahme der Erfragefunktionen. Unidirektionaler Datenverkehr mit
dem CGI-Gerät ist insbesondere im Netzwerkbetrieb sinnvoll, wenn beispielsweise das Gerät über Spooler bzw. Kommandopuffer betrieben wird oder wenn
das Gerät keine Erfragefunktionalität aus Effizienzerwägungen realisiert hat.

### 3. <input class> INPUT Foundation Profile

Es definiert eine minimale CGI-Funktionsmenge zur Ansteuerung virtueller Ein-
gabegeräte. Dazu ist bidirektionale Kommunikation mit dem Eingabegerät nötig.
Diese Profile sind definiert für die logischen Eingabegeräte (siehe Kap.
II.6.4.1) LOCATOR, STROKE, VALUATOR, CHOICE, STRING und RA-
STER. Für die Eingabeklassen PICK und GENERAL sind keine derartigen Pro-
file festgelegt.

In diesen Profilen sind neben einigen Erfragefunktionen die Funktionen zur Initialisierung des CGI-Gerätes, sowie die Möglichkeit der Initialisierung des logischen Eingabegerätes und der graphischen Eingabe in der Betriebsart 'Anforderung' (request input) verfügbar.

Gefordert wird jeweils mindestens die Prompt-/Echoart 1, d.h implementierungsabhängige Echodarstellung für die Eingabegeräte.

### 4.2 Anwendungsprofile (constituency profiles)

Die Anwendungsprofile wurden mit Hinblick auf die Funktionalität der Arbeitsplatzkategorien in GKS /ISO-85/ und der CGM-Interpreter definiert. Die CGI-Norm sieht 10 Anwendungsprofile vor:

GKS OUTPUT-0,
GKS OUTPUT-1,
< input class > GKS INPUT-b,
< input class > GKS INPUT-c,
GKS OUTIN-0b,
GKS OUTIN-0c,
GKS OUTIN-1b,
GKS OUTIN-1c,
BASIC CGM,
ADVANCED 1-WAY OUTPUT.

Weitere Anwendungsprofile können künftig noch mit einem international vereinheitlichten Verfahren registriert werden /ISO-88e/.

### 1. GKS OUTPUT-0

Es wurde konzipiert, um die Anforderungen eines graphischen Ausgabe-Arbeitsplatzes der GKS Leistungsstufe 0 zu erfüllen. Es schließt weitere über das Minimalprofil 2-WAY-OUTPUT hinausgehende Funktionen, sowie die Minimalanforderungen des GKS ein. Die wichtigsten zusätzlichen Funktionen sind:

- sämtliche Darstellungselemente des GKS nebst den in GKS definierten individuellen Attributen,
- zugehörige Erfragefunktionen,
- weitergehende Kontrolle der Darstellungsfläche und
- die Abfrage der Fehlermeldung.

### 2. GKS OUTPUT-1

Dieses Profil beinhaltet zusätzlich zum vorhergehenden GKS OUTPUT-0 Profil die Funktionen zum Setzen der Bündeltabellen und Segmentfunktionen, sowie die entsprechenden Erfragefunktionen.

### 3. < input class > GKS INPUT-b

Dieses Profil ermöglicht die Bedienung eines CGI-Eingabegerätes in der Betriebsart Anforderung (request) mit minimaler Echofähigkeit von GKS aus. Erfasst werden hiermit die logischen Eingabegeräte der Klassen LOCATOR,

STROKE, VALUATOR, CHOICE oder STRING. Die <input class> GKS INPUT-b Profile beinhalten die entsprechenden <input class> INPUT Minimalprofile.

4. <input class> GKS INPUT-c

Dieses Profil beinhaltet das vorhergehende mit der Erweiterung auf asynchrone Eingabe in den Betriebsarten Abfrage (*sample*) und Ereignis (*event*).

5. GKS OUTIN-0b

Dieses Profil setzt sich aus den Profilen GKS OUTPUT-0 und eines oder mehrerer <input class> GKS INPUT-b zusammen.

6. GKS OUTIN-0c

Dieses Profil setzt sich aus den Profilen GKS OUTPUT-0 und eines oder mehrerer <input class> GKS INPUT-c zusammen.

7. GKS OUTIN-1b

Dieses Profil setzt sich aus den Profilen GKS OUTPUT-1 und eines oder mehrerer <input class> GKS INPUT-b zusammen. Gegebenenfalls kommt hier die Picker-Eingabe hinzu, einschließlich der damit verbundenen Segment- und Primitiv-Attribute.

8. GKS OUTIN-1c

Dieses Profil setzt sich aus den Profilen GKS OUTPUT-1 und eines oder mehrerer <input class> GKS INPUT-c zusammen. Falls ein Picker-Eingabegerät unterstützt wird, sind ebenso diese Funktionen Bestand dieses Profils.

9. BASIC CGM

Dieses Profil wurde speziell für CGM-Interpreter erstellt. Es umfaßt das 1-WAY OUTPUT Minimal-Profil. Insbesondere ist es durch die Darstellungselemente des CGM /ISO-87a/ inklusive deren Attribute sowie den Minimalanforderungen an CGM-Interpreter bestimmt. Erfragefunktionen sind nicht definiert.

10. ADVANCED 1-WAY OUTPUT

Dieses Anwendungsprofil unterstützt Geräte im unidirektionalen Datenverkehr, d.h. ohne Erfragefunktionen und Eingabefunktionen. Die definierte Funktionsmenge stützt sich bzgl. Darstellungselemente und Attribute auf das vorhergehende CGM-Profil und enthält darüber hinaus zusammengesetzte Darstellungselemente (*compound primitives*, Kap. II.6.2.11).

# 5 Normkonformität von virtuellen CGI-Geräten

Die CGI-Norm definiert die funktionale Fähigkeit einer graphischen Geräteschnittstelle. Entwickler von CGI-Implementierungen müssen sich nach dieser Definition richten. Die CGI-Norm legt auch Richtlinien zur Normkonformität für virtuelle CGI-Geräte, d.h. CGI-Implementierungen, fest:

a.  Alle verfügbaren Funktionen müssen sich entsprechend der funktionalen Spezifikation verhalten.

b.  Die CGI-Implementierung muß sich entweder nach der Definition mindestens einer Sprachanbindung, bzw. einer Kodierung, richten. Dies bedeutet, daß private (herstellerspezifische oder anwenderspezifische) Sprachanbindungen oder Kodierungen für CGI nicht als normkonform akzeptiert werden.

c.  Mindestens einem Minimalprofil (*foundation profile*) muß entsprochen werden. Zusätzliche Funktionen können selbstverständlich unterstützt werden, solange sie den hier aufgelisteten Richtlinien entsprechen.

d.  Die Implementierung muß sich insgesamt bei gültigen Funktionsfolgen korrekt verhalten.

e.  Redundante Funktionen sollten nicht vorhanden sein. D.h. Funktionen, die nur im Zusammenspiel mit anderen Funktionen verwendet werden. Beispielsweise Attributfunktionen ohne die dazugehörigen Primitvfunktionen.

f.  Erweiterungen, die über die CGI-Norm hinaus gehen, sind erlaubt. Allerdings muß die Benutzung solcher Funktionen als "Nicht-CGI-Funktionen" erkennbar sein (Fehler der Klasse 8, siehe Kap. II.3.7). Außerdem muß den Konventionen der entsprechenden Sprachanbindung, bzw. Kodierung, entsprochen sein.

Neben der Normkonformität von CGI-Implementierungen wird noch eine weitere, die Normkonformität von CGI-Anwendungen (*CGI client*), definiert. Hier gilt allerdings nur, daß der geforderten Sprachanbindung, bzw. Kodierung, entsprochen werden muß. Außerdem dürfen keine implementierungsspezifische Erweiterungen benutzt werden.


# 6 Der funktionale Umfang des CGI

Die Zielsetzung des CGI ist es, in geräteunabhängiger Weise die Gerätefunktionalität zu beschreiben und darauf aufbauend den Transfer graphischer Informationen zu und von dem Gerät zu definieren. Die Gerätevielfalt, die das CGI zu unterstützen vermag, reicht von recht einfachen graphischen Ein- bzw. Ausgabegeräten bis hin zu graphischen Arbeitsplätzen. Der CGI-Standard definiert sowohl das funktionale Verhalten graphischer Geräte, die Semantik, wie auch die Syntax zur Ansteuerung dieser Geräte. Die Menge von Funktionen, die in einer konkreten CGI-Implementierung für ein graphisches Gerät auftreten können, gruppieren sich wie folgt in (siehe Kap. II.3.1):

*   **Kontrollfunktionen,**

*   **Ausgabefunktionen,**

*   **Attributfunktionen,**

*   **Segmentfunktionen,**

*   **Eingabefunktionen,**

*   **Rasterfunktionen.**

Weiterhin definiert CGI einzelne Funktionen, mit denen weitere Gerätefähigkeiten angesteuert oder erfragt werden können, z.B.:

- **Fluchtfunktionen (escape),**

- **Externe Funktionen (externals),**

- **Erfragefunktionen (inquiries),**

- **Fehlerbehandlungsfunktionen.**


## 6.1 Kontrollfunktionen

Teil 2 des CGI-Standards definiert Funktionen zur Geräteverwaltung und Gerätesteuerung, zur Einstellung des verwendeten Koordinatensystems, zur Fehlerbehandlung, zur Kontrolle von gerätespezifischen Eigenschaften (z.B. *Device Drawing Surface State*), sowie zum Erfragen der Funktionalität des Gerätes (implementierte Funktionen und Anwenderprofil), der Beschreibung der Kontrollfähigkeiten und der Kontrollzustandslisten. Weiterhin werden entsprechende Datenformate festgelegt.

### 6.1.1 Geräteverwaltung und -steuerung

Mit den grundlegenden Kontrollfunktionen INITIALIZE und TERMINATE melden CGI-Anwendungen ihre Sitzung mit dem graphischen Gerät an, bzw. ab. Das Initialisieren bewirkt einen definierten Anfangszustand des Gerätes:

- Setzen der voreingestellten Attribute, Transformationen und sonstigen Datenformate und

- Leeren, bzw. Löschen aller dynamisch erzeugten Zustandsinformationen (Attributbündel, Bitmaps, Fehlerliste, Segmentspeicher).

Das Löschen des Bildschirms gehört nicht zum definierten Anfangszustand, kann aber realisiert worden sein (implementierungsabhängig). Die Funktion PREPARE DRAWING SURFACE erzwingt das Löschen des Bildschirms.

Die Funktion zum Terminieren gibt das graphische Gerät für weitere Anwendungen frei, die sich jeweils mit der Initialisierungsfunktion anmelden. Zu einem Zeitpunkt ist nur **eine** Anwendung je CGI-Gerät möglich.

CGI unterscheidet 3 Geräteklassen: Ausgabegeräte ('output'), Eingabegeräte ('input') und Ein-/Ausgabegeräte ('outin'). Ausgabegeräte können zur Darstellung von Ausgabeprimitiven, deren Attribute, von Segmenten und Rasterfunktionen verwendet werden. Zusätzlich ist mit diesen Geräten eine Echoausgabe (siehe Kap. II.6.4.7) in Verbindung mit Eingabegeräten möglich. Eingabegeräte akzeptieren lediglich Eingabefunktionen. Eine CGI-Anwendung kann ein Eingabegerät in Verbindung mit einem Ausgabegerät für die Echoausgabe betreiben. Aus-/ Eingabegeräte stellen den klassischen Fall interaktiver Geräte dar, die allein für sich oder von der Anwendung gesteuert für "Remote Echoing" (siehe Kap. II.6.4.7) verwendet werden können.

Geräte mit Ausgabefähigkeit verfügen über eine rechteckige Ausgabefläche (*display surface*). Diese werden kategorisiert als Hardcopy- oder Softcopy-

Ausgabeflächen. Hardcopy bezeichnet Darstellungsflächen, die für jede neue Bildausgabe ersetzt werden müssen (z.B. Papier des Plotters, Mikrofilm).

Softcopy-Geräte sind demgegenüber in der Lage, die Ausgabefläche selbst zu löschen (z.B. Bildschirme). Die Funktion PREPARE DRAWING SURFACE sorgt dafür, daß die leere Darstellungsfläche für eine neue Bildausgabe bereitsteht. Dies erfolgt in Abhängigkeit von der Geräteart entweder durch Löschen des Bildschirms oder durch Wechsel des Mediums (wie Papier). Mit der Funktion END PAGE kann erreicht werden, daß gepufferte Geräte zunächst das Bild vollständig ausgeben (entspricht der Funktion EXECUTE DEFERRED ACTIONS) und das Hardcopy-Gerät anschließend einen Blattwechsel vornimmt, um vor Überschreibung des bereits generierten Bildes zu schützen.

Spezielle Geräte, z.B. Geräte mit Window-Systemen, benötigen die Fähigkeit die Ausgabefläche dynamisch, d.h. während der Sitzung, in Größe und Form zu ändern (nicht über eine CGI-Funktion möglich!). Ein entsprechender Eintrag in der Kontroll-Beschreibungstabelle zeigt, ob diese spontane Änderung erlaubt ist oder nicht (*Spontaneous Change Possible in Drawing Surface Description*). Falls ja, werden neue Werte, bzgl. Gerätekoordinaten und Größe, in der Beschreibungstabelle des Gerätes geändert. Oft wird die Gerätedarstellungsfläche und die VDC-Ausdehnung (siehe Kap. II.6.1.2) an die physikalischen Maße der Ausgabefläche angepasst. In CGI ist nicht definiert ob und wie die Anwendung von der spontanen Änderung der Ausgabefläche in Größe und Form informiert wird. Um die Änderung nicht zu verpassen, ist eine Anwendung daher gezwungen, immer wieder die Beschreibungstabelle des Ausgabegerätes abzufragen, um gegebenenfalls Gerätedarstellungsfläche und VDC-Ausdehnung anzupassen.

CGI sieht ebenso wie GKS einen **Aktualisierungszustand (deferral mode)** vor, der angibt, wann eine graphische Ausgabe vollständig sichtbar dargestellt wird. Die folgenden Aktualisierungsmodi sind definiert:

'asti' (*at some time*): Die graphische Ausgabe wird nach "endlicher" Zeit vollständig dargestellt.

'bni' (*before next interaction*): Graphische Ausgabe wird, bevor die nächste Interaktion mit einem logischen Eingabegerät startet (,d.h. bevor der Benutzer aufgefordert wird etwas einzugeben), vollständig dargestellt. Falls Interaktion dauernd gefordert wird (event-Eingabe, siehe Kap. II.6.4.8) hat 'bni' die gleiche Wirkung wie 'asap'.

'asap' (*as soon as possible*): Die graphische Ausgabe wird sofort dargestellt. Im allgemeinen kann ein Bediener diesen Modus daran erkennen, daß er den Bildaufbau auf der Grundlage einzelner Primitive mitverfolgen kann.

Der Aktualisierungszustand kann mit der Funktion DEFERRAL MODE eingestellt werden. Die Funktion EXECUTE DEFERRED ACTIONS hat den Effekt der sofortigen Bildaktualisierung.

Keiner dieser Aktualisierungsmodi zwingt eine Implementierung den Bildaufbau zu verzögern.

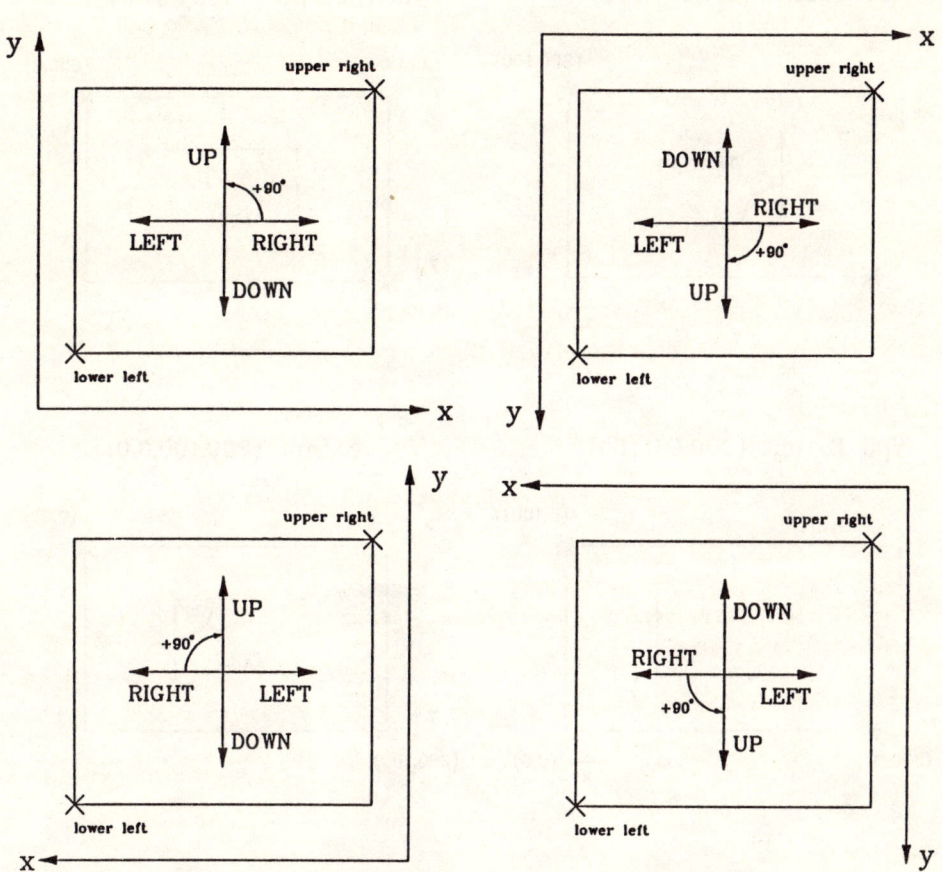

Abb. II-11: Definition der VDC-Ausdehnung

Der Aktualisierungsmodus 'asap' hat den gleichen Effekt wie das Ausführen der Funktion EXECUTE DEFERRED ACTIONS nach jeder Funktion, die eine Änderung des angezeigten Bildes bewirkt. Der Aktualisierungsmodus 'bni' hat den gleichen Effekt wie das Ausführen der Funktion EXECUTE DEFERRED ACTIONS vor jeder geforderten Interaktion mit einem logischen Eingabegerät.

### 6.1.2 Virtuelle Gerätekoordinaten

Graphische Ausgabe wird in den Koordinaten der CGI-Schnittstelle, **virtuelle Geräte-koordinaten (VDC, virtual device coordinates)**, spezifiziert.

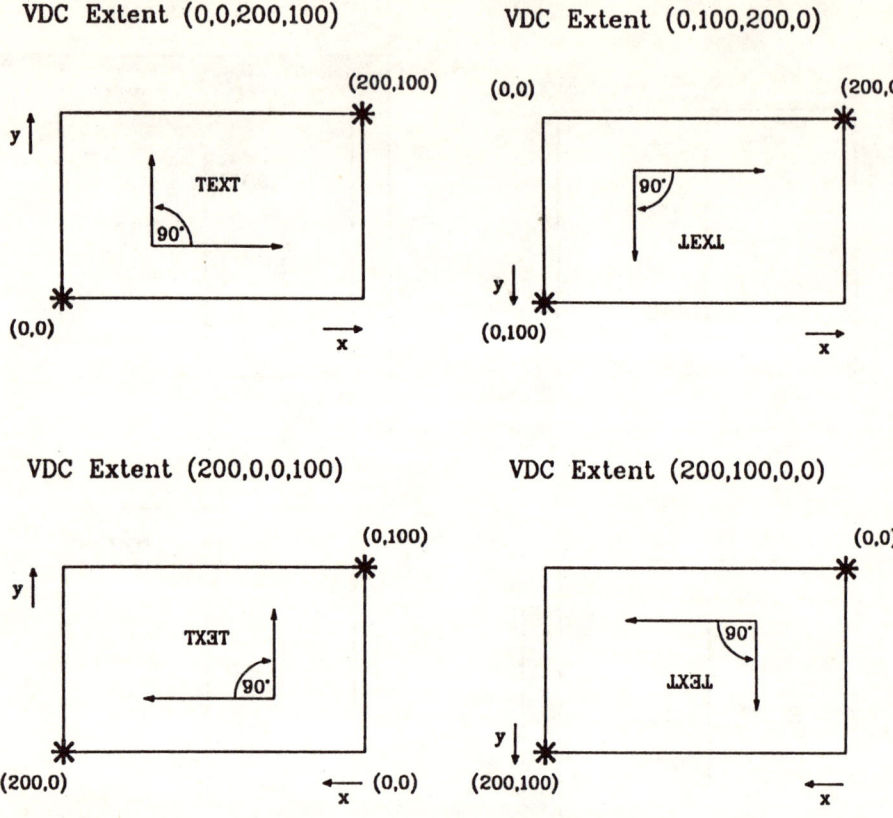

Abb. II-12: Die vier möglichen VDC-Ausdehnungen und ihr zugehöriger Drehsinn

Das **VDC-System (VDC space)** ist ein 2-dimensionales, kartesisches Koordinaten-system mit unendlicher Genauigkeit und unendlicher Ausdehnung. Eine Teilmenge davon, der **VDC-Bereich (VDC range)** kann von einer CGI-Anwendung adressiert werden. Der VDC-Bereich umfaßt alle Koordinaten, die mit den Funktionen VDC TYPE und VDC < INTEGER/REAL > PRECISION REQUIREMENT definiert werden. Während der Typ eine Aussage trifft, ob es sich um Integer- oder Real-Ko-ordinaten handelt, gibt die PRECISION REQUIREMENT-Funktion in Abhängigkeit von dem Koordinatentyp an, welche diskreten Werte der VDC-Bereich umfaßt. Bei-spielsweise ist der Wertebereich für ganzzahlige VDC's ('VDC type' = integer) mit 16-bit Genauigkeit von -32767 bis +32767 definiert. Außerdem ist die VDC PRECI-SION REQUIREMENT-Funktion für das Datenformat der VDC-Koordinaten in-nerhalb einer Kodierung (data stream encoding) relevant (siehe auch Kap. II.1.6.3).

Die **VDC-Ausdehnung** (**VDC extent**) definiert einen rechteckigen Teilbereich (z.B. durch die Koordinatenpunkte (0,0) und (200,100)) des VDC-Systems in der spezifizierten Genauigkeit. Die VDC-Ausdehnung wird auf die **Gerätedarstellungsfläche** (**device viewport**) des CGI-Gerätes abgebildet (**VDC-to-Device-Mapping**). Mit der Spezifikation der VDC-Ausdehnung wird demnach festgelegt, welche Teile des Bildes sichtbar dargestellt werden. Weiterhin wird mit der Angabe der Eckpunkte der VDC-Ausdehnung der Adressierungs- und Drehsinn der graphischen Darstellungen auf dem Ausgabegerät bestimmt. Das erste Koordinatenpaar, das in der Funktion VDC EXTENT spezifiziert wird, definiert den linken unteren Punkt der VDC-Ausdehnung, das zweite Koordinatenpaar entsprechend den rechten oberen (Abb. II-11). Ein positiver 90-Grad Winkel ist durch den rechten Winkel zwischen der positiven x-Achse und der positiven y-Achse definiert. Beim Ändern der beiden Koordinatenpaare der VDC-Ausdehnung ändert sich der Drehsinn entsprechend.

Der Drehsinn wirkt sich auf diejenigen CGI-Funktionen aus, deren Parameter einen Drehwinkel implizieren, z.B. die Funktion CHARACTER ORIENTATION.

Mit den in Abb. II-12 dargestellten Variationen der Definition der VDC-Ausdehnung, kann dieser den Anwendungsanforderungen entsprechend definiert werden.

Eine gespiegelte Darstellung kann durch entsprechende Definition der VDC-Ausdehnung erzielt werden. In Abb. II-12 wird das mit der VDC-Ausdehnung (0, 0, 200, 100) dargestellte Bild durch Angabe der VDC-Ausdehnung (200, 0, 0, 100) gespiegelt dargestellt.

Die **Gerätedarstellungsfläche** (DEVICE VIEWPORT) spezifiziert den Bereich der Ausgabefläche des graphischen Gerätes, in dem das in der VDC-Ausdehnung definierte Bild erscheint. Die Gerätedarstellungsfläche kann in unterschiedlichen Koordinateneinheiten angegeben werden. Dies wird mit der Funktion DEVICE VIEWPORT SPECIFICATION MODE definiert:

- relativ (Faktor 0.0 bis 1.0) zu der maximalen Ausgabefläche,

- metrisch unter Verwendung eines Skalierungsfaktors. Ist dieser Faktor 1.0, so erfolgt die Angabe in Millimetern, bei einem Faktor von 25.4 würde die Angabe in Inch erfolgen.

- physikalisch, d.h in Geräteeinheiten (z.B. 1024x768 Pixel).

Bei der Abbildung der VDC-Ausdehnung auf die Gerätedarstellungsfläche (*VDC-to-Device-Mapping*) kann Isotropie, d.h. das Verhältnis von Höhe zu Breite muß bei beiden Bereichen gleich sein, auf zwei Arten erreicht werden. Einmal durch Anpassen der VDC-Ausdehnung (mit der VDC EXTENT-Funktion) an das Seitenverhältnis der ausgewählten Gerätedarstellungsfläche. Zum anderen kann Isotropie mit der Funktion DEVICE VIEWPORT MAPPING erzwungen werden. In diesem Fall kann die effektive Darstellungsfläche (*effective viewport*) kleiner sein als die spezifizierte Gerätedarstellungsfläche. Wobei entweder die Höhe oder die Breite die gleiche ist wie die der spezifizierten Gerätedarstellungsfläche, jedoch die andere Dimension entsprechend kleiner ist, um isotropes Abbilden zu gewährleisten. An welcher Stelle innerhalb der spezifizierten Gerätedarstellungsfläche die effektive Darstellungsfläche plaziert ist, kann ebenfalls festgelegt werden. Bei horizontaler Anpassung kann die effektive Darstellungsfläche rechts, links, oder in der Mitte ('left', 'right', 'centre') plaziert werden. Bei vertikaler Anpassung entsprechend oben, unten oder in der Mitte ('top', 'bottom', 'centre').

Die Funktionsfolge

> DEVICE_VIEWPORT_SPECIFICATION_MODE (physical_device_units)
> DEVICE_VIEWPORT ((500,100),(800,600))
> DEVICE_VIEWPORT_MAPPING ('forced', 'left', 'centre')

führt zu der in Abb. II-13 effektiven Darstellungsfläche.

CGI definiert zwei Klippverfahren, die gesteuert durch jeweilige Schalter unabhängig voneinander ausgeführt werden können:

- das Klippen graphischer Objekte (**associated clipping**) hier als **Objektklippen** bezeichnet (siehe Kap. II.6.2.3) und

- das Klippen an der Gerätedarstellungsfläche (**drawing surface clipping**) hier auch als **Geräteklippen** bezeichnet.

**Geräteklippen** erfolgt konzeptionell in (abstrakten) Gerätekoordinaten, und zwar nachdem die Abbildung eines Primitivs von VDC-Koordinaten auf Gerätekoordinaten (*VDC-to-Device-Mapping*) erfolgt ist. Das **Geräteklipprechteck** wird mittels der Funktion DRAWING SURFACE CLIP RECTANGLE als ein Klipprechteck in Gerätekoordinaten spezifiziert. Mit der Funktion DRAWING SURFACE CLIP INDICATOR wird der zugehörige Klippanzeiger ('dscrect', 'viewport', 'off') festgelegt. Wobei entweder

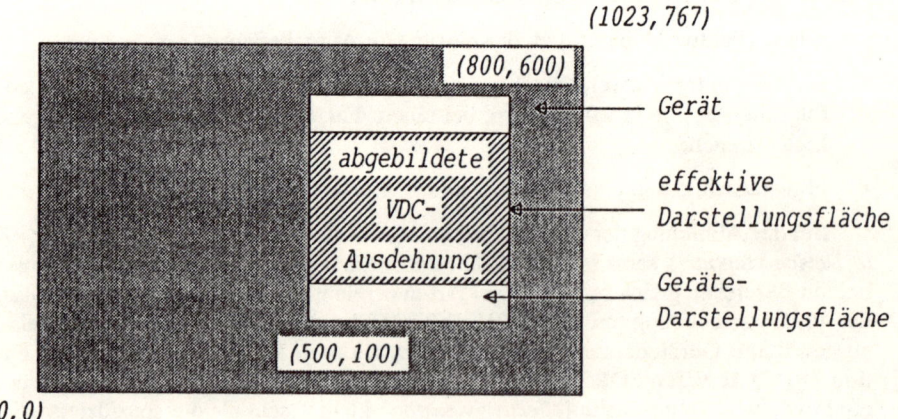

Abb. II-13: Abbilden von VDC-Ausdehnung auf Gerätedarstellungsfläche

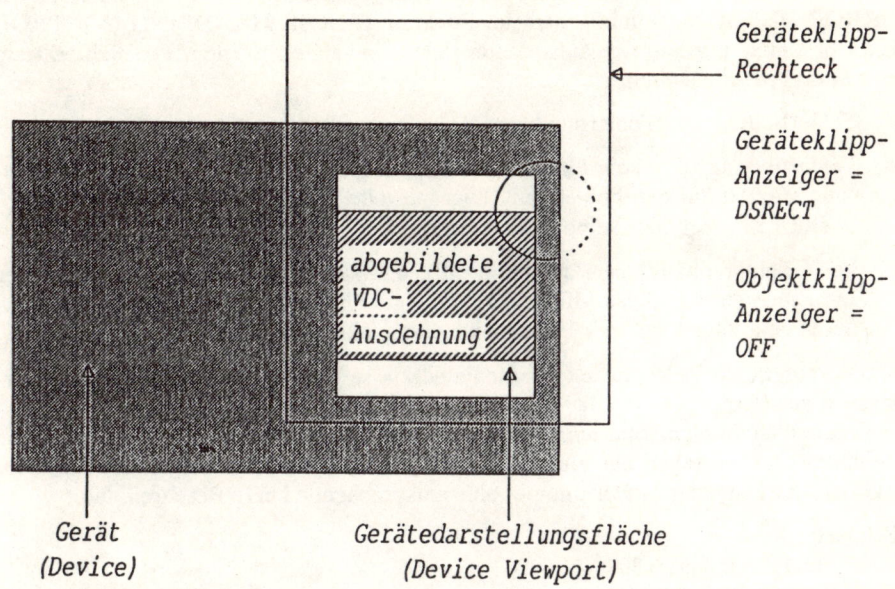

Geräteklipp-
Rechteck

Geräteklipp-
Anzeiger =
DSRECT

Objektklipp-
Anzeiger =
OFF

Gerät
(Device)

Gerätedarstellungsfläche
(Device Viewport)

Abb. II-14: Gerätedarstellungsbereich und Geräteklippen

- Klippen an dem resultierenden Rechteck aus dem Geräteklipprechteck und der Ausgabefläche (*drawing surface*) stattfindet oder

- Klippen durch das resultierende Rechteck aus der Ausgabefläche des Gerätes (*drawing surface*) und der definierten Gerätedarstellungsfläche (*device viewport*) oder

- kein Geräteklippen stattfindet und damit auch über die gesamte Ausgabefläche des Gerätes hinaus geschrieben werden kann, wenn nicht zuvor ein Klippen an den Grenzen der VDC-Ausdehnung stattgefunden hat.

Das Geräteklippen bezieht sich auf alle möglichen Ausgabeprimitive. Falls der Klippmodus auf 'dscrect' steht, kann es durchaus vorkommen, daß das Gerät außerhalb der gewählten Gerätedarstellungsfläche Ausgabe erzeugt (siehe Abb. II-14). Genau dann, wenn das Klipprechteck größer als die Gerätedarstellungsfläche ist und die graphischen Objekte nicht auf diese beschränkt sind (dies erklärt die oft verschmutzte Auflagefläche von CGI-Plottern).

### 6.1.3 Fehlerkontrolle

Das Konzept der Fehlerbehandlung wurde bereits in Kap. II.3.7 genau erklärt. Um nun Kontrolle über Fehlerfindung (*detection*) und Fehlermeldung (*reporting*) zu haben, sowie Fehlerberichte (*error reports*) aus der Fehlerliste (*error queue*) erfragen zu können, sind die Funktionen ERROR HANDLING CONTROL und DEQUEUE ERROR REPORTS definiert. Mit der Funktion ERROR HANDLING CONTROL kann bestimmt werden, wie auftretende Fehler behandelt werden. Pro Fehlerklasse gibt es drei Möglichkeiten:

- Fehlerfindung und Fehlermeldung ('on').

- Fehlerfindung, aber kein Listen der Fehler ('reporting off'), d.h. die Implementierung reagiert auf den Fehler (z.B. ungespiegelte Ausgabe, falls spiegeln nicht unterstützt ist), legt aber keine Fehlerliste an.

- keine Fehlerbehandlung ('detection off'), d.h. keine Fehlerabfrage innerhalb der Implementierung. Diese Möglichkeit kann gewählt werden bei Anwendungen, die bereits mit eingeschalteter Fehlerbehandlung fehlerfrei gelaufen sind.

Voreingestellt ist 'reporting off' für Fehlerklasse 1 bis 7, 'detection off' für Fehlerklasse 8 und 9.

Jede CGI-Implementierung reserviert Speicherplatz für Fehlerberichte. Diese Fehlerberichte bestehen aus einer Fehlernummer und einer Funktionsidentifikation. CGI definiert zu jeder Fehlernummer eine entsprechende kurze Beschreibung.

**Beispiel:**
> Fehlernummer: 6:302
> Beschreibung: Anzahl der Polygonpunkte ist zu groß. Das Maximum wurde verwendet.

Um solche Fehlerberichte von der Fehlerliste zu erfragen ist die Funktion DEQUEUE ERROR REPORTS definiert.

Was passiert, wenn der reservierte Speicherplatz nicht groß genug ist? In diesem Fall können keine weiteren Fehlerberichte mehr gelistet werden. Um jedoch weiterhin ein Fehlerprotokoll zu besitzen indiziert der letzte Fehlerbericht den aufgetretenen "Überlauf" durch eine spezielle Fehlernummer. Dieser Fehlerbericht wird dann nicht als "Fehlernummer" und "Funktionsidentifikation" interpretiert, sondern als "Überlauf-Fehlernummer" und "Anzahl nicht gelisteter Fehler".

### 6.1.4 Numerische Genauigkeit

In CGI kann die jeweilige erforderliche Genauigkeit für die kodierte Datenübertragung von der Anwendung bestimmt werden. Zusätzlich zu den Funktionen VDC INTEGER/REAL PRECISION REQUIREMENT existieren weitere Funktionen zur Definition des Datenformates der Funktionsparameter. Dies sind die Funktionen COLOUR PRECISION REQUIREMENT, COLOUR INDEX PRECISION REQUIREMENT, CLIENT SPECIFIED NAME PRECISION REQUIREMENT, INTEGER/REAL PRECISION REQUIREMENT und INDEX PRECISION REQUIREMENT. Nicht alle Integer-Datentypen (z.B. Geräte-Koordinaten) werden durch die Funktion INTEGER PRECISION REQUIREMENT gesteuert. Für diese Fälle definiert CGI einen Datentyp *fixed integer* mit fester Genauigkeit (geräteabhängig).

Die Vorteile und Notwendigkeit der PRECISION REQUIREMENT-Funktionen werden im Generator/Interpreter Kontext (siehe Kap. II.2.1) sichtbar. D.h. überall dort wo ein Generator Datenstrom erzeugt und von einem Empfangsgerät interpretiert werden muß, machen diese Funktionen Sinn. In Abb. II-5 würde eine geforderte Genauigkeit zu dem Kodierungskonverter "a", zu dem CGI Segment "Emulator" und zu dem Kodierungskonverter "b" übertragen und dort als lokale Zustandsinformation verwaltet werden. Anhand dieser Information kann jeder Generator entscheiden welche kodierungsspezifische Genauigkeit er wählt um die Anforderung zu erfüllen. D.h. ein Generator muß nicht die geforderte Genauigkeit bereitstellen, wenn er eine Genauigkeit verwendet, die der geforderten genügt. (Beispiel: Falls ein Generator mit einem Interpreter über einen 32-bit Datenbus verbunden ist, können die Daten mit 32-bit Genauigkeit gesendet werden, auch wenn nur 16-bit gefordert sind!).

### 6.1.5 Fluchtfunktion und externe Funktionen

CGI definiert ebenso wie GKS eine **Fluchtfunktion** (ESCAPE) zur Ansteuerung von gerätespezifischen Funktionen, die keine graphische Ausgabe bewirken. Im Gegensatz zu GKS wird in CGI zusätzlich die Funktion GET ESCAPE festgelegt, die eine nicht standardisierte Datenrückgabe von dem Gerät bedeutet. Diese Fluchtfunktion ist in CGI bidirektional angelegt.

Die externe Funktion MESSAGE erlaubt es, dem Bediener eine alphanumerische Nachricht zukommen zu lassen, die keinen Einfluß auf das Bild haben darf. Beispiele dafür sind die Übergabe des Datums, Beschreibungen zu Algorithmen und ähnliches. Bestimmte Anwendungen erfordern vom Bediener zusätzliche Aktionen. Wenn z.B. die angezeigte Nachricht "Neues Blatt einlegen und auf READY-Knopf drücken." lautet, darf die Anwendung erst nach drücken des "READY-Knopfes" fortfahren. Für solche Fälle ist die Funktion MESSAGE mit einem zusätzlichen Parameter (*action required flag*) ausgestattet. Dieser entscheidet, ob zusätzliche Aktion gefordert ist oder nicht ('No action/action required').

### 6.1.6 Voreinstellungen

Mit der Initialisierung des Gerätes werden Voreinstellungen durchgeführt, die das CGI-Gerät in einen definierten Anfangszustand setzen.

Wie bereits in Kap. II.3.6 erläutert definiert der CGI-Standard Erfragefunktionen für alle Beschreibungstabellen und Zustandslisten. Die Beschreibungstabellen sind statisch, wogegen die Zustandslisten dynamisch, dem jeweiligen Zustand entsprechend, geändert werden. Nach dem Initialisieren des CGI-Gerätes werden alle Einträge der Zustandslisten voreingestellt. CGI definiert diese Voreinstellungen. Ein Eintrag kann daher zwei Werte annehmen: den aktuellen oder den voreingestellten Zustandswert ('current'/'default'). Die Funktion STATE LIST INQUIRY SOURCE erlaubt es vor der entsprechenden Zustands-Erfragefunktion festzulegen, welcher Wert erfragt wird. Diese Funktion beeinflußt nur die Erfragefunktionen. Für die Auswertung der Ausgabeattribute werden immer die aktuellen individuellen oder gebündelten Werte verwendet.

| | |
|---|---|
| Deferral Mode | 'asti' |
| VDC Type | 'integer' |
| VDC Extent | (0, 0) * (32767, 32767) |
| Device Viewport Specifaction Mode | 'fraction of drawing surface' |

| | |
|---|---|
| Device Viewport Specifaction Mode | |
| Metric Scale Factor | 1.0 |
| Number of Queued Error Reports | 0 |
| VDC-to-Device Mapping | 'isotropy forced' |
| | 'horizontal left aligned' |
| | 'vertical bottom aligned' |
| | |
| Requested Device Viewport | (0.0, 0.0) * (1.0, 1.0) |
| Drawing Surface Clip Indicator | 'viewport' |
| Array of Error Handling Flags | 'reporting off' (Fehlerklasse 1 bis 7) |
| | 'detection off' (Fehlerklasse 8 und 9) |

## 6.2 Graphische Ausgabeprimitive

Der Teil 3 des CGI-Standards beschreibt Funktionen zur Erzeugung graphischer Ausgabe und Attribute zur Definition der Darstellung. Zusätzlich werden einige Kontrollfunktionen spezifiziert, die im direkten Zusammenhang mit der graphischen Ausgabe stehen. Diese Funktionen entsprechen zum großen Teil den gleichnamigen Elementen des CGM.

Das Zustandsmodell (Abb. II-15) für CGI ist vergleichsweise einfach. Das CGI-Gerät befindet sich im Zustand aktiv, nachdem es initialisiert ist. In diesem Zustand kann bereits der Großteil der graphischen Ausgabe erfolgen. Lediglich die **zusammengesetzten Primitive (closed figures, compound text)** (siehe Kap. II.6.2.11) erfordern weitere Zustandsübergänge.

### 6.2.1 Attributanbindung

CGI sieht - wie die übrigen Standards - die individuelle und die gebündelte Anbindung von Attributen vor. Der wesentliche Unterschied zwischen diesen beiden Anbindungsarten liegt darin, daß individuelle Attribute fest mit dem Primitiv verknüpft sind und in der Regel nicht geändert werden, wenn das Primitiv (infolge einer Bildregenerierung aus dem Segmentspeicher) erneut dargestellt wird. Bei gebündelter Attributanbindung ist lediglich der entsprechende Index, der Zeiger in die Bündeltabelle, fest an das Primitiv gebunden und kann nicht verändert werden. Mit den BUNDLE INDEX-Funktionen für LINE, MARKER, TEXT, FILL und EDGE kann der entsprechende Index eingestellt werden. Allerdings können die unter diesem Index definierten Attribute modifiziert werden. Damit wird erreicht, daß bei der folgenden Bildregenerierung das Primitiv entsprechend der neuen gebündelten Attribute dargestellt wird. In der CGI-Objekt-Pipeline (siehe Kap. II.3.3) werden Bündel nach dem Ausschreiben aus dem Segmentspeicher bearbeitet.

Für jede Bündelart existiert eine Funktion zur Definition der Attributbündel:

LINE REPRESENTATION,
MARKER REPRESENTATION,
TEXT REPRESENTATION,
FILL REPRESENTATION und

**EDGE REPRESENTATION.**

Darüber hinaus können Bündel gelöscht werden (DELETE BUNDLE REPRE-SENTATION) und damit Speicherbereiche freigegeben werden.

Jedes gebündelte Attribut ist ebenso als individuelles Attribut verfügbar. Bis auf den jeweiligen Klippmodus kann auch jedes individuelle Attribut als gebündeltes Attribut verwendet werden. Eine Ausnahme bildet das Textprimitiv, wo nur ein Teil der individuellen Attribute als gebündelte Attribute verfügbar sind (siehe Kap. II.6.2.8).

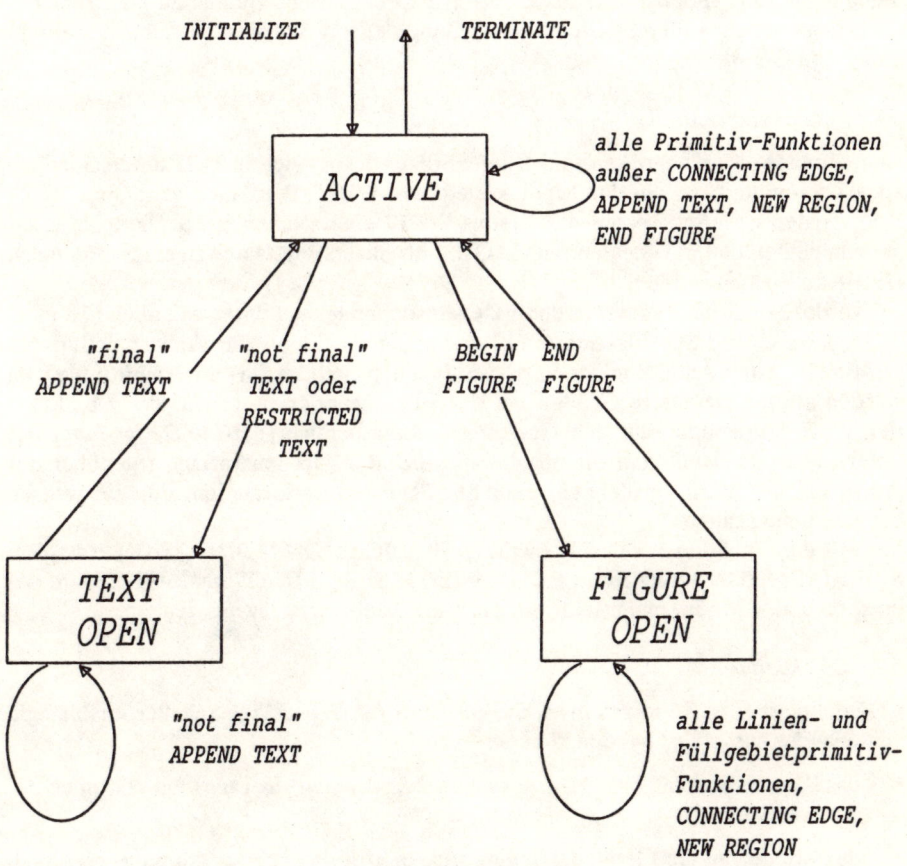

Abb. II-15: Zustandsmodell für die Ausgabe

Ein Aspektanzeiger, der mit der Funktion ASPECT SOURCE FLAGS für jedes Attribut explizit geschaltet werden kann, gibt jeweils an, wie das Attribut angebunden wird ('individual'/'bundled'). Die Voreinstellung aller Aspektanzeiger ist 'individual'.

Die folgende Programmsequenz setzt die Bündeleinträge der Linienattribute und schaltet die Attributanbindung auf 'bundled':

LINE_REPRESENTATION (index, type, width, colour)
ASPECT_SOURCE_FLAGS (('line_type_asf', 'bundled'), ('line_width_asf', 'bundled'), ('line_colour_asf', 'bundled'))
LINE_BUNDLE_INDEX (index)

Alle individuellen Attribute sind vordefiniert, d.h. nach Initialisierung des CGI-Gerätes mit einem definierten Wert belegt. Die Vorbelegung von Bündeln ist geräteabhängig. CGI verlangt allerdings, daß alle vordefinierten Bündel zu unterschiedlichen Darstellungen führen. Die Voreinstellung der individuellen Attribute entspricht denen des CGM.

### 6.2.2 Spezifikations-Modi

Linienbreiten, Markengrößen und Kantenbreiten lassen sich in CGI unterschiedlich spezifizieren, und zwar in den Modi 'scaled' und 'VDC'. Die Maße werden in VDC-Koordinaten erwartet, sobald der Modus 'VDC' eingeschaltet ist. Skalierte Maßangabe bedeutet, daß die Größen (wie in GKS) als Skalierungsfaktor zu einer nominalen Größe angegeben werden.

   In Bezug auf die Definition der VDC-Ausdehnung sind unterschiedliche Effekte, bedingt durch die Spezifikationsmodi, erkennbar. Während die skaliert definierten Größen bei einer Änderung der VDC-Ausdehnung (*VDC extent*) unverändert bleiben, werden absolut definierte Größen bei der Bildregenerierung erneut der Abbildung der VDC-Ausdehnung auf den Gerätedarstellungsbereich (*VDC-to-Device-Mapping*) unterzogen und damit sind die absolut spezifizierten Größen variant gegenüber der Änderung der VDC-Ausdehnung und der Segmenttransformation, d.h. sie werden entsprechend skaliert.

   Mit den Funktionen LINE WIDTH SPECIFICATION MODE, MARKER SIZE SPECIFICATION MODE und EDGE WIDTH SPECIFICATION MODE kann der entsprechende Modus eingestellt werden. Voreinstellung ist jeweils 'scaled'.

### 6.2.3 Objektklippen

CGI definiert zwei Klippverfahren, die gesteuert durch jeweilige Schalter unabhängig voneinander ausgeführt werden können:

• das Klippen graphischer Objekte (**associated clipping**) hier als **Objektklippen** bezeichnet und

• das Klippen an der Gerätedarstellungsfläche (**drawing surface clipping**) hier auch als **Geräteklippen** (siehe Kap. II.6.1.2) bezeichnet.

Das **Objektklippen** wird durch die Funktion CLIP RECTANGLE (Klipprechteck) in VDC und durch die Funktion CLIP INDICATOR (Klippanzeiger) festgelegt. Das voreingestellte Klipprechteck entspricht der voreingestellten VDC-

Ausdehnung. Beide Flächen können unabhängig voneinander definiert werden. Eine Änderung der VDC-Ausdehnung hat keinen Einfluß auf das definierte Klipprechteck. Sobald der Klippanzeiger eingeschaltet ist, findet ein Klippen an dem aktuellen Klipprechteck statt, d.h. sichtbar ist nur der aus der VDC-Ausdehnung und dem Klipprechteck resultierende rechteckige Bereich.

Soll das gerade darzustellende Primitiv geklippt werden, wird das aktuelle Klipprechteck zusammen mit den Atributen ausgewertet und das Primitiv dementsprechend dargestellt (**rendering**). Dieses "Anbinden" des Klipprechtecks an das jeweilige Primitiv wird wichtig bei der Segmentverarbeitung (siehe Kap. II.6.3.3).

Die **Klippmodi** geben für die Primitive jeweils an, ob diese einem 'shape', 'locus' oder 'locus then shape' Klippen (siehe Kap. II.3.3.2) unterzogen werden sollen. Durch die Funktionen LINE CLIPPING MODE, MARKER CLIPPING MODE und EDGE CLIPPING MODE kann der entsprechende Modus eingestellt werden. Der voreingestellte Modus ist jeweils 'locus' und der Klippanzeiger 'on'.

### 6.2.4 Farbdefinition und Transparenz

CGI benutzt das **RGB-Farbmodell** und sieht zwei Arten der Farbspezifikation vor: **direkte** und **indizierte Farbspezifikation**. Der globale Zustand *Colour Selection Mode* spezifiziert für alle Primitivattribute, ob die Farbe direkt, d.h. unter Angabe der RGB-Farbanteile oder als Index in die Farbtabelle des Gerätes angegeben wird. Der Farbspezifikationsmodus kann während einer CGI-Sitzung durch die Funktion COLOUR SELECTION MODE geändert werden.

Die direkte Farbangabe benutzt abstrakte 3-Tupel, das für jede Farbkomponente (rot, grün oder blau) einen Faktor enthält, mit dem die jeweilige maximale physikalische Intensität des Gerätes zu multiplizieren ist, um den Wert für die physikalische Farbansteuerung zu erhalten. Die Funktion COLOUR VALUE EXTENT teilt dem CGI mit, welche minimalen / maximalen physikalischen Farbwerte der abstrakten RGB-Farbspezifikation (0., 0., 0.) / (1., 1., 1.) entsprechen. Damit wird CGI in die Lage versetzt, eine Umsetzung der abstrakten Farbdefinition auf Gerätewerte zu vollziehen. Die Funktion COLOUR TABLE ist vorgesehen, um die Farbtabelle des Gerätes neu zu spezifizieren.

Die Hintergrundfarbe läßt sich mit der Funktion BACKGROUND COLOUR einstellen. Diese Farbe ändert sich für Geräte, die dynamische Farbänderung unterstützen, direkt. Ansonsten wird die neue Hintergrundfarbe beim nächsten Aufruf der Funktion PREPARE DRAWING SURFACE (siehe Kap. II.6.1.1) ausgewertet. Zusätzlich wird in der entsprechenden Zustandsliste der Eintrag *Background Colour* aktualisiert. Bei Geräten, die nur Indexfarben unterstützen (z.B. PC/EGA), können bei der Aktualisierung der Farbe implementierungsabhängige Nebeneffekte auftreten.

Die TRANSPARENCY Funktion ermöglicht es der Anwendung, den Hintergrund einzelner Primitive zu kontrollieren. Dazu zählen beispielsweise die Freistücke in strichlierten Linien und Kanten, die Hintergrundfarbe von Zeichen und Marken, der Hintergrund von Schraffuren. Wenn Transparenz eingeschaltet ist, dann wird der Hintergrund der Primitive transparent dargestellt, d.h. das bereits generierte Bild wird beispielsweise nicht von dem gesamten Zeichenkästchen, sondern nur von dem tatsächlichen Buchstaben überdeckt. Ist die Transparenz ausgeschaltet wird der Hintergrund in der durch die Funktion AUXILIARY COLOUR definierten Farbe dargestellt.

### 6.2.5 Schnelle Attributwechsel

CGI bietet neben der Möglichkeit, einzelne Attribute zu definieren, ebenso die Möglichkeit, gesamte Attributmengen zwischenzuspeichern, zu laden und zu löschen. Die von den Funktionen SAVE PRIMITIVE ATTRIBUTES, RESTORE PRIMITIVE ATTRIBUTES und DELETE PRIMITIVE ATTRIBUTES betroffenen Attribute sind:

•   alle individuellen Primitivattribute,

•   das Klipprechteck und der Klippanzeiger.

Nicht erfaßt werden die Bündeltabellen, die Farbtabelle, die Mustertabelle, die Schriftartenliste (*font list*) und die Liste der Zeichensätze (*character set list*).

Die SAVE und RESTORE Funktionen verwenden Namen zur Identifikation der Attributmengen. Es können mehrere Attributmengen gespeichert sein. Mit der DELETE Funktion werden gespeicherte Attributmengen gelöscht und der Speicherbereich freigegeben.

### 6.2.6 Linienprimitive

CGI definiert insgesamt sieben Linienfunktionen:

POLYLINE bezeichnet einen Linienzug, der eine Folge von verbundenen Linien darstellt. Sie wird durch eine Folge von Punkten angegeben. Der erste Punkt bestimmt den Startpunkt der ersten Linie, der zweite Punkt den Endpunkt der ersten Linie und gleichzeitig den Anfangspunkt der zweiten Linie, usw.; der letzte Punkt bestimmt den Endpunkt der letzten Linie (siehe Abb. II-7). Die Interpretation eines Linienzuges der Länge Null ist implementierungsabhängig. Ebenso die maximale Zahl an Punkten. In der Beschreibungstabelle der unterstützten Darstellungselemente (*Primitive Support Description Table*) ist die maximale Anzahl von Punkten für POLYLINE eingetragen.

DISJOINT POLYLINE erzeugt eine Menge nicht zusammenhängender Linien, die jeweils durch zwei Koordinatenpaare spezifiziert werden. Es wird je eine geradlinige Verbindung zwischen dem ersten und zweiten Koordinatenpaar, zwischen dem dritten und vierten Koordinatenpaar, usw. generiert.

CIRCULAR ARC 3 POINT generiert einen Kreisbogen, der durch drei Punkte, einem Anfangspunkt (starting point), einem Punkt auf dem Kreisbogen (intermediate point) und einem Endpunkt (ending point) spezifiziert ist. Stimmen alle drei Punkte überein wird ein Punkt gezeichnet. Sind nur zwei verschiedene Punkte angegeben, wird eine Linie zwischen diesen beiden Punkten gezeichnet. Sind die drei Punkte kollinear, hat der Kreisbogen Null-Krümmung und es wird eine Linie zwischen den drei Punkten gezeichnet.

CIRCULAR ARC CENTRE erzeugt einen Kreisbogen, der durch Mittelpunkt, Radius und zwei Radialvektoren bestimmt ist. Dabei wird in Richtung des positiven Winkels (siehe Kap. II.6.1.2) zwischen den Radialvektoren der Kreisbogen generiert.

Disjoint Polylines

Circular Arc 3 Points

Circular Arc Centre

Circular Arc Centre
  Backwards

Elliptical Arc

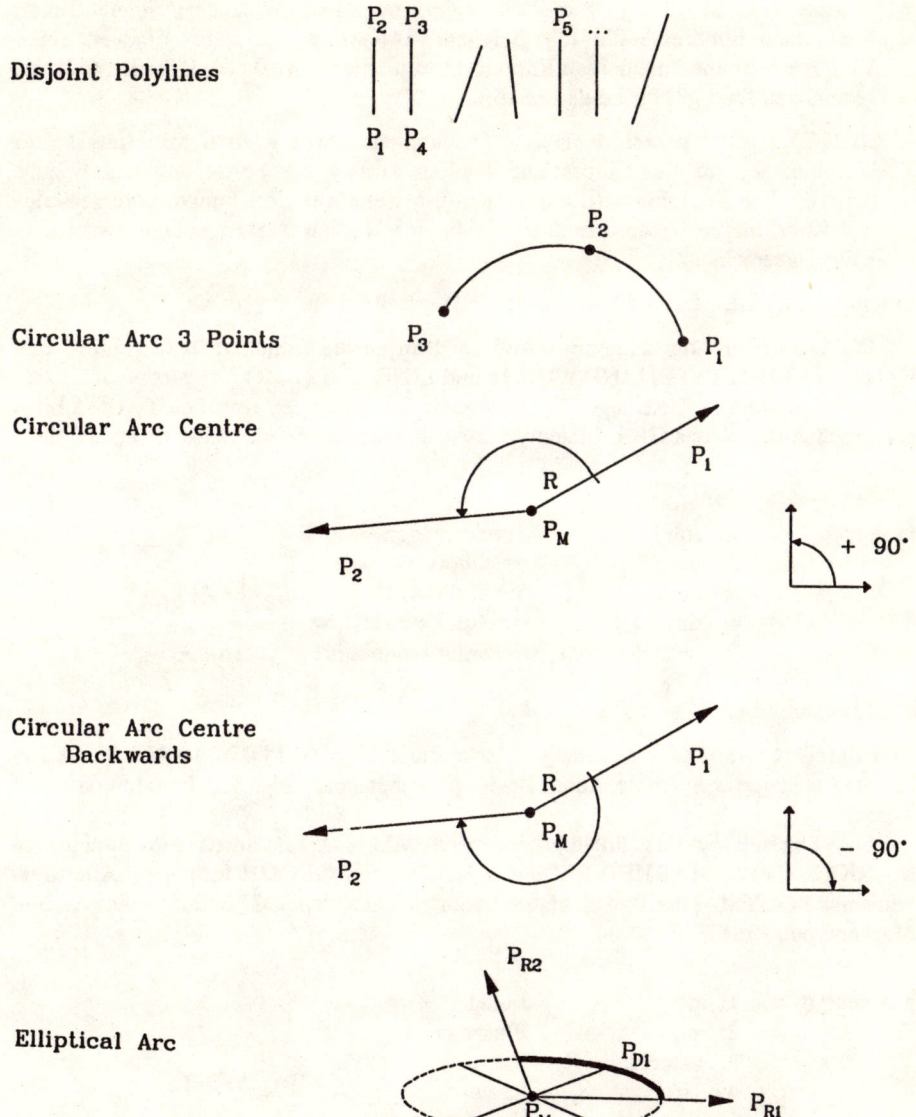

Abb. II-16: Linienprimitive des CGI

CIRCULAR ARC CENTRE REVERSED erzeugt einen Kreisbogen wie die Funktion zuvor. Es wird lediglich in Richtung des negativen Winkels gezeichnet. Beide Funktionen hintereinander mit gleichen Parametern ausgeführt ergeben einen Vollkreis. Stimmen die beiden Radialvektoren überein wird ebenfalls ein Vollkreis gezeichnet. Dies gilt für beide Funktionen.

ELLIPTICAL ARC generiert einen Ellipsenbogen. Dazu werden Mittelpunkt und Durchmesser für die Ellipse und Radialvektoren zur Festlegung des Bogens benötigt. Die Funktion wird nur ausgeführt, wenn alle drei Punkte unterschiedliche Koordinaten haben. Stimmen die beiden Radialvektoren überein, wird eine Ellipse gezeichnet.

CONNECTING EGDE wird in Kap. II.6.2.11 beschrieben.

Die Darstellung der Linienprimitive wird durch die Linienattribute (mittels den Funktionen LINE TYPE, LINE WIDTH und LINE COLOUR) festgelegt.

Im Gegensatz zu GKS legt CGI insgesamt 5 Linientypen fest. Die Typen 1 bis 4 entsprechen denen des GKS, Linientyp 5 wurde ebenso wie im CGM zusätzlich definiert.

| Linientyp | | | |
|---|---|---|---|
| | 1: solid | durchgezogen | ——— |
| | 2: dash | strichliert | – – – – |
| | 3: dot | punktiert | • • • • • • |
| | 4: dash dot | strichpunktiert | – · – · – |
| | 5: dash dot dot | strichpunktpunktiert | – ·· – ·· |

### 6.2.7 Markenprimitiv

CGI definiert wie GKS eine einzige Markenfunktion, den POLYMARKER zur Erzeugung zentrierter Symbole, deren Positionen über eine Folge von Punkten definiert werden.

Die Darstellung des Polymarkers wird wie in GKS durch die Funktionen MARKER TYPE, MARKER SIZE und MARKER COLOUR festgelegt. Alle Marken eines POLYMARKER-Aufrufs sind vom gleichen Typ. CGI definiert die gleichen Markentypen wie GKS:

| Markentyp | | | |
|---|---|---|---|
| | 1: dot | Punkt | • |
| | 2: plus | Pluszeichen | + |
| | 3: asterisk | Stern | * |
| | 4: circle | Kreis | o |
| | 5: cross | Kreuz | x |

Die Funktion MARKER SIZE hat keinen Einfluß auf den "Punkt" (Markentyp 1). Seine Größe ist nicht veränderbar.

### 6.2.8 Textprimitive

CGI spezifiziert insgesamt drei Textprimitive, von denen das erste der TEXT-Funktion des GKS entspricht:

TEXT stellt eine Zeichenfolge ausgerichtet zu der Textposition dar. Diese Funktion kann ebenso den Beginn eines zusammengesetzten Textprimitivs bedeuten. Ein entsprechendes Kennzeichen ('final'/'not final' flag) gibt an, ob es sich um einen abgeschlossenen Text handelt ('final') oder nicht.

RESTRICTED TEXT erzeugt einen Text, der durch Angabe einer Textposition, einer Höhe und Breite eine Fläche festlegt, in die der Text eingepaßt wird. Beginnt ein zusammengesetztes Textprimitiv mit dieser Funktion, so wird der Text in seiner Gesamtheit in die vorgegebene Fläche eingepaßt.

APPEND TEXT fügt die Zeichenfolge dem vorangegangenen, noch nicht abgeschlossenen ('not final') TEXT oder RESTRICTED TEXT, bzw. APPEND TEXT an. Das damit erzeugte, zusammengesetzte Textprimitiv (compound text primitive) wird abgeschlossen, sobald ein Text mit der betreffenden Kennzeichnung ('final') angefügt wird.

Die Darstellung des Textes wird durch die Textattribute bestimmt. Diese können, falls sie ebenfalls in Bündeln auftreten individuell oder gebündelt angebunden werden. Die ausschließlich individuell zu verwendenden Textattribute und die zugehörigen Funktionen sind:

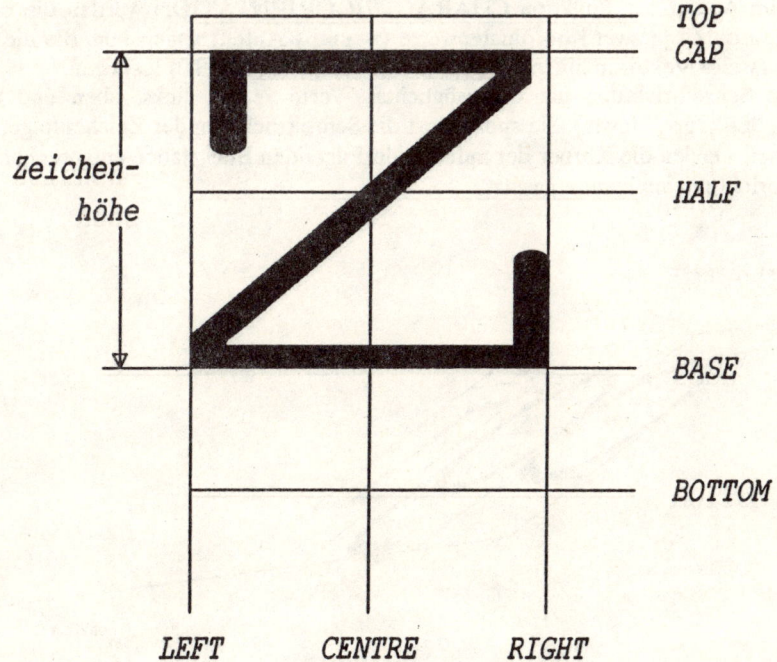

Abb. II-17: Zeichendefinition in CGI

| Zeichengröße | CHARACTER HEIGHT |
| Zeichenorientierung | CHARACTER ORIENTATION |
| Schreibrichtung | TEXT PATH |
| Textausrichtung | TEXT ALIGNMENT |
| Zeichensatz-Index | CHARACTER SET INDEX |
| alternativer Zeichensatz | ALTERNATE CHARACTER SET INDEX |
| Textindex | TEXT BUNDLE INDEX |

Die Zeichengröße (siehe Abb. II-17) spezifiziert die nominale Höhe eines Großbuchstabens zwischen der Schriftlinie (*base line*) und der Versalhöhe (*cap line*) entlang des Zeichenaufwärtsvektors in Weltkoordinaten. Man beachte, daß bei schrägem Zeichenaufwärtsvektor der senkrechte Abstand zwischen Schriftlinie und Versalhöhe kleiner als die Zeichenhöhe ist. Eine Änderung der Zeichenhöhe verändert auch die Breite eines Textes, da sie proportional zur Höhe angepaßt wird.

Die **Zeichenorientierung** (**character orientation**) wurde gegenüber dem Zeichenaufwärtsvektor des GKS mit größerer Funktionalität ausgestattet. Die Zeichenorientierung setzt sich aus einer Grundlinie (*character base line*) und dem Zeichenaufwärtsvektor (*character up vector*) zusammen (siehe Abb. II-18). Damit kann neben der Richtungsbestimmung für einen Schriftzug auch eine Schrägstellung der Zeichen (kursive Schrift) durch nicht orthogonale Vektoren definiert werden.

Beim Aufruf der Funktion CHARACTER ORIENTATION werden die beiden Vektoren durch je zwei Koordinatenwerte (x- und y-Anteil) angegeben, die die Endpunkte zweier Vektoren mit Anfangspunkt im Ursprung (0.0,0.0) festlegen.

Die **Schreibrichtung** hat die möglichen Werte rechts, links, oben und unten ('right', 'left', 'up', 'down'). Sie spezifiziert die Schreibrichtung der Zeichenfolge. Konzeptionell werden die Körper der aufeinanderfolgenden Buchstaben entsprechend der Schreibrichtung aneinandergesetzt.

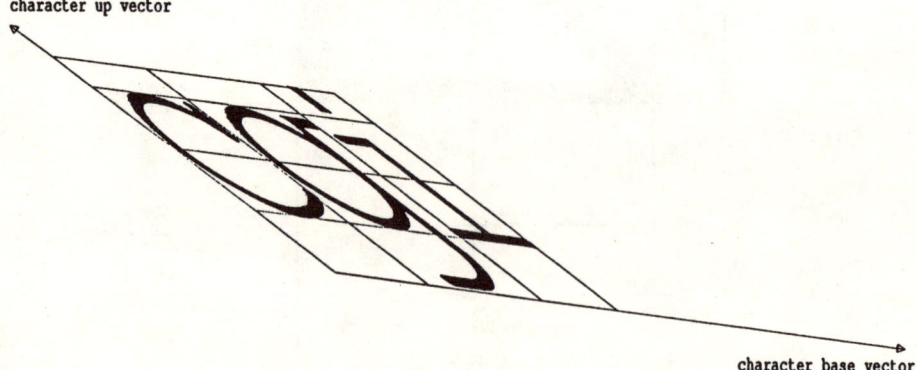

Abb. II-18: Character Orientation in CGI

Die Textausrichtung steuert das Positionieren des Textausdehnungsrechtecks relativ zur Textposition, die beim Aufruf der Funktion TEXT ALIGNMENT angegeben wird. Die horizontale Komponente der Textausrichtung hat die Werte: links, mitte, rechts, horizontal normal und gleichmäßig horizontal ('left', 'centre', 'right', 'normal', 'horizontal', 'continuous horizontal'). Wenn die horizontale Komponente 'left' ist, geht die linke Seite des Textausdehnungsrechtecks durch die Textposition. Die vertikale Komponente hat die Werte: oben, versal, mitte, schrift, unten, vertikal normal und gleichmäßig vertikal ('top', 'cap', 'half', 'base', 'bottom', 'normal vertical', 'continuous vertical'). Diesen Ausrichtungen entsprechen jeweils eine der schriftartspezifischen horizontalen Linien in der Zeichendefinition. Jede Komponente der Textausrichtung kann den Wert 'normal' haben. Der Wert 'normal' wird, in Abhängigkeit vom Wert der Schreibrichtung, durch einen der anderen Werte dieser Komponente ersetzt, z.B. in der Schreibrichtung 'right' ist die Ausrichtung ('normal horizontal','normal vertical') identisch mit ('right', 'base').

Die Textausrichtung in CGI kann horizontal und vertikal den Wert 'continuous' einnehmen. Damit wird es möglich, Spalten in Tabellen, bzw. Zeilenabstände einfach ohne Neuberechnung der Textposition über einen offset-Parameter zu definieren. Das Programmbeispiel

```
        TEXT ALIGNMENT ('left', 'continuous_vertical', 0.0, 0.0)
        TEXT (x_pos, y_pos, 'final', "erste Zeile")
        TEXT ALIGNMENT (left, 'continuous_vertical', 0.0, 2.0.)
        TEXT (x_pos, y_pos, 'final', "zweite Zeile")
```

erzeugt die Ausgabe (* ist die Textposition (x_pos, y_pos)):

\*
## erste Zeile

## zweite Zeile

Die Funktionen CHARACTER SET INDEX und ALTERNATE CHARACTER SET INDEX ermöglichen den Gebrauch unterschiedlicher Zeichensätze. Die CGI-Anwendung kann über die Funktion CHARACTER SET LIST 'eigene' Zeichensätze definieren und diese mit den obigen Indizes auswählen.

Textattribute, die entweder gebündelt oder aber individuell verwendet werden können, und die zugehörigen Funktionen sind:

| | |
|---|---|
| Schriftart | TEXT FONT INDEX |
| Schriftqualität | TEXT PRECISION |
| Zeichenbreitefaktor | CHARACTER EXPANSION FACTOR |
| Zeichenabstand | CHARACTER SPACING |
| Textfarbe | TEXT COLOUR |

Die Schriftart wird zur Auswahl einer einzelnen Schriftart verwendet. Welcher Index zu welcher Schriftart angebunden ist, wird durch die Funktion FONT LIST bestimmt. Mit dieser Funktion kann eine Menge von Schriftarten den entsprechenden Indizes (beginnend mit Index 1) zugewiesen werden.

Beispiele für Schriftarten sind:

Courier
Letter Gothic
Times Roman
**Helvetica**
Ξπεεκ (Greek)

Wie bereits erwähnt können mit der Funktion CHARACTER SET INDEX unterschiedliche Zeichensätze verwendet werden. Die Funktion CHARACTER CODING ANNOUNCER erlaubt es zwischen verschiedenen Kodierungstechniken ('basic 7-bit', 'basic 8-bit', 'extended basic 7-bit', 'extended basic 8-bit') auszuwählen.

Die Schriftqualität (*text precision*) definiert (siehe Abb. II-19), wie genau die geräteunabhängigen Textattribute ausgewertet werden. Die möglichen Werte sind:

**'string'** (lesbar): Die Zeichenfolge wird in der eingestellten Schriftart erzeugt und an der angegebenen Textposition positioniert. Die Zeichenhöhe und der Zeichenbreitefaktor sollen so genau wie möglich ausgewertet werden. Die anderen Attribute müssen nicht verwendet werden. Klippen ist implementierungsabhängig.

**'character'** (zeichen): Die Zeichenfolge wird in der eingestellten Schriftart erzeugt. Für die Darstellung eines jeden einzelnen Zeichens werden die Aspekte so genau wie möglich auf geräteabhängige Weise ausgewertet. Der Abstand zwischen zwei Zeichenkörpern wird genau berechnet. Klippen findet zeichenweise statt.

**'stroke'** (strich): Die Zeichenfolge wird in der geforderten Schriftart dargestellt. Dabei müssen alle Textattribute genau ausgewertet werden. Die einzelnen Zeichen werden so genau geklippt, wie es die geometrische Genauigkeit des Gerätes erlaubt.

**LESBAR (string)**

Text—Beispiel

**ZEICHEN (char)**

Text—Beispiel

**STRICH (stroke)**

Text—Beispiel

Abb. II-19: Schriftqualität

Ausdehnung 0.5
Ausdehnung 1.0
Ausdehnung 2.0

Abb. II-20: Beispiele für Zeichenbreitefaktor

Der Zeichenbreitefaktor (*character expansion factor*) spezifiziert die Abweichung des Verhältnisses Breite/Höhe des Zeichens von dem Verhältnis, das der Entwerfer der Schriftart angegeben hat (siehe Abb. II-20). Im Grundzustand ist der Faktor auf 1.0 gesetzt, er muß größer als Null sein.

Der Zeichenabstand (*character spacing*) spezifiziert den zusätzlichen Abstand zwischen zwei benachbarten Zeichenkörpern (siehe Abb. II-21). Bei "negativem" Zeichenabstand überlappen sich die benachbarten Zeichen.

Einige Textattribute können innerhalb eines zusammengesetzten Textes variiert werden, und zwar dadurch, daß die betreffenden Attributfunktionen nach einem nicht abgeschlossenen ('not final') Text und vor der folgenden APPEND-Funktion aufgerufen werden.

Das Beispiel

        CHARACTER HEIGHT (1.0)
        TEXT (x_pos, y_pos, 'non_final', "Text 1 ")
        CHARACTER HEIGHT (2.0)
        APPEND TEXT ('non_final', "Text 2 ")
        CHARACTER HEIGHT (3.0)
        APPEND TEXT ('final', "Text 3")

ergibt die Ausgabe (* ist die Textposition (x_pos, y_pos)):

* Text 1 Text 2 Text 3

Abstand -0.5
Abstand 0.0
Abstand 0.5
Abstand 1.0

Abb. II-21: Beispiele für Zeichenabstand

Zusammengesetzte Texte werden konzeptionell von dem CGI-Gerät intern solange gepuffert, bis sie abgeschlossen werden. Das CGI-Gerät befindet sich währenddessen im Zustand 'text open' (Abb. II-15). Erst danach werden die Textattribute, die sich auf den gesamten Text, bzw. Teile davon beziehen, ausgewertet und der Text dargestellt. Innerhalb eines zusammengesetzten Textes können die Attribute

ALTERNATE CHARACTER SET INDEX,
CHARACTER EXPANSION FACTOR,
CHARACTER HEIGHT,
CHARACTER SET INDEX,
CHARACTER SPACING,
TEXT BUNDLE INDEX,
TEXT COLOUR,
TEXT FONT INDEX und
TEXT PRECISION

variiert werden. **Nicht** erlaubt ist es demgegenüber, im Zustand 'text open' die folgenden Funktionen zu verwenden und die damit definierten Attribute und Transformationen zu ändern:

CHARACTER CODING ANNOUNCER,
CHARACTER ORIENTATION,
CHARACTER SET LIST,
COLOUR TABLE,
DEVICE VIEWPORT,
DEVICE VIEWPORT MAPPING,
FONT LIST,
TEXT ALIGNMENT,
TEXT PATH,
VDC EXTENT und
VDC TYPE.

RESTRICTED TEXT kann ebenfalls als abgeschlossener ('final') Text und als zusammengesetzter Text auftreten. Die Funktion hat an zusätzlichen Parametern eine Längen- (dl) und eine Höhenangabe (dh) in VDC für den Text.

Die Funktion

RESTRICTED TEXT (dl, dh, x_pos, y_pos, 'final', "Beispiel")

bewirkt die Ausgabe (* ist die Textposition (x_pos, y_pos)):

**Beispiel** | dh
*

---------- dl ----------

Das Beispiel für einen zusammengesetzten RESTRICTED TEXT

CHARACTER HEIGHT (1.0)

RESTRICTED TEXT (dl, dh, x, y, 'non_final', "Dies ist ")
TEXT FONT INDEX (2)
CHARACTER SPACING (0.7)
APPEND TEXT ('non_final', "ein ")
TEXT FONT INDEX (3)
CHARACTER SPACING (0.0)
CHARACTER HEIGHT (3.0)
APPEND TEXT ('final',"TEXT")

ergibt die Ausgabe (* ist die Textposition (x, y):

Dies ist e i n **TEXT** | dh
*
---------------- dl ----------------

### 6.2.9 Füllgebietprimitive

CGI definiert eine gegenüber GKS erweiterte Menge von Flächenprimitiven (siehe Abb. II-22):

POLYGON erzeugt eine Fläche, die durch eine Polygon-Umrandung angegeben wird. Die Eckpunkte werden durch eine Folge von Punkten in VDC definiert.

POLYGON SET erzeugt eine Menge von Flächen. Die Parameter dieser Funktion bestehen aus einem Wert, der die Anzahl aller Eckpunkte angibt, und einer Punktliste (flagged point list) bestehend aus einem VDC-Punkt und einem Kantenmerkmal ('invisible', 'visible', 'close invisible', 'close visible'). 'invisible'/'visible' bedeutet, daß die Kante des zugehörigen Eckpunktes mit dem nächsten Eckpunkt unsichtbar/sichtbar dargestellt wird. Ein Eckpunkt mit dem Merkmal 'close' ist der letzte Eckpunkt einer Fläche und wird mit dem entsprechenden Anfangspunkt (current closure point) entweder mit unsichtbarer oder mit sichtbarer Kante verbunden. Der darauf folgende Eckpunkt ist somit der Ausgangspunkt der nächsten Fläche.

RECTANGLE generiert ein Rechteck parallel zu den Achsen des VDC-Systems. Das Rechteck wird festgelegt durch zwei beliebige Diagonalpunkte (d.h. ein Rechteck kann durch Angabe vier verschiedener Punktepaare erzeugt werden).

CIRCLE erzeugt einen Kreis aus Mittelpunkt und Radius (beides als VDC-Werte).

CIRCULAR ARC 3 POINT CLOSE und CIRCULAR ARC CENTRE CLOSE definieren die durch die entsprechenden Kreisbögen bestimmten Flächen. Diese sind entweder Kreissektoren (close type: 'pie') oder Kreisabschnitte (close type: 'chord'). Die Festlegung erfolgt über den entsprechenden Parameter.

ELLIPSE stellt eine durch Mittelpunkt und die beiden Radien definierte Ellipse dar.

ELLIPTICAL ARC CLOSE definiert abhängig von dem "close type"-Parameter einen Ellipsenausschnitt oder Ellipsenabschnitt.

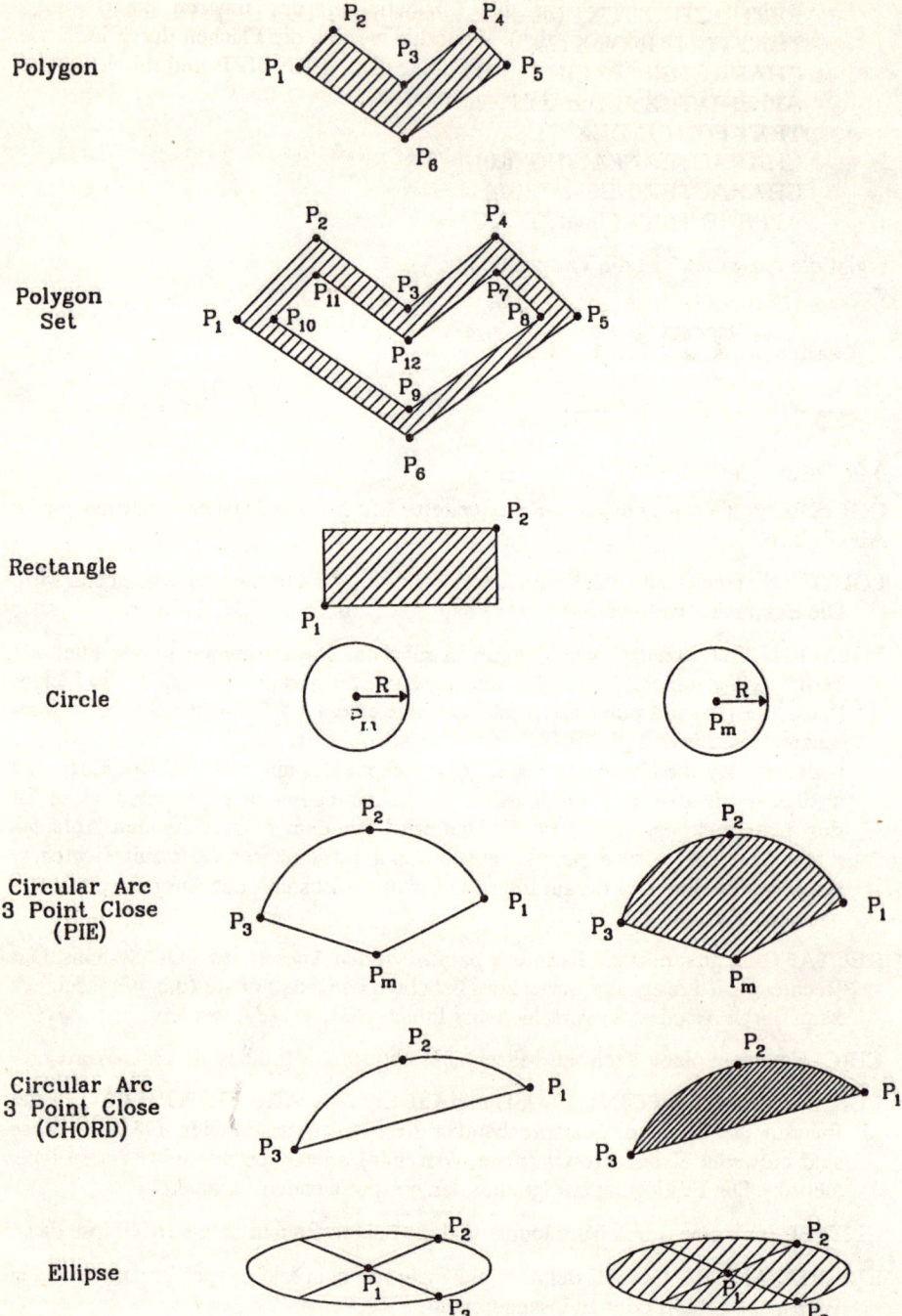

Abb. II-22: Füllgebietprimitive des CGI

CGI erlaubt die unterschiedliche Attributierung des Inneren einer **Fläche (interior style)** und der **Kante (edge)**. Weiterhin werden die Flächen durch individuelle Attribute wie FILL REFERENCE POINT, PATTERN SIZE und durch den Inhalt der PATTERN TABLE (Mustertabelle) geprägt, sobald die entsprechende Ausfüllung gewählt ist. Ähnlich wie bei den REPRESENTATION-Funktionen der einzelnen Primitive kann mittels der Funktion PATTERN TABLE eine Tabelle mit unterschiedlichen Mustern definiert werden. Jedes Muster kann über die Funktion PATTERN INDEX ausgewählt, bzw. mit der Funktion DELETE PATTERN aus der Tabelle gelöscht werden.

Die **Kantenattribute**, die sowohl gebündelt als auch individuell gewählt werden können, werden durch die Funktionen EDGE TYPE (Kantentyp), EDGE WIDTH (Kantenbreite) und die EDGE COLOUR (Kantenfarbe) spezifiziert. Diese Attribute werden dann ausgewertet, wenn die Kante sichtbar sein soll (individuelles Attribut: EDGE VISIBILITY).

Die individuell oder gebündelt verwendbaren Attribute für das **Flächeninnere** können mit der Funktion INTERIOR STYLE (Ausfüllungsart), FILL COLOUR (Füllfarbe), HATCH INDEX (Schraffurtyp), PATTERN INDEX (Musterindex) und FILL BITMAP (Ausfüll-Bitmap, siehe Kap. II.6.5.4) festgelegt werden. Die jeweiligen Attribute werden zum Teil nur bei bestimmten Ausfüllungsarten benötigt. CGI kennt sechs verschiedene Ausfüllungsarten:

- 'hollow' (leer): Zeichnen der Flächenbegrenzung in der Füllfarbe. Ist zusätzlich die Kante sichtbar geschaltet, so wird zunächst die Flächenbegrenzung in der Füllfarbe gezeichnet und anschließend die Kante entsprechend der ihr zugehörigen Attributmenge dargestellt.

- 'solid' (gefüllt): Füllt das Innere der Fläche einheitlich in der angegebenen Füllfarbe.

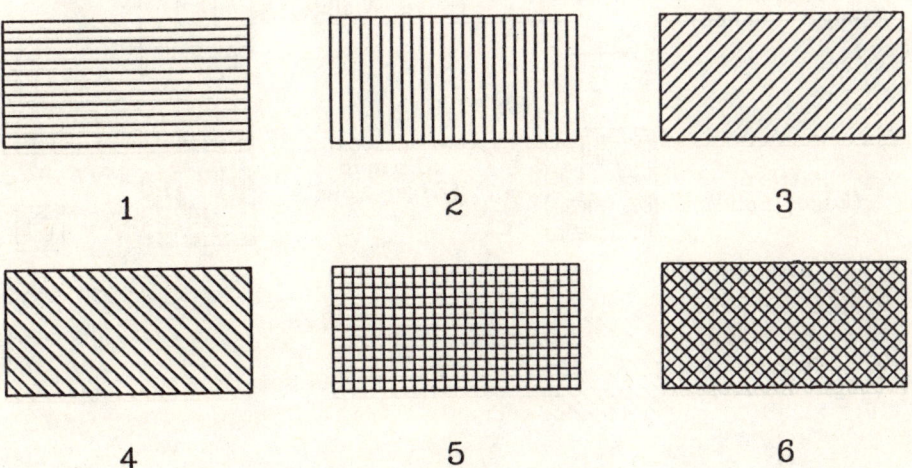

Abb. II-23: Schraffuren des CGI

- 'pattern' (Muster): Verwendet ein über die Funktion PATTERN INDEX ausgewähltes und in der Mustertabelle definiertes Muster zur Ausfüllung. Dabei werden die individuellen Attribute, die über die Funktionen FILL REFERENCE POINT und PATTERN SIZE (Mustergröße) spezifiziert wurden, ausgewertet.

- 'hatch' (Schraffur): Das Innere wird durch eine Schraffur in der Füllfarbe dargestellt. Die Zwischenräume der Schraffur werden durch die **Transparenz** (siehe auch Kap. II.6.5.4) bestimmt. Wird mittels der Funktion TRANSPARENCY der Wert 'transparent' gewählt, sind die Zwischenräume "durchsichtig", d.h. der Hintergrund wird sichtbar. Beim Wählen des Wertes 'opaque' überdecken die Zwischenräume den Hintergrund mit der Farbe, die durch die Funktion AUXILIARY COLOUR bestimmt wurde. CGI definiert insgesamt sechs verschiedene Schraffurtypen:

1.   waagerechte Schraffur mit gleichem Linienabstand,
2.   senkrechte Schraffur mit gleichem Linienabstand,
3.   +45 Grad-Schraffur mit gleichem Linienabstand,

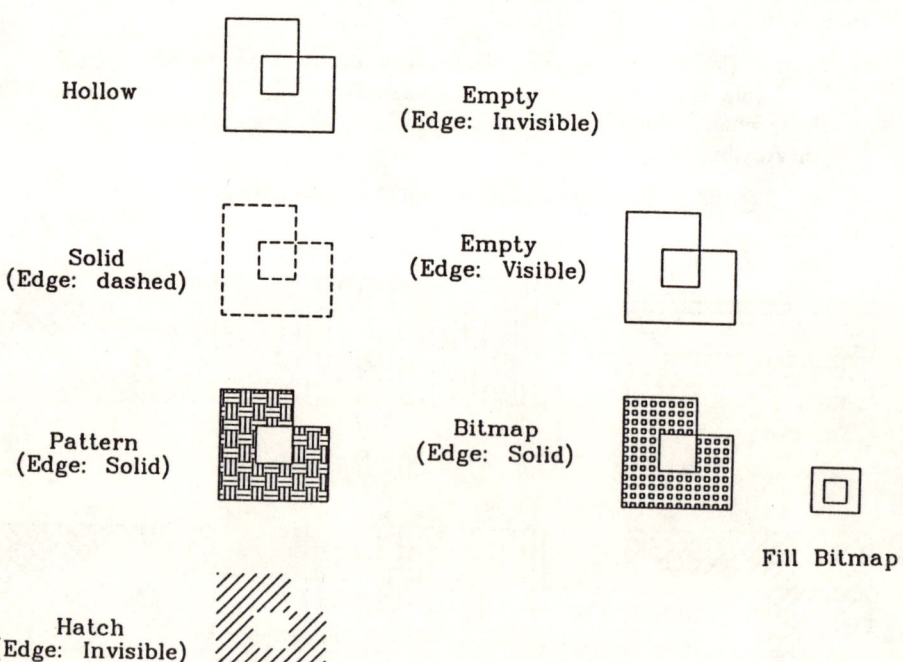

Abb. II-24: Ausfüllungsarten

4.   + 135 Grad-Schraffur mit gleichem Linienabstand,

5.   waagerechte/senkr. Kreuzschraffur mit gleichem Linienabstand,

6.   + 45/ + 135 Grad-Kreuzschraffur mit gleichem Linienabstand.

- 'empty' (nicht ausgefüllt): Das Innere der Fläche wird nicht dargestellt. Die Kanten werden nur dann dargestellt, wenn sie sichtbar geschaltet sind.

- 'bitmap': Diese Ausfüllungsart ist ähnlich der Musterausfüllung. Der Unterschied besteht darin, daß eine Bitmap aus dem Bitmap-Speicher (siehe Kap. II.6.5.4) des Gerätes verwendet wird. Diese Ausfüllungsart ist auch nur dann verfügbar, wenn die CGI-Implementierung die Rasterfunktionalität realisiert hat.

Die Kanten eines Füllgebiets können sich selbst schneiden. CGI definiert, wie in einem solchen Fall das Innere der Fläche bestimmt wird (siehe Abb. II-25): Für jeden beliebigen Punkt wird festgestellt, ob er innerhalb oder außerhalb einer Fläche liegt. Es wird jeweils eine beliebige gerade Linie, die von diesen Punkten ins Unendliche führt, erzeugt und zählt die Anzahl der Schnittpunkte, die diese Linie mit allen Kanten der Fläche hat. Ist die Anzahl der Schnittpunkte eine gerade Zahl, so liegt der Punkt außerhalb. Ist sie ungerade, so liegt der Punkt innerhalb der Fläche. Diese Definition des Füllgebiets-Inneren ist auch für deren Identifikation bei einer Pick-Eingabe von Bedeutung.

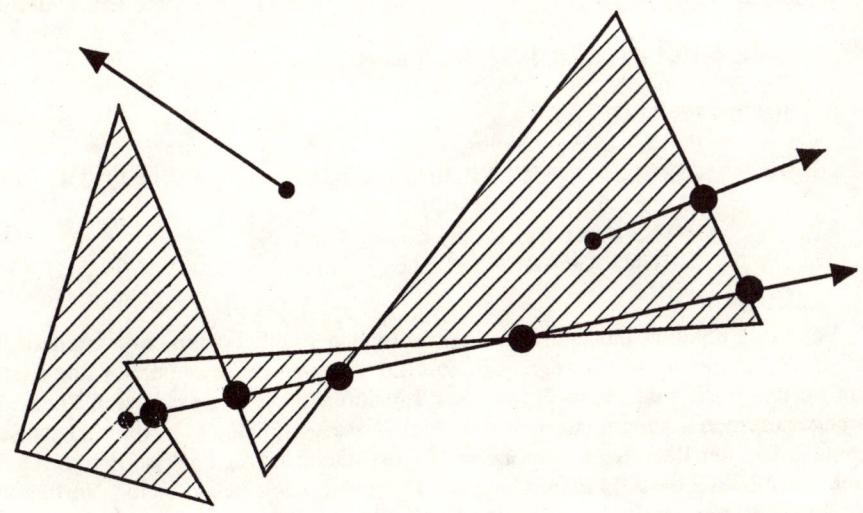

Abb. II-25: Bestimmung des Inneren von Füllgebieten

### 6.2.10 Weitere Ausgabeprimitive

CGI spezifiziert zwei weitere Ausgabeprimitive:

CELL ARRAY (Zellmatrix) definiert das von GKS bekannte Rasterprimitiv, das aus
  drei Punkten und einer Matrix aus Farbindizes, bzw. Farbwerten generiert wird.
  Die Zellmatrix hat keine Attribute.

GENERALIZED DRAWING PRIMITIVE (Verallgemeinertes Darstellungsele-
  ment) zur Ansteuerung gerätespezifischer Ausgabefunktionen (wie z.B. Splines).
  Jedem GDP kann jeweils die Attributmenge eines Primitivs zugeordnet werden.
  Dies ist weitgehend implementierungsabhängig.

### 6.2.11 Zusammengesetzte Primitive

CGI definiert eine Funktionalität zur Erstellung von **komplexen, zusammengesetzten
Füllgebieten** aus einer Sequenz von Linien- und Füllgebietsfunktionen, inklusive deren
Kantendarstellungen. Das zusammengesetzte Primitiv (**compound primitive**) wird als
**Closed Figure** bezeichnet. Dazu werden die Kontrollfunktionen BEGIN FIGURE
und END FIGURE verwendet, die die Definition einleiten, bzw. abschließen. Ein
derartiges zusammengesetztes Primitiv kann aus mehreren Gebieten (regions) bestehen. Jedes Gebiet stellt ein abgeschlossenes Füllgebiet (in der GKS-Terminologie)
dar. Zum Zeitpunkt der END FIGURE Funktion werden die dann aktuellen Füllge-
bietsattribute zu der **Closed Figure** gebunden, d.h. alle in diesem zusammengesetzten
Primitiv enthaltenen Gebiete werden einheitlich gefüllt.

Das nand-Gatter in der Abb. 26 wird durch folgende Programmsequenz generiert:

```
        FILL AREA INTERIOR STYLE ('hatch')
        HATCH INDEX (6)                              .
        BEGIN FIGURE
                POLYLINE (<50,0>, <0,0>, <0,50>, <50,50>)
                CIRCULAR ARC 3 POINT (<50,50>, <70,25>, <50,0>)
                EDGE VISIBILITY ('off')
                INTERIOR STYLE ('solid')
                CIRCULAR ARC CENTRE (<74,25>, <1,0>, <1,0>, 4)
        END FIGURE
```

Für die Definition einer **Closed Figure** können sämtliche Linienfunktionen und
Füllgebietsfunktionen sowie angemessene GDPs verwendet werden. Bei der Erstellung werden jeweils der erste Punkt einer Linienfunktion mit dem letzten Punkt der
vorangegangenen Linienfunktion verbunden. Diese geradlinigen Verbindungen sind
ebenfalls Teil der Begrenzung der **Closed Figure**. Gebiete (regions) werden durch die
Funktion NEW REGION abgeschlossen. Diese Funktion bewirkt eine Verbindung
des aktuell letzten Punktes mit dem ersten Punkt des ersten Primitives (**current closure point**). Füllgebiete selbst stellen abgeschlossene Gebiete dar und bewirken den
impliziten Abschluß des offenen Gebietes einer Closed Figure.

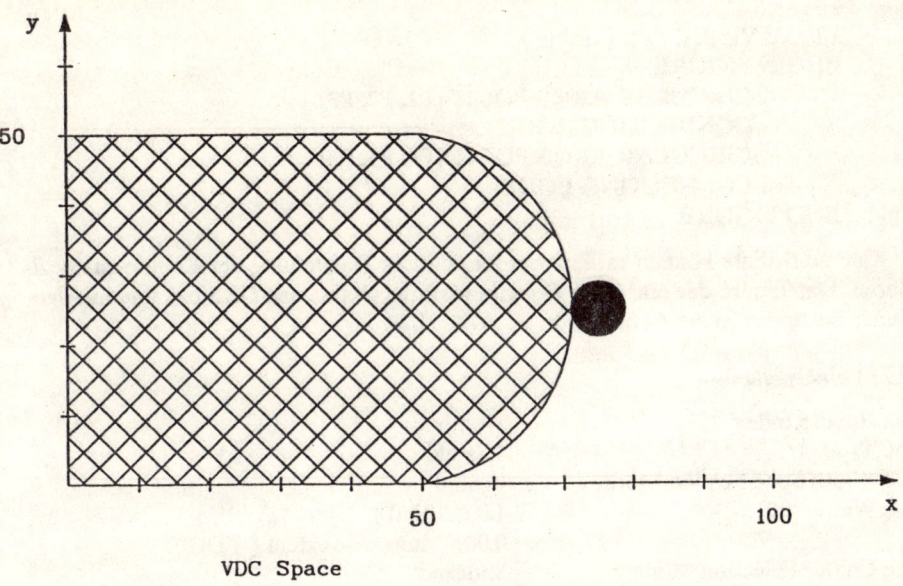

**Abb. II-26: Zusammengesetztes Füllgebiet**

Die Funktion CONNECTING EGDE verbindet zwei aufeinanderfolgende Linienprimitive als eine Kante der Closed Figure, oder schließt das entstandene Füllgebiet. Diese Funktion zählt zu den Linienfunktionen und hat dementsprechend die gleichen Attribute.

Abb. 27 wird durch folgende Programmsequenz generiert:

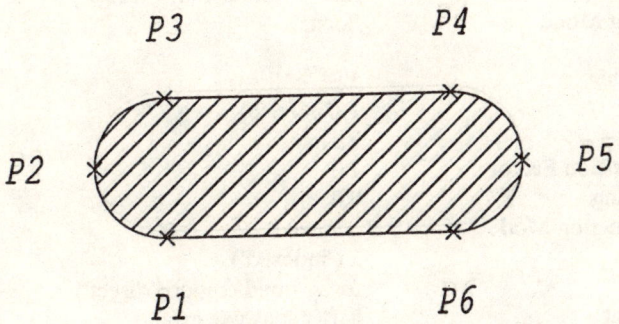

**Abb. II-27: Zusammengesetztes Füllgebiet**

```
EDGE VISIBILITY ('visible')
BEGIN FIGURE
        CIRCULAR ARC 3 POINT (P1, P2, P3)
        CONNECTING EGDE
        CIRCULAR ARC 3 POINT (P4, P5, P6)
        CONNECTING EGDE
END FIGURE
```

Kantenattribute können variiert werden, um die Darstellung der Kanten zu spezifizieren. Das Innere der einzelnen Gebiete wird durch den aus GKS bekannten Algorithmus bestimmt (siehe Abb. II-25).

### 6.2.12 Voreinstellungen

| | |
|---|---|
| Line Bundle Index | 1 |
| Line Type | 1, 'solid' |
| Line Width Specification Mode | 'scaled' |
| Line Width | 1.0 ('scaled') |
| | 0.001 * max. vdc extent ('VDC') |
| Line Colour Selection Mode | 'indexed' |
| Line Colour | 1 ('indexed') |
| | foreground colour ('direct') |
| Line Clipping Mode | 'locus' |
| | |
| Marker Bundle Index | 1 |
| Marker Type | 3, asterisk * |
| Marker Width Specification Mode | 'scaled' |
| Marker Size | 1.0 ('scaled') |
| | 0.01 * max vdc extent ('VDC') |
| Marker Colour Selection Mode | 'indexed' |
| Marker Colour | 1 ('indexed') |
| | foreground colour ('direct') |
| Marker Clipping Mode | 'locus' |
| | |
| Text Bundle Index | 1 |
| Text Font Index | 1 (ISO 646) |
| Text Precision | 'string' |
| Character Expansion Factor | 1.0 |
| Character Spacing | 0.0 |
| Text Colour Selection Mode | 'indexed' |
| Text Colour | 1 ('indexed') |
| | foreground colour ('direct') |
| Character Height | 0.01 * max vdc extent |
| Character Orientation | (0, 1; 1, 0) |
| Text Path | 'right' |
| Text Alignment | 'normal horizontal', 'normal vertical' |
|   continuous horizontal | 1.0 |

| | |
|---|---|
| continuous vertical | 1.0 |
| Character Set Index | 1 |
| Alternate Character Set Index | 1 |
| | |
| Fill Bundle Index | 1 |
| Interior Style | 'hollow' |
| Fill Colour Selection Mode | 'indexed' |
| Fill Colour | 1, ('indexed') |
| | foreground colour ('direct') |
| Hatch Index | 1 (horizontal equally spaced parallel lines) |
| Pattern Index | 1 |
| Fill Bitmap Identifier | 0 (mapped bitmap of one pixel having Mapped Bitmap Foreground Colour) |
| Fill Bitmap Region | 0 (mapped bitmap of one pixel having Mapped Bitmap Foreground Colour) |
| Fill Reference Point | (0, 0): lower left corner of default vdc extent |
| Pattern Orientation and Size | (0, vdcy, vdcx, 0) |
| | |
| Edge Bundle Index | 1 |
| Edge Visibility | 'off' |
| Edge Type | 1, 'solid' |
| Edge Width Specification Mode | 'scaled' |
| Edge Width | 1.0 ('scaled') |
| | 0.001 * max vdc extent ('VDC') |
| Edge Colour Selection Mode | 'indexed' |
| Edge Colour | 1 ('indexed') |
| | foreground colour ('direct') |
| Edge Clipping Mode | 'locus' |
| | |
| Pattern Table | 1: entry consisting of one solid coloured cell |
| Colour Table | 0: background colour, 1: foreground colour |
| Colour Selection Mode | 'indexed' |
| Auxiliary Colour | 0 ('indexed') |
| | background colour ('direct') |
| Aspect Source Flags | all individual |

## 6.3 Segmente

Die graphischen Primitive sowie die zusammengesetzten Primitive des CGI können in Segmenten zusammengefaßt werden. Damit wird wie in GKS die Möglichkeit geschaffen, Bildteile zu definieren, deren Objekte gemeinsam zusätzlichen Operationen unterzogen werden können. Segmente enthalten temporäre graphische Daten, die in einem **Segmentspeicher** während der Zeit ihrer Existenz gehalten und zur Bildregenerierung nach erfolgter Bildmodifikation verwendet werden. Segmente beinhalten die graphischen Primitive inklusive ihrer aktuellen individuellen Attribute (einschließlich

Pickerkennzeichnung) und zugeordneten Klipprechtecke und Klippanzeiger. CGI läßt demgegenüber ebenso die Bildgenerierung durch Primitive zu, die nicht in Segmenten enthalten sind (**non-retained data**). Diese Bilder gehen verloren, sobald der Bildschirm gelöscht wird, während die auf Basis von Segmenten definierten Bilder aus dem Segmentspeicher regeneriert werden können.

Segmente können transformiert werden, hervorgehoben werden, sich überlappen, ansprechbar oder nicht ansprechbar sein, gelöscht, umbenannt oder eingefügt werden. Alle graphischen Primitive in einem Segment werden von diesen Funktionen betroffen. Jedes Segment wird durch einen eindeutigen Segmentnamen (*segment identifier*) gekennzeichnet. Jedes graphische Primitiv innerhalb eines Segments hat ein dem Segment zugeordnetes Attribut Pickerkennzeichnung, wodurch eine zweite Stufe der Namensgebung eingeführt wird. Die mit der Funktion PICK IDENTIFIER spezifizierte Pickerkennzeichnung gilt solange, bis die Funktion erneut (mit neuer Kennzeichnung) aufgerufen wird. Diese Stufe ermöglicht eine weitere Unterscheidung bei der Pickereingabe. Während Segmentnamen eindeutig vergeben werden müssen, kann die gleiche Pickerkennzeichnung mehrfach vergeben werden.

Segmente werden mit der Funktion CREATE SEGMENT erzeugt. Die diesem Funktionsaufruf folgenden Primitive werden in dem Segment gespeichert. Beispiel:

```
COLOUR SPECIFICATION MODE (direct)
LINE COLOUR (0., 0., 1.)        {blau}
CREATE SEGMENT (name_1)
        CIRCULAR ARC CENTRE (p1, p2, p3,radius)   {blauer Bogen}
        LINE COLOUR (0., 1., 1.)        {gelb}
        POLYLINE (...){gelbe Linien}
CLOSE SEGMENT
DISJOINT POLYLINE (...)
        :
PICK IDENTIFIER (22)
LINE COLOUR (1., 0., 0.)        {rot}
REOPEN SEGMENT (name_1)
        CIRC. ARC CENTRE REV. (p1,p2,p3,radius)     {roter Bogen}
CLOSE SEGMENT
POLYLINE (...){rote Linien}
```

Die Funktion CLOSE SEGMENT schließt die Segmentdefinition ab. Segmente können allerdings mit der Funktion REOPEN SEGMENT wiedergeöffnet werden und es können weitere Primitive dem Segment angefügt werden. Dies stellt eine Erweiterung der Segmentfunktionalität des GKS dar. Primitive werden sequentiell im Segment gespeichert, hinzugefügte Primitive werden am Ende angefügt. Primitive, die bereits in einem Segment gespeichert sind, können nicht modifiziert, weder gelöscht noch geändert werden. Bei dem Hinzufügen von Primitiven werden die dann aktuellen Primitivattribute aus den betreffenden Zustandslisten verwendet. Im obigen Beispiel wird u.a. ein blau-roter Kreis erzeugt.

Der Segmentname zur Identifikation des Segments kann frei von der Anwendung gewählt werden oder es können Namen, die die CGI-Implementierung vorschlägt (GET NEW SEGMENT IDENTIFIER), benutzt werden. Weitere Funktionen zur Segmentmanipulation sind

• das Umbenennen eines Segments     (RENAME SEGMENT),

• das Löschen eines Segments     (DELETE SEGMENT).

Die beiden Funktionen DELETE ALL SEGMENTS und DRAW ALL SEG-MENTS werden auf alle im Segmentspeicher definierten Segmente angewendet. Die Funktion zum Löschen eines Segments kann eine implizite Regenerierung des Bildes bzw. von Bildteilen bewirken, wenn das zu löschende Segment andere Segmente verdeckt hat.

### 6.3.1 Segmentattribute

Segmentattribute steuern wie in GKS die Darstellung des gesamten Segments und die Priorität für die Picker-Eingabe. Wird ein Segment geöffnet, so werden zunächst die voreingestellten Segmentattribute zugeordnet. Diese können geändert werden solange das Segment existiert, nachdem es also geöffnet wurde und bis zum Löschvorgang. Jedem Segment ist ein eigener Attributsatz zugeordnet. Dieser wird in der **Segmentzustandsliste** gespeichert und wird durch die folgenden Funktionen bestimmt:

SEGMENT HIGHLIGHTING: **Hervorheben** des Segments (durch Blinken u.ä.).

SEGMENT VISIBILITY: **Sichtbarkeit** des gesamten Segments.

SEGMENT DETECTABILITY: **Ansprechbarkeit** des Segments mit einem Picker-Eingabegerät. Dieses Segmentattribut hat keinen Einfluß auf die Ausgabe oder das Erscheinungsbild des Segments. Ein Segment kann nur dann durch Picker-Eingabe identifiziert werden, wenn es sichtbar ('visible') und ansprechbar ('detectable') ist.

SEGMENT DISPLAY PRIORITY: **Darstellungspriorität** legt bei sich überlagernden Segmenten die Anordnung der Darstellung fest, und zwar so, daß das höchstpriorisierte Segment zuletzt generiert wird und damit nicht durch andere Segmente verdeckt wird. Überlappende Segmente mit gleicher Darstellungspriorität werden bzgl. ihrer Generierungszeit dargestellt, d.h. das aktuellste Segment überlappt vorher generierte Segmente. Die Reihenfolge der Darstellung von sich überlappenden Segmenten wird daher von einer effektiven Darstellungspriorität (Darstellungspriorität und Generierungszeit) bestimmt. Die effektive Darstellungspriorität eines Segments kann sich dann ändern, wenn das Segment nochmals geöffnet wird. Wie sich ein Gerät in diesem Fall verhält ('time order', 'time order - reopen', 'others') ist in der Segmentbeschreibungstabelle gespeichert.

SEGMENT PICK PRIORITY: **Picker-Priorität**, die im Falle sich überlagernder Segmente definiert, welches durch die Picker-Eingabe identifiziert wird. Haben identifizierte Segmente gleich hohe Picker-Priorität, so wird das Segment mit höherer Darstellungspriorität ausgewählt.

SEGMENT TRANSFORMATION: Die **Segmenttransformation** definiert i.a. eine Verschiebung (Translation), Skalierung (Größenänderung) und Drehung (Rotation) innerhalb des VDC-Systems und wird auf alle Primitive innerhalb des Segments angewendet, bevor das Klippen stattfindet. Sie ist gekennzeichnet durch einen Segmentnamen und eine Transformationsmatrix. Die Transformationsmatrix ist eine (2x3)-Matrix, die aus einer (2x2)-Matrix für Skalierung und Drehung (M11,M12,M21,M22) und einem (2x1)-Verschiebungsvektor (M13,M23) besteht.

$$\begin{vmatrix} x' \\ \\ y' \end{vmatrix} = \begin{vmatrix} M11 & M12 & M13 \\ \\ M21 & M22 & M23 \end{vmatrix} \quad X \quad \begin{vmatrix} x \\ y \\ 1 \end{vmatrix}$$

Die Segmenttransformation bezieht sich auf die Referenzpunkte der Primitive, ihre Koordinatenparameter, sowie auf einzelne in VDC spezifizierte Attribute (z.B. Pattern Size, Character Orientation, Character Height, Marker Size). Die Folge der verschiedenen Transformationen in der CGI-Objekt-Pipeline beginnt mit einer optionalen **Kopiertransformation**, bevor die Segmenttransformation ausgeführt wird. Anschließend findet das Klippen an dem Klipprechteck statt, und schließlich wird die Gerätetransformation (VDC-to-Device-Mapping) durchgeführt. Transformationen werden nicht akkumuliert, jede folgende Transformationsmatrix ersetzt die vorhergehende.

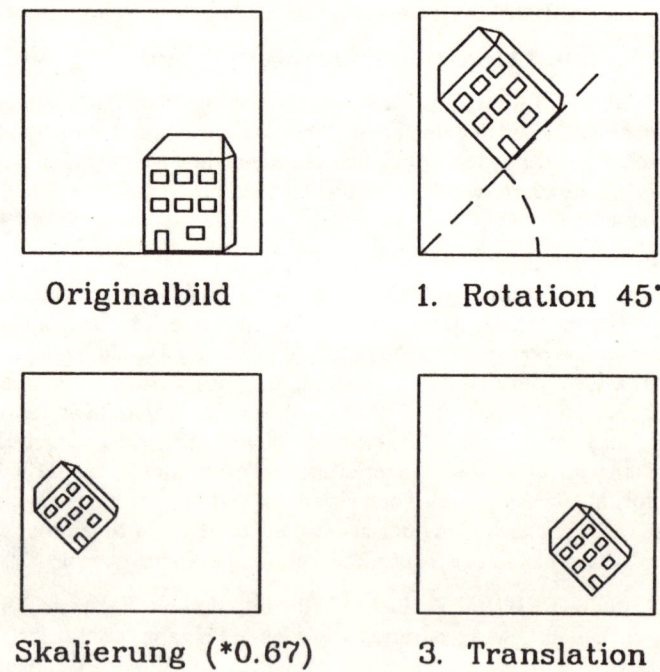

Originalbild        1. Rotation 45°

2. Skalierung (*0.67)    3. Translation

Abb. II-28: Rotation, Skalierung und Translation eines Segments

**Bemerkung:** Da sich die Segmenttransformation nur auf die Referenzpunkte der Primitive bezieht, ist zu beachten, daß ein Rechteck innerhalb eines Segments nicht rotiert wird, sondern sich nur das Seitenverhältnis ändert.

Diese Attribute sind an das Segment, nicht an den Segmentnamen gebunden, d.h. sie ändern sich nicht durch Umbenennen des Segments.

Interaktives Identifizieren (*picking*) von Segmenten ist ein Eingabemechanismus. Um Segmente ohne interaktive Eingabemöglichkeit identifizieren zu können legt CGI eine Funktion zur Simulation der Picker-Eingabe fest. SIMULATE PICK erhält als Parameter eine Position in VDC. Die CGI-Implementierung liefert eine Liste von Segmentnamen und Pickerkennzeichen von den Segmenten, die sichtbar und ansprechbar sind, und wo die Picker-Eingabe-Position ein Primitiv, daß zu einem Segment gehört, schneidet. Treffen diese Bedingungen auf mehrere Segmente zu, so wird das Segment ausgewählt, das höchste Pickerpriorität besitzt, oder bei gleicher Picker-Priorität, höchste Darstellungspriorität hat.

### 6.3.2 Segment Regenerierung

Ein durch einen Computer erzeugtes Bild wird beschrieben durch Segmente und deren dazugehörigen Attribute aus Zustandslisten und Bündeltabellen. Durch Modifikation von Segmentattributen, der Gerätetransformation, der Bündelattribute oder der Farbe (Hintergrundfarbe, Farbtabelle) wird ein Aktualisieren des Bildes notwendig. Auch das Erzeugen eines neuen Segments und das Löschen eines bereits vorhandenen Segments fordern Bildaktualisierung. Oft wird die Aktualisierung (üblicherweise ein erneutes Zeichnen aller bereits gespeicherter Segmente) wegen Anforderungen an das Leistungsverhalten (*performance*) verzögert. Ein Eintrag in der Segmentzustandsliste gibt Auskunft darüber, ob Aktualisieren notwendig ist (*regeneration pending*), d.h. ob der Inhalt des Segmentspeichers mit der aktuellen Ausgabe übereinstimmt oder nicht.

Abhängig von den Gerätefähigkeiten wird unterschieden, ob das Gerät selbst die geänderten Größen angleichen kann (z.B. eine dynamische Farbtabelle), oder ob dazu eine implizite Regenerierung erforderlich ist. Letztere bedeutet immer das Löschen der Ausgabefläche des Gerätes und ein erneutes Darstellen des Bildes aus dem Segmentspeicher und entspricht damit der Funktionsfolge PREPARE DRAWING SURFACE und DRAW ALL SEGMENTS.

Die **implizite Segment-Regenerierung** kann von der Anwendung mittels der Funktion IMPLICIT SEGMENT REGENRATION MODE eingestellt werden:

- Sie kann unterdrückt werden ('suppressed') und damit unterliegt es der Kontrolle des Anwendungsprogramms, wann Regenerierungen (explizit) durchgeführt werden. Dies ist immer dann sinnvoll, wenn zunächst eine Reihe von Attributen geändert werden sollen, bevor das Bild neu dargestellt wird. Führt das Gerät diese Änderungen sofort durch, so können sie nicht unterdrückt werden.

- Sie kann zugelassen sein ('allowed') und damit stellt CGI sicher, daß bei jeder Bildänderung, die nicht direkt vom Gerät nachvollzogen werden kann, das Bild aus dem Segmentspeicher heraus regeneriert wird.

- Sie kann auf eine schnelle Bildaktualisierung ('uqum', use quick update method) beschränkt sein. Darunter versteht man die nicht vollständige Bildregenerierung, aber die geeignete Darstellung der geänderten Größen mit Tolerieren von Fehlern im Gesamtbild. Diese schnelle Bildaktualisierung wurde eingeführt, um in interaktiven Anwendungen die Geschwindigkeit der exakten und zum Teil langsamen Darstellungstreue vorzuziehen. Das sogenannte selektive Löschen (**selective erase**) zählt zu diesen schnellen Bildaktualisierungstechniken. Bei diesem Verfahren wird ein Segment dadurch gelöscht, daß es in einem anderen Schreibmodus erneut generiert wird und die resultierende Farbe (bei nicht überlappenden Segmenten) identisch mit der Hintergrundfarbe ist, das Segment folglich auf dem Gerät nicht mehr sichtbar ist. Überlappen sich die Segmente, so kann dies zu Fehlern in der Darstellung führen, die bei Wahl des 'uqum'-Modus in Kauf genommen werden müssen.

Die Funktion DRAW ALL SEGMENTS erzwingt das Neuzeichnen aller Segmente (*explicit regeneration*). Die Funktion RESET REGENERATION PENDING setzt den Eintrag *Neuzeichnen notwendig* in der Segmentzustandsliste zurück.

### 6.3.3 Kopieren von Segmenten

Die Funktion COPY SEGMENT führt in CGI die Funktionalität der unbegrenzten Wiederverwendbarkeit von einmal definierten Segmenten ein, die in GKS mit der Funktion des WISS (*workstation independent segment storage*) möglich ist.

Diese Funktion kopiert die graphischen Objekte eines Segments in die CGI-Objekt-Pipeline und bewirkt, daß zusätzlich eine **Kopiertransformation** ausgeführt wird. Diese Kopiertransformation, durch eine 2x3-Matrix spezifiziert, führt eine Transformation - ähnlich der Segmenttransformation - von VDC nach VDC durch. Der Einsatz dieser Kopiertransformation ist optional, ein Funktionsparameter steuert, ob die in der Funktion COPY SEGMENT definierte Kopiertransformation eingesetzt wird oder nicht. Diese Transformation kann dazu benutzt werden, beim Einfügen von Segmentinhalten in neue Segmente eine relative Positionierung bzw. Skalierung durchzuführen.

Bei diesem Kopiervorgang können die individuellen Attribute der jeweiligen Primitive vom Segment übernommen werden oder sie können durch die aktuellen individuellen Attribute der Zustandslisten ersetzt werden. Der **Vererbungsfilter** gibt eine dieser Alternativen für jedes individuelle Primitivattribut an. In Verbindung mit den Funktionen zum schnellen Attributwechsel SAVE & RESTORE PRIMITIVE ATTRIBUTES kann dieser Vererbungsfilter mit der Funktion INHERITANCE FILTER sehr bequem eingesetzt werden, um bereits definierte Bilder mit geänderten Attributen darzustellen, mit der Absicht, gewisse Besonderheiten in dem Bild zu betonen.

An jedes Primitiv wird zur Generierungszeit das aktuelle Klipprechteck gebunden (siehe Kap. II.6.2.3). Theoretisch kann so jedem Primitv ein unterschiedliches Klipprechteck angebunden sein. Mit der Funktion CLIPPING INHERITANCE kann definiert werden, ob dieses individuelle Klipprechteck beim Kopieren des Segments ignoriert wird oder ob es zusammen mit dem aktuellen Klipprechteck zu einem "Klippbereich" zusammengesetzt und ausgewertet wird. Vorausgesetzt der Klippanzeiger steht auf 'on'. Da das individuelle Klipprechteck an das Primitiv gebunden ist wird es auch transformiert (Kopiertransformation). Somit muß der entstandene "Klippbereich" nicht unbedingt rechteckig und achsenparallel sein.

Beispiel der Funktion COPY SEGMENT:

```
FILL COLOUR (gelb)
CREATE SEGMENT (1)
        FILL TYPE (voll)
        CIRCLE          {gelbe Scheibe}
CLOSE SEGMENT
FILL COLOUR (grün)
FILL TYPE (schraffiert)
CREATE SEGMENT (2)
        CIRCLE          {grün schraffierte Scheibe}
        COPY SEGMENT (1,transf,'no')

        {Kopieren von Segment (1) erzeugt eine gelbe Scheibe,
        solange der inheritance filter nicht geändert wurde.}

CLOSE SEGMENT
```

Beispiel der Funktion COPY SEGMENT mit der Funktion INHERITANCE FIL-TER:

```
INHERITANCE FILTER (polygon_attributes, 'state list')
FILL COLOUR (gelb)
CREATE SEGMENT (1)
        FILL TYPE ('solid')
        CIRCLE          {gelbe Scheibe}
CLOSE SEGMENT
FILL COLOUR (grün)
FILL TYPE ('hatch')
CIRCLE          {grün schraffierte Scheibe}
COPY SEGMENT (1,transf,'no')

        {Da der inheritance filter aus der Zustandsliste wählt
        wird eine grün schraffierte Scheibe gezeichnet.}

CREATE SEGMENT (2)
        CIRCLE          {grün schraffierte Scheibe}
        COPY SEGMENT (1,transf,'no')

        {Auch hier wird eine grün schraffierte Scheibe
        gezeichnet.}

CLOSE SEGMENT
```

Falls kein Segment offen ist, zählen alle Primitive des kopierten Segments zu den Primitiven außerhalb von Segmenten (*non-retained data*). Diese Primitive gehen bei einem Neuzeichnen aller Segmente aus dem Segmentspeicher (implizite oder explizite Regenerierung) verloren.

### 6.3.4 Überlauf des Segmentspeichers

Alle Segmente werden im Segmentspeicher abgelegt. Dieser hat in gerätenahen CGI-Realisierungen eine begrenzte Kapazität. Für den Fall des Überlaufs ist eine Fehlerreaktion festgelegt. Alle graphischen Objekte, die vor dem fehlerverursachenden Objekt generiert wurden, werden in dem Segment gespeichert. Das fehlerverursachende und alle nachfolgenden Objekte werden nicht mehr in dem Segment gespeichert. Diese Objekte werden zudem nicht generiert. Die Funktion CLOSE SEGMENT wird ausgeführt und das Segment damit abgeschlossen. Ein Fehler der Klasse 6 (siehe Kap. II.3.7) wird gemeldet.

Tritt der Überlauf bereits während der Ausführung der Funktion CREATE SEGMENT auf, so wird diese Funktion ignoriert.

### 6.3.5 Voreinstellungen

| | |
|---|---|
| Segment Open State | 'no' |
| Pick Identifier | 0 |
| Implicit Seg. Regeneration Mode | 'suppressed' |
| Regeneration Pending | 'no' |
| Inheritance Filter | 'segment' |
| Clip Inheritance Filter | 'state list' |
| Segment Identifier | {empty} |
| Segment Transformation Matrix | identity |
| Visibility | 'visible' |
| Highlighting | 'normal' |
| Display Priority | 0 (lowest) |
| Detectability | 'undetectable' |
| Pick Priority | 0 (lowest) |

## 6.4 Graphische Eingabe und Echos

Der Teil 5 des CGI spezifiziert Funktionen zur Eingabe graphischer und nicht-graphischer Daten durch den Bediener. Diese Eingabefunktionen beziehen sich im wesentlichen auf CGI-Geräte mit physikalischer Eingabefunktionalität und Geräte zur Darstellung von Echos. CGI verfolgt ähnlich wie GKS das Modell der **logischen Eingabegeräte** als Abstraktion physikalischer Geräte, die in unterschiedlichen **Eingabemodi (Betriebsarten)** eingesetzt werden können. CGI legt wie GKS die folgenden Eingabemodi fest

- REQUEST (**Anforderung**), d.h das Gerät wartet bis der Bediener die Eingabe vorgenommen oder abgebrochen hat.

- SAMPLE (**Abfrage**), d.h. das Gerät gibt den aktuellen logischen Eingabewert des angegebenen logischen Eingabegerätes zurück, ohne auf eine Bedieneraktion zu warten.

- EVENT (**Ereignis**), d.h. es wird eine Ereigniswarteschlange verwaltet, die die Ereignisberichte in zeitlicher Reihenfolge enthält. Ereignisse werden asynchron zur Anwendung und nur durch eine Bedieneraktion an einem Eingabegerät erzeugt.

Darüber hinaus wird zusätzlich der Modus

- ECHO REQUEST (**Echo Anforderung**) definiert, der eine Anforderungs-Eingabe durchführt, bei der das Echo des **Maßwertes** auf einem separaten Ausgabearbeitsplatz dargestellt wird.

### 6.4.1 Eingabeklassen und logische Eingabegeräte

An logischen Eingabegeräten unterscheidet CGI die bereits aus GKS bekannten Klassen (**input class**):

- LOCATOR (**Lokalisierer**), zur Eingabe eines VDC-Punktes (z.B. Maus oder Digitalisierer).

- STROKE (**Liniengeber**), um eine Folge von VDC-Punkten einzugeben (z.B. Tablett).

- VALUATOR (**Wertgeber**), zur Eingabe eines Wertes aus einem definierten Wertebereich (z.B. Potentiometer).

- PICK (**Picker**), zum Picken eines Segmentes (z.B. Maus oder Lichtgriffel).

- CHOICE (**Auswähler**), um eine Auswahl aus einer gegebenen Anzahl von Alternativen durchzuführen (z.B. Menü).

- STRING (**Textgeber**), zur Eingabe einer Zeichenfolge (z.B. Tastatur).

Weiterhin führt CGI zwei Eingabeklassen ein, die sich zur Sprach- und Bildeingabe eignen:

- GENERAL (**Verallgemeinertes Eingabegerät, "Allesgeber"**), diese verallgemeinerte Eingabeklasse liefert einen Datensatz zurück, in dem die Eingabewerte enthalten sind. Ein Beispiel für ein Eingabegerät dieser Klasse ist die Spracheingabe.

- RASTER (**Pixelgeber**), diese Eingabeklasse liefert ein Pixel Array zurück, das von einem Eingabegerät außerhalb der CGI-Implementierung geliefert werden kann (z.B. Scanner, Videokamera, Telefaxgeräte). Entsprechend der Farbdefinition (indiziert oder direkt) werden die Pixelwerte interpretiert.

CGI-Geräte der Kategorie INPUT oder OUTIN besitzen ein oder mehrere logische Eingabegeräte, die jeweils durch ein physikalisches Eingabegerät realisiert werden. Dabei können durchaus mehrere logische Eingabegeräte auf das gleiche physikalische Eingabegerät abgebildet werden. Jedes logische Eingabegerät liefert einen logischen Eingabewert (z.B. VDC-Position, Auswahl, Segmentnamen und Pickerkennzeichen) zurück. Jedes logische Eingabegerät ist eindeutig durch die Bezeichnung der Eingabeklasse und der Eingabegerätenummer (*logical input device index number*) identifizierbar.

Logische Eingabegeräte besitzen zu jedem Zeitpunkt, nachdem die CGI-Implementierung initialisiert ist, einen eindeutigen Zustand. Dieses Zustandsmodell definiert die Ausführbarkeit einzelner CGI-Funktionen in den jeweiligen Zuständen und damit implizit, welche Eingaben zu einem Zeitpunkt von einem logischen Gerät getätigt werden können. Jedes Eingabegerät befindet sich per Voreinstellung in dem Zustand 'released', in dem keine Eingabe angefordert werden kann. In diesem Zustand kann jedes logische Eingabegerät bezüglich der ihm zugeordneten **Auslöser (trigger)** konfiguriert werden. Diese Zuordnung hat für die nachfolgenden graphischen Eingaben Gültigkeit und kann vom Benutzer bedient werden.

Bevor weitere Funktionen auf ein Eingabegerät ausgeführt werden können, muß dies (anders als in GKS) initialisiert werden (INITIALIZE LOGICAL INPUT DEVICE). Damit geht das Eingabegerät in den Zustand 'ready' über. In diesem Zustand kann das Gerät auf verschiedene Weise für die folgende Benutzung eingestellt werden. Diese Initialisierungsfunktion kann jederzeit verwendet werden, um ein logisches Eingabegerät in den Initialzustand 'ready' zu versetzen. Dabei werden unter Umständen aktive Eingaben abgebrochen. Die Funktion RELEASE LOGICAL INPUT DEVICE setzt das Gerät zurück in den Zustand 'released', in dem das Gerät keinen **Maßwert** besitzt.

Zustandsübergänge von 'ready' zu den verschiedenen 'active'-Zuständen werden durch die Eingabemodi bestimmt und können den folgenden Zustandsdiagrammen entnommen werden (Abb. II-29 und II-30). Die **Zustandslisten** eines jeden Eingabegerätes können modifiziert werden, sobald das Gerät den 'ready'-Zustand eingenommen hat. Sie werden beim Übergang nach 'active' ausgewertet. Wird die Zustandsliste im Zustand 'active' modifiziert, so wird der damit spezifizierte Effekt solange verzögert, bis das Gerät eine Zustandsänderung nach 'active' durchführt.

### 6.4.2 Maßwerte und Auslöser

Der **Maßwert** eines logischen Eingabegerätes besteht aus dem eigentlichen Wert des logischen Eingabegerätes und einer **Gültigkeitskennung (validity status)**, die aussagt, ob der aktuelle Maßwert innerhalb des erlaubten Wertebereichs liegt. Die Maßwerte der einzelnen Eingabeklassen sind:

CHOICE:
eine **Festpunktzahl** i aus einem diskreten Wertebereich zur Spezifikation einer Alternative $i \in \{1, 2, .. , n\}$. Für $i > n$ oder $i < 1$ ist die Gültigkeitskennung auf den Wert 'invalid' gesetzt, anderenfalls ist der Maßwert gültig ('valid');

GENERAL:
ein **Datensatz** (*data record*), der eine Vielzahl unterschiedlicher Daten enthalten kann. Das Format wird durch eine Formatkennung spezifiziert. Eine positive Kennung ist für die Registrierung /GöMe-89/ reserviert und eine negative Kennung zeigt ein implementierungsabhängiges Format an;

LOCATOR:
eine **Position** in VDC, die dann gültig ist, wenn sie innerhalb des Eingabebereichs (*input extent*) liegt, die von der Anwendung gewählt werden kann;

PICK:
eine oder mehrere **Segmentstrukturen**, die je aus einem Segmentnamen und einem Pickerkennzeichen bestehen. Der Maßwert ist gültig, falls

- die Pickposition (in VDC-Koordinaten) innerhalb des VDC-Extent liegt,
- das Segment vorhanden, sichtbar und ansprechbar ist,

- die Pickposition innerhalb eines Darstellungselementes, das zu dem Segment gehört, liegt,
- das gepickte Darstellungselement nicht weggeklippt ist (falls Klippen aktiviert ist!).

Treffen alle Bedingungen auf mehrere Darstellungselemente zu, entscheidet die Pickpriorität, oder falls diese auch übereinstimmt, die Darstellungspriorität, welcher Wert oder welche Werte, zurückgeliefert werden.

RASTER:  ein rechteckiges **Pixel Array** einschließlich der Dimensionierung in x- und y-Richtung;

STRING:  eine **Zeichenfolge**, deren maximale Länge durch eine entsprechende Pufferlänge (*buffer size*) begrenzt ist;

STROKE:  eine Folge von Positionen in VDC. Der Maßwert ist ungültig, sobald eine Position außerhalb des Eingabebereichs (*input extent*) liegt;

VALUATOR: eine Gleitkommazahl innerhalb eines vordefinierten Wertebereichs. Liegt der Maßwert außerhalb, so ist die Gültigkeitskennung 'invalid'.

Der Wertebereich für die jeweiligen Maßwerte kann mit der Funktion < input class > DEVICE DATA geändert werden. Die Einträge befinden sich in der Zustandsliste des betreffenden logischen Eingabegerätes (**logical input device state list**). Diese enthält, abhängig von der Eingabeklasse, die Spezifikation des Wertebereichs für Maßwerte, z.B. den Eingabebereich für Lokalisierer und Liniengeber oder die maximale Anzahl der Zeichen für den Textgeber.

Mit der Funktion PUT CURRENT < input class > MEASURE kann der aktuelle Maßwert des Eingabegerätes auf einen bestimmten Wert gesetzt werden. Beispielsweise kann mit dieser Funktion bei der LOCATOR-Eingabe die Echoposition auf einen Anfangswert gesetzt werden. Neben dem Geräteindex und dem Maßwert als Eingabeparameter kann zusätzlich die Gültigkeitskennung *gültig* oder *ungültig* gesetzt werden. Wird die Gültigkeitskennung auf *ungültig* gesetzt, kann so herausgefunden werden, ob ein Bediener Eingabe getätigt hat oder nicht. Denn die Gültigkeitskennung wird erst dann wieder auf *gültig* gesetzt, sobald eine gültige Eingabe erfolgt ist.

Für Request-, Echo Request- und Event-Eingaben wird mit der Funktion ASSOCIATE TRIGGERS einem logischen Eingabegerät ein oder mehrere **Auslöser** zugeordnet. Die Zustandsliste jedes Eingabegerätes führt eine Liste aller zugeordneten Auslöser. Durch Auslösen eines dieser Auslöser wird vom Bediener ein signifikanter Zeitpunkt markiert, zu dem der aktuelle **Maßwert** als **Eingabewert** übernommen werden soll. CGI liefert zudem die **Auslöserkennung** zurück, womit die CGI-Anwendung diese Eingabe differenziert auswerten kann. Auslöser können Tasten an einer Maus sein oder ein Schalter am Joystick.

*6.4.3 Echoing, Prompting & Acknowledgement*

Drei Mechanismen sind in CGI zur Steuerung der Interaktion zwischen Bediener und dem Gerät verfügbar:

• **Prompting** als **Aufforderung** an den Benutzer, ein Eingabegerät zu bedienen,

- **Echo** zur Anzeige des aktuellen Maßwertes und

- **Acknowledgement (Quittung)** zur Bestätigung einer erfolgreichen Eingabe.

CGI erlaubt es, diese Mechanismen separat ein- bzw. auszuschalten, und hat damit gegenüber GKS eine höhere Flexibilität. ECHO CONTROLS legt jeweils fest, ob bei Verwendung des Gerätes die **Echoausgabe**, die Aufforderung (*prompting*) und die Quittung (*acknowledgement*) erfolgt oder nicht. Die jeweiligen Ausprägungen, die Echoart, die Aufforderungsart und die Quittungsart werden mit der Funktion ECHO DATA dem Eingabegerät zugeordnet.

Während die Echoarten abhängig von der Eingabeklasse sind und weitgehend den in GKS definierten Echoarten entsprechen, z.B. für Lokalisierer:

| Echoarten | | |
|---|---|---|
| Lokalisierer | 1: | implementierungsabhängig, |
| | 2: | Fadenkreuz (*crosshair*), |
| | 3: | Spurkreuz (*tracking cross*), |
| | 4: | Gummiband (*rubber band line*), |
| | 5: | Gummiband-Rechteck (*rubber band rectangle*), |
| | 6: | Digitalanzeige (*digital representation*), |

werden Aufforderungsarten und Quittungsarten einheitlich für alle Eingabeklassen festgelegt:

| Aufforderungsarten | 1: | implementierungsabhängig, |
|---|---|---|
| | 2: | akustisches Signal, |
| | 3: | Promptanzeige des Gerätes (z.B. Lampen), |
| | 4: | Ausgabe einer Nachricht. |

| Quittungsarten | 1: | implementierungsabhängig, |
|---|---|---|
| | 2: | akustisches Signal, |
| | 3: | Ausgabe einer Nachricht. |

### 6.4.4 Timeout

Für die Fälle, wo eine Funktion auf Eingabe durch den Bediener wartet, "steht" die Anwendung solange, bis tatsächlich Eingabe getätigt wird. Um solche Situationen zu kontrollieren kann bei einigen Funktionen eine entsprechende Wartezeit in Sekunden (*timeout*) vorgeschrieben werden, nach der die Funktion eine entsprechende Nachricht (*timeout occured*) an die Anwendung liefert. Dabei sollte die Wartezeit sinnvoll bestimmt werden. Keine Wartezeit (Null-Wartezeit) bei der Funktion AWAIT EVENT fragt die Warteschlange ab, ob ein Eintrag vorliegt. Trifft dies zu, wird der Eintrag zurückgeliefert, andernfalls wird "keine Eingabe" gemeldet. Es wird also nicht auf eine Eingabe durch den Benutzer gewartet.

Negative Wartezeit spezifiziert ewiges Warten (*wait forever*), d.h. es wird solange gewartet, bis eine Eingabe erfolgt.

### 6.4.5 Request-Eingabe

Die Funktion REQUEST <input class> setzt das Eingabegerät aktiv und fordert
eine Bedienereingabe an. Die Eingabefunktion wird abgeschlossen und die Kontrolle
der CGI-Anwendung zurückgegeben, wenn

- ein zugeordneter Auslöser vom Bediener betätigt wurde und damit eine Eingabe
  vollzogen wurde;

- eine **Unterbrechung** ('break action') durch den Bediener erfolgte. In diesem Fall
  ist kein Maßwert definiert;

- ein mit der Funktion angegebenes Zeitintervall abgelaufen ist ('timeout') und
  während dieser Zeit weder ein Auslöser betätigt noch eine Unterbrechung ausgeführt wurde.

### 6.4.6 Sample-Eingabe

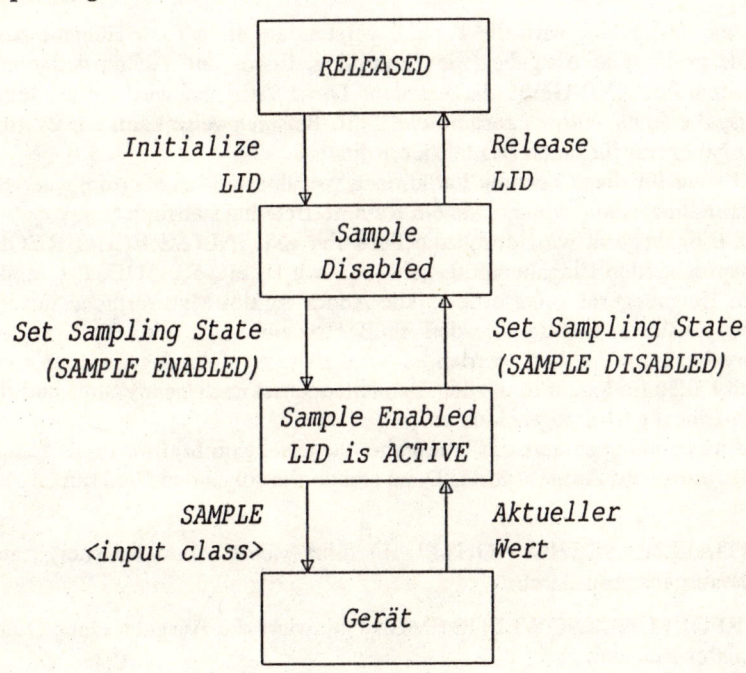

Abb. II-29: Zustandsdiagramm der Sample-Eingabe

Die Sample-Eingabe, die **Abfrage** des aktuellen Maßwertes eines logischen Eingabe-gerätes, erfordert, daß das betreffende Gerät von dem Zustand '(sample) ready', in dem es sich nach erfolgter Initialisierung befindet, mit der Funktion SAMPLING STATE in den Zustand '**sample enabled**' gesetzt wird und damit in diesem Modus aktiv ist. Das Prompting wird dann unmittelbar durchgeführt und der Bediener kann den Maßwert verändern. Die Funktion SAMPLE < input class > liefert unmittelbar den aktuellen Maßwert zurück. Dieser Modus kann gleichzeitig mit dem **Ereignismo-dus** und dem **Echo-Request-Modus** aktiv sein, d.h. während der Bediener Ereignisse generiert, kann mit der Funktion SAMPLE < input class > zwischenzeitlich der Maßwert abgefragt werden. Sample-Eingabe ist auch möglich, wenn kein Auslöser dem logischen Eingabegerät zugeordnet ist. Das Eingabegerät wird auch durch die Funktion SAMPLING STATE deaktiviert ('sample disabled'), womit das Echo ge-löscht wird.

### 6.4.7 Remote Echoing

Unter **Remote-Echoing** wird die Technik verstanden, die mit der Eingabe zusammen-hängende graphische Ausgabe (wie Prompting, Echos und Acknowledgements) auf einem separaten CGI-Gerät darzustellen. Diese Ausgabe wird unter dem Begriff **Echoausgabe (echo output)** zusammengefaßt. Beispielsweise kann ein Bildschirm als Echoausgabegerät für einen Digitalisierer dienen.

CGI sieht für diese Technik Funktionen vor, überläßt es allerdings der Kontrolle der Anwendung, wann, wo und wie ein Remote-Echoing stattfindet.

Das Eingabegerät wird durch die Funktion INITIALIZE ECHO REQUEST in den entsprechenden Eingabemodus gebracht. Mit ECHO REQUEST < input class > wird das Eingabegerät aufgefordert, jede Änderung des Maßwertes anzuzeigen ohne daß ein Auslöser betätigt werden muß. Ist zusätzlich ein Auslöser oder der **Unterbrecherknopf** betätigt worden, so wird dies ebenfalls angezeigt. In den beiden letzteren Fällen findet ein impliziter Zustandswechsel nach '**ready**' statt und die Echo-Request-Eingabe wird abgeschlossen.

Die Anwendung steuert die Übergabe der jeweiligen Maßwerte als Echoausgabe an das zugeordnete Ausgabegerät. Dazu stehen die folgenden Funktionen zur Verfü-gung:

• INITIALIZE ECHO OUTPUT führt eine Initialisierung auf dem Echoausgabegerät durch.

• PERFORM ACKNOWLEDGEMENT aktiviert die Ausgabe einer Quittung bei erfolgter Eingabe.

• ECHO OUTPUT CONTROLS definiert, ob PROMPT und ECHO sichtbar dar-gestellt werden oder nicht.

• ECHO OUTPUT DATA stellt die Echoart, die Aufforderungsart und die Quittungsart ein.

• UPDATE < input class > ECHO OUTPUT übermittelt einen neuen Echowert dem Echoausgabegerät, das diesen in die **Echoausgabezustandsliste** übernimmt.

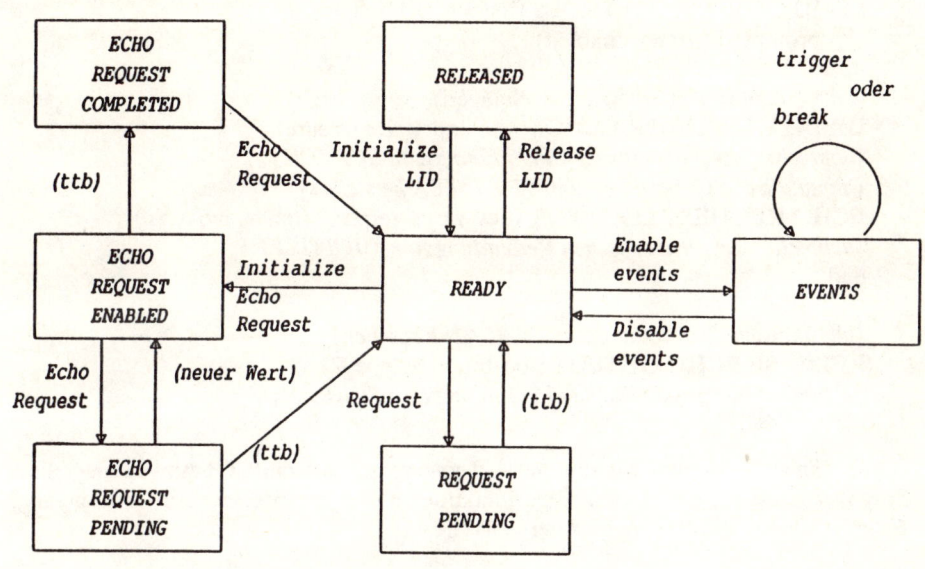

tt = trigger, timeout oder break

Abb. II-30: Zustandsdiagramm der Echo-Request-Eingabe

Wenn das Echo sichtbar dargestellt wird, erfolgt das Löschen des bisherigen Echos von der Darstellungsfläche und es wird ein neues Echo mit dem übermittelten Echowert dargestellt.

- **RELEASE ECHO OUTPUT** deallokiert das Echoausgabegerät und setzt den Zustand auf 'ready' zurück.

Eine typische Programmfolge einer CGI-Anwendung zur Durchführung des Remote-Echoings folgt als Beispiel. Dabei wird eine Lokalisierereingabe mit einem Digitalisierer durchgeführt. Das Echo soll auf einem Bildschirm in der Echoart 2 (Fadenkreuz) dargestellt werden:

{*physikalische Verbindung zum DIGITIZER herstellen*}
INITIALIZE ECHO REQUEST (locator, dev_nb_1, timeout)
ECHO REQUEST LOCATOR (dev_nb_1, request_stat, ..., measure)
{*abbrechen der physikalischen Verbindung zum DIGITIZER*}

{*physikalische Verbindung zum SCREEN herstellen*}
INITIALIZE ECHO OUTPUT (locator, echo_index_1, measure, ...,

```
                    ..., echo type_2)
         ECHO OUTPUT CONTROLS (locator, echo_index_1,
            prompt_off, echo_enabled)

         while (request_stat = measure_changed)
         UPDATE LOCATOR ECHO (echo_index_1, measure)
```
*{abbrechen der physikalischen Verbindung zum SCREEN}*
*{physikalische Verbindung zum DIGITIZER herstellen}*
ECHO REQUEST LOCATOR (dev_nb_1, request_stat, ..., measure)
*{abbrechen der physikalischen Verbindung zum DIGITIZER}*
end

*{physikalische Verbindung zum SCREEN herstellen}*
RELEASE ECHO OUTPUT (locator, echotype_2)
*{abbrechen der physikalischen Verbindung zum SCREEN}*
:

In den geschweiften Klammern wird angezeigt, daß die CGI-Anwendung dafür Sorge tragen muß, daß die jeweilige Funktion zu dem entsprechenden Gerät gelangt. Es erfolgt **keine** Geräteadressierung in CGI.

### 6.4.8 Event-Eingabe

Im **Ereignismodus** erfolgt die graphische Eingabe durch den Benutzer asynchron zur Anwendung, d.h. während die Anwendung Ausgabe erzeugt, kann der Bediener das Eingabegerät betätigen und Eingaben vornehmen. Diese Eingaben werden in einer **Eingabewarteschlange (event queue)** des CGI-Gerätes gespeichert, und zwar solange, bis sie von der Anwendung abgerufen oder gelöscht werden. Zu einem Zeitpunkt können sich beliebig viele logische Eingabegeräte im Ereignismodus befinden. Die mit ihnen vorgenommenen Ereigniseingaben werden sequentiell nach ihrem zeitlichen Auftreten in der Warteschlange gespeichert.
Jedes logische Eingabegerät kann durch die Funktion ENABLE EVENTS in den Ereignismodus versetzt werden. Die Ausführung dieser Funktion bewirkt ggf. ein Prompting und die Darstellung des Echos. Der Benutzer kann daraufhin das Eingabegerät bedienen, d.h. den Maßwert variieren und durch Betätigen des Auslösers Ereigniseingaben vollziehen. Die Eingaben werden einschließlich der Gerätekennung in der Ereigniswarteschlange in Form von **Ereignisberichten (event report)** abgelegt. Sind mehrere im Ereignismodus aktive Eingabegeräte mit einem Auslöser verbunden, so werden bei Betätigen dieses Auslösers je ein Ereignisbericht für jedes Eingabegerät generiert. DISABLE EVENTS setzt das Gerät zurück in den Zustand 'ready' und deaktiviert damit das Eingabegerät.
Die Eingabewarteschlange kann von der Anwendung bearbeitet werden. Dazu stehen Funktionen bereit, die Informationen über den ersten Eintrag der Warteschlange zur Verfügung stellen und dabei auf diesen Eintrag warten, wenn die Warteschlange leer ist (AWAIT EVENT). Die hiermit erhaltene Information beschreibt das Eingabegerät, das das Ereignis verursacht hat. Den Eingabewert des Ereignisses kann anschließend mit der Funktion DEQUEUE <input class> EVENT der Warteschlange entnommen werden. Beide Funktionen sind in der CGI-Funktion EVENT

QUEUE TRANSFER vereint, die sämtliche Einträge der Warteschlange entnimmt und in einem Datensatz gespeichert der Anwendung zur Verfügung stellt. Nach Ausführung dieser Funktion ist die Ereigniswarteschlange leer. Auf eine leere Warteschlange angesetzt, wartet die Funktion, bis entweder ein Ereignis eintrifft oder die Wartezeit ausläuft (**timeout**).

Das **Löschen** aller Ereignisberichte in der Eingabewarteschlange erfolgt durch die Funktion FLUSH EVENTS. Alle Ereignisse, die von einem speziellen Eingabegerät ausgelöst wurden, können mit der Funktion FLUSH DEVICE EVENTS aus der Warteschlange gelöscht werden.

Es existieren Funktionen zur Initialisierung der Warteschlange (INITIALIZE EVENT QUEUE) und zur Freigabe des von der Warteschlange belegten Speicherbereichs (RELEASE EVENT QUEUE). Die Warteschlange läßt sich blockieren, so daß keine weiteren Ereignisse akzeptiert werden. Kontrolle über blockieren und öffnen der Warteschlange erfolgt mit der Funktion EVENT QUEUE BLOCK CONTROL. Erfolgt ein Überlauf (*overflow*) der Warteschlange, weil nicht genügend Platz vorhanden ist, wird in der Zustandsliste der Ereigniseingabe (*Event Input State List*) ein Anzeiger für Überlauf (*unreported overflow state*) auf 'overflow' gesetzt. Sobald die Warteschlange blockiert ist, werden die Echos der logischen Eingabegeräte im Ereignismodus ausgeschaltet und das Betätigen des Auslösers wird ignoriert. Lediglich der Unterbrecher (*break*) wird von CGI akzeptiert. Nachdem die Warteschlange diese besonderen Zustände wieder aufgegeben hat, kann eine weitere Ereigniseingabe erfolgen.

### 6.4.9 Portionieren von Rückgabedaten

Die Eingabegeräte LOCATOR, STROKE, PICK, STRING, und GENERAL liefern als Rückgabedaten eine Liste von Daten. Diese Rückgabedatenliste wird beim Aufruf der Funktionen REQUEST < input class >, ECHO REQUEST < input class >, SAMPLE < input class > und DEQUEUE < input class > EVENT geliefert. Außerdem liefert diese Funktion einen Wert zurück, der Auskunft über die absolute Menge der Rückgabedaten gibt. Ist der reservierte Speicherplatz für die Rückgabedaten nicht ausreichend, kann der Rest mit der Funktion GET ADDITIONAL < input class > DATA übertragen werden. Diese Funktion muß direkt nach der entsprechenden Eingabefunktion aufgerufen werden. Andernfalls gehen die Restdaten verloren.

### 6.4.10 Voreinstellungen

| | |
|---|---|
| Input Device State | 'released' |
| Sample State | 'disabled' |
| Echo Control | 'enabled' |
| Echo Type | 1 |
| Specification Mode of Echo Area | 'fraction of drawing surface' |
| Echo Area | 'device viewport' |
| Prompt Control | 'enabled' |
| Prompt Type | 1 |
| Acknowledgement Control | 'enabled' |
| Acknowledgement Type | 1 |
| Associated Triggers | 'all non-dissociable triggers' |

| Specification Mode of Locator Echo Viewport | 'fraction of drawing surface' |
|---|---|
| Minimum Time Interval Per Sample for Stroke (ms) | 0 |
| Maximum Time Interval Per Sample for Stroke (ms) | 1000 |
| Specification Mode of Stroke Echo Viewport | 'fraction of drawing surface' |
| Min. Value of Range for Valuator | 0.0 |
| Max. Value of Range for Valuator | 1.0 |
| Pick Aperture | 0.001 * vdcx , 0.001 * vdcy |
| Specification Mode of Pick Echo Viewport | 'fraction of drawing surface' |
| Input Character Set Index | 1 |
| Alternate Input Character Set Index | 1 |
| Event Queue State | 'released' |
| Event Queue Block State | 'not blocked' |
| Unreported Overflow State | 'no overflow' |
| Unreported Break State | 'no break' |

*Remote Echoing*

| < input class > Echo Entities | all {empty} |
|---|---|
| Echo Entity State | 'ready' |
| Echo Control | 'echo off' |
| Echo Type | 1 |
| Prompt Control | 'prompt off' |
| Prompt Type | 1 |
| Acknowledgement Type | 1 |

## 6.5 Rasterfunktionen

Die von CGI angebotenen Rasterfunktionen kommen dem Anspruch nach, als virtuelle Geräteschnittstelle für eine große Anzahl graphischer Geräte zu dienen. Derartige Funktionen werden in graphischen Systemen wie GKS allerhöchstens über GDPs angeboten.

Rasterfunktionen werden mehr und mehr interessant für Anwendungen, die z.B. mit Benutzungsoberflächen arbeiten müssen, oder Texte in Raster-Schriftart ausgeben wollen, und natürlich Computer-Animation produzieren. Hier sind schnelle Bitblock Transfers (BitBlt's) für hohe Leistungsfähigkeit von großer Bedeutung.

Mit den Rasterfunktionen werden CGI-Anwendungen in die Lage versetzt, Bilder auf der Grundlage einzelner Pixel zu definieren, zu speichern, zu manipulieren und Pixelinformation zu erfragen. Diese Bilder werden als **Bitmap** bezeichnet. Eine Bitmap entspricht einem Speicherbereich, der als ein rechteckiges Feld gefüllt mit Pixeln ausgelegt wird, wobei jedes Pixel einem einzelnen Farbpunkt entspricht. Bitmaps werden innerhalb der CGI-Implementierungen in einem internen Format in disjunkten Speicherbereichen gespeichert.

Zusätzlich werden Funktionen zum Erfragen der Raster-Beschreibungstabelle und der Raster-Zustandsliste definiert. Beispielsweise kann aus der Beschreibungstabelle die Anzahl der anzeigbaren Bitmaps (*displayable bitmaps*) oder die Größe eines Pixel (in mm) erfragt werden. Die Zustandsliste enthält z.B. den Index der Bitmap, die gerade angezeigt wird, oder die aktuelle Bitmap-Ausdehnung (*bitmap extent*).

### 6.5.1 Bitmap-Typen

Im allgemeinen sind Bitmaps als Speicherblöcke definiert, um in einem gerätespezifischen Format Rasterbilder zu speichern. CGI unterscheidet zwei Arten von Bitmaps, darstellbare (*displayable bitmaps*) und nicht-darstellbare (*non-displayable bitmaps*) Bitmaps.

**Displayable Bitmaps** sind Ressourcen des Gerätes und können vom Anwender weder neu definiert noch gelöscht werden. Jedes Gerät hat eine feste Anzahl dieser Bitmaps (*predefined displayable bitmaps*). Darüberhinaus können zusätzliche displayable Bitmaps neu definiert (CREATE BITMAP) und gelöscht werden (DELETE BITMAP), falls das Gerät dies unterstützt. Jedes CGI Gerät enthält mindestens eine displayable Bitmap. Zu jedem Zeitpunkt ist genau eines sichtbar dargestellt. Die Auswahl, welches sichtbar dargestellt wird, geschieht mit der Funktion DISPLAY BITMAP. Stehen einem Gerät mehrere displayable Bitmaps zur Verfügung kann beispielsweise eine Ausgabe in verschiedene Bitmaps gelenkt werden (Bildaktualisierung im Hintergrund) und zwischen den Bitmaps mittels der Funktion DISPLAY BITMAP entsprechend geschaltet werden. Die Raster-Beschreibungstabelle gibt Auskunft über die Anzahl verfügbarer displayable Bitmaps. In der folgenden Programmsequenz wird eine Uhr mit Stunden-, Minuten- und Sekundenzeiger mittels zweier displayable Bitmaps zum Ticken gebracht. Innerhalb einer Endlosschleife werden die Zeigerpositionen immer dann aktualisiert, wenn eine Sekunde vergangen ist. Die Bildaktualisierung erfolgt in der Hintergrund-Bitmap, während die Vordergrund-Bitmap das Bild eine Sekunde "hält". Dann wird zwischen beiden "umgeschaltet". (Anhang E listet das komplette Programm.)

**Beispiel:**

```
DISPLAY_BITMAP (bitmap1)
do
  if (sekunde_um)
    SELECT_DRAWING_BITMAP (bitmap2)
    PREPARE_DRAWING_SURFACE ('forced')
    zeichne_ziffernblatt
    zeichne_stundenzeiger (stunde, minute)
    zeichne_minutenzeiger (minute, sekunde)
    zeichne_sekundenzeiger (sekunde)
    DISPLAY_BITMAP (bitmap2)
    dummy = bitmap2
```

```
          bitmap2 = bitmap1
          bitmap1 = dummy
     endif
  enddo
```

**Non-displayable Bitmaps** sind Bitmaps, die wie displayable Bitmaps vom Anwender definiert und gelöscht werden können. Sie werden von der CGI-Implementierung gespeichert und verwaltet. Non-displayable Bitmaps können nicht direkt dargestellt werden. Dies geschieht über einen Umweg. Über BitBlt-Operationen müssen sie mit einer displayable Bitmap verknüpft werden, das dann sichtbar dargestellt werden kann. Die Funktion DISPLAY BITMAP ist nur auf displayable Bitmaps anwendbar.

Non-displayable Bitmaps können zwei verschiedene Formate haben. Entweder maximale Anzahl Bits per Pixel ('full depth') oder ein Bit per Pixel ('mapped').

*Full-Depth bitmaps* haben gleiches Format wie displayable Bitmaps, d.h. gleiche Farbfähigkeit wie das Gerät selbst, ob Direkt- oder Indexfarben.

*Mapped bitmaps* steht nur ein Bit per Pixel zur Verfügung, d.h. jedes Pixel enthält die Information "Vordergrund" oder "Hintergrund". Die entsprechenden Farbwerte können durch die Funktionen MAPPED BITMAP FOREGROUND COLOUR und MAPPED BITMAP BACKGROUND COLOUR bestimmt werden. Die Farbzuordnung wird nicht zum Erstellungszeitpunkt, sondern zum Zeitpunkt einer Operation auf der Bitmap bzw. zum Darstellungszeitpunkt getroffen. Diese Bitmaps eignen sich beispielsweise, um Zeichensätze, Symbole oder auch Schablonen (z.B. ein Zeichengitter oder der Grundriß eines Gebäudes) in Rastereinheiten, bzw. über Ausgabeprimitive, zu definieren. Zu einem späteren Zeitpunkt können diese dann mit aktueller Farbe verwendet und dargestellt werden.

Graphische Objekte werden nach dem physikalischen Rendering Prozess in die aktuelle "drawing bitmap" ('displayable' oder 'non-displayable') gelenkt (siehe Abb. II-31). Ist diese Bitmap eine displayable Bitmap, kann der Bitmapinhalt sichtbar dargestellt sein. Der Bitmapinhalt kann außerdem über entsprechende Ratseroperationen manipuliert werden (siehe Kap. II.6.5.6) oder mit der Funktion GET PIXEL ARRAY (siehe Kap. II.6.4.3) von der Anwendung gelesen werden. Das Echo einer Eingabe-Aktion (siehe Kap. II.6.4.3) beeinflußt nicht die aktuelle drawing bitmap.

### 6.5.2 Bitmap Identifier

Jede Bitmap wird durch einen Bitmap-Namen (*bitmap identifier*) eindeutig identifiziert. Die Raster-Beschreibungstabelle gibt an, wieviel Namen es mindestens für displayable Bitmaps gibt. Die Anzahl der non-displayable und zusätzlicher displayable Bitmaps ist abhängig von verfügbarem Speicherplatz. Bei non-displayable Bitmaps ist das Format (*full-depth* oder *mapped*) der Bitmaps von Bedeutung. Mapped Bitmaps benötigen weniger Speicherplatz.

CGI definiert, zur einfacheren Handhabung, die Funktion GET NEW BITMAP IDENTIFIER. Sie liefert einen Namen für eine Bitmap, der keiner anderen Bitmap zugeordnet ist. Ein ungültiger ('invalid') Rückgabewert (*response validity flag*) zeigt an, daß keine weitere Bitmap mehr verfügbar ist.

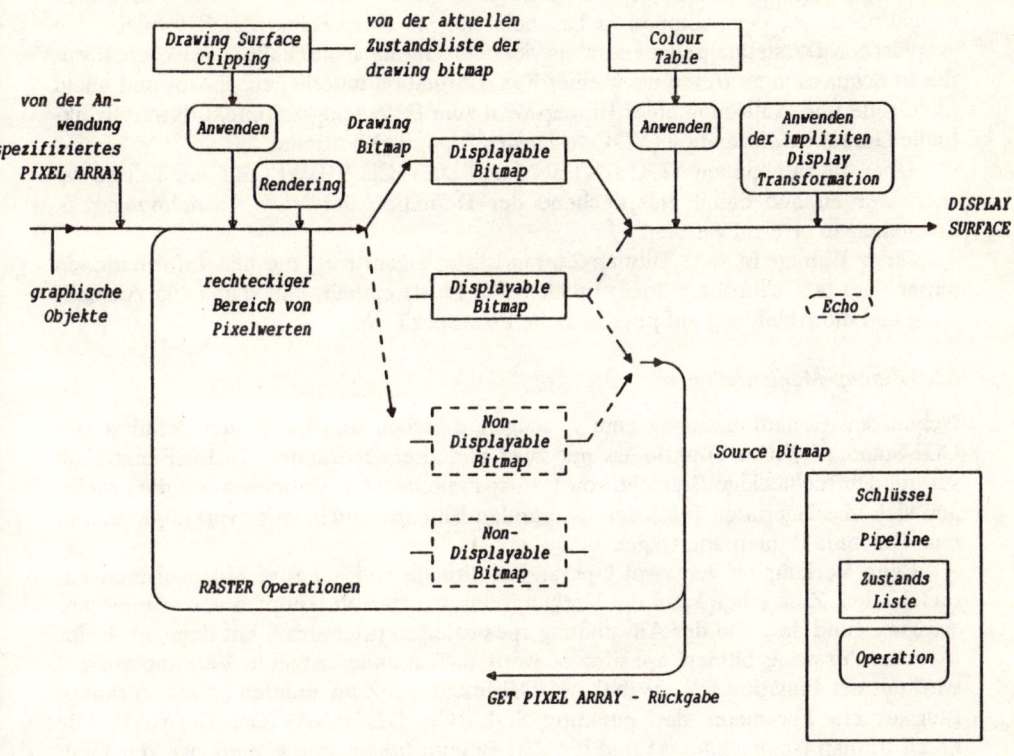

**Abb. II-31: Die Raster Pipeline**

### 6.5.3 Kontrolle der Bitmaps

CGI definiert displayable und non-displayable Bitmaps. Wie bereits erwähnt, können nur displayable Bitmaps direkt sichtbar gemacht werden. Non-displayable Bitmaps können neu definiert und gelöscht werden. Graphische Ausgabe kann in beide Bitmap-Typen gelenkt werden. Die Funktion SELECT DRAWING BITMAP definiert, in welche Bitmap die folgenden graphischen Darstellungselemente gelenkt werden.

Dementsprechend beziehen sich Funktionen wie PREPARE DRAWING SUR-FACE, VDC EXTENT, DEVICE VIEWPORT, POLYLINE, DRAW ALL SEG-MENTS auf die aktuelle Ausgabe-Bitmap (*drawing bitmap*), **nicht** auf die Darstellungs-Bitmap (*display bitmap*). Wenn die Anwendung diese Funktionen auf die Ausgabefläche des Gerätes bezogen sehen will, so muß zuvor sichergestellt werden, daß Ausgabe-Bitmap und Darstellungs-Bitmap identisch eingestellt sind.

Jede Bitmap wird durch eine Bitmap-Ausdehnung (*bitmap extent*) spezifiziert. Diese Ausdehnung wird mittels der Funktion CREATE BITMAP als Eingabeparameter definiert.

Bitmaps treten innerhalb der CGI-Objekt-Pipeline nach den assoziierten Transformationen und dem Klippen in Erscheinung. Sie entsprechen damit weniger den graphischen Darstellungselementen als vielmehr Geräteeigenschaften. Sie können weder in Segmenten auftreten noch einer Transformation unterliegen. Einzig und allein die Größe und Auflösung einer Bitmap wird zum Erzeugungszeitpunkt durch die aktuelle Gerätetransformation (VDC-to-Device-Mapping) bestimmt.

Über die Funktionen VDC EXTENT und DEVICE VIEWPORT kann diese variiert werden und damit entsprechend der Definition der VDC-Ausdehnung, z.B. Spiegelungen erreicht werden.

Jeder Bitmap ist eine Bitmap-Zustandsliste zugeordnet, die alle Informationen außer dem tatsächlichen Bitmap-Inhalt (n*m Pixel) enthält, und damit die Ausdehnung und die Abbildung auf physikalische Pixel spezifiziert.

### 6.5.4 Bitmap-Manipulationen

Neben den Grundfunktionen zum Erzeugen, Löschen und Darstellen definiert der CGI-Standard **BitBlt-Funktionen** mit zwei und drei Operanden. BitBlt-Funktionen verknüpfen rechteckige Bereiche von Bitmaps miteinander. Dabei werden die jeweiligen sich überlagernden Pixel der Operanden-Bitmaps miteinander verknüpft und in eine Ergebnis-Bitmap übertragen.

Beim Verknüpfen von zwei Operanden-Bitmaps werden zwei Mechanismen unterschieden. Zum einen kann die Verknüpfungsart zum Verknüpfen von graphischer Ausgabe (und dem von der Anwendung spezifizierten pixel array) mit dem Inhalt der aktuellen 'drawing bitmap' spezifiziert werden. Die entsprechende Verknüpfungsart wird mit der Funktion DRAWING MODE festgelegt. Zum anderen ist die Verknüpfungsart ein Parameter der Funktion SOURCE DESTINATION BITMAP. Die Quell-Bitmap (*source bitmap*) und die Ziel-Bitmap (*destination bitmap*) vor der Operation werden miteinander verknüpft und in die Ergebnis-Bitmap (*destination bitmap*) abgespeichert. Als Ergebnis-Bitmap wird immer die Ziel-Bitmap (*destination bitmap*) gewählt, die durch die Operation im allgemeinen verändert wird:

$$\text{source bitmap * destination bitmap --> destination bitmap}$$

Die Verknüpfungsart (oben mit * angedeutet) bei zwei Operanden-Bitmaps wird als **drawing mode** bezeichnet, sie legt fest, welches der Operanden-Pixel in das Ergebnis-Pixel einfließt. Wie bereits erwähnt wird die Verknüpfungsart durch die Funktion DRAWING MODE und als Funktionsparameter festgelegt. In CGI sind z.Zt. drei Klassen von Verknüpfungsarten definiert:

- logische Verknüpfungen ('boolean')
- additive Verknüpfungen ('additive') und
- vergleichende Verknüpfungen ('comparative').

Bekannte logische **Schreibmodi** sind z.B.

• REPLACE, der eine Ersetzung des Ergebnis-Pixel durch ein Operanden-Pixel bewirkt,

• OR, der die Farbwerte der Operanden-Pixel mischt (im additiven Farbmodell), oder

- EXOR, der häufig zum selektiven Löschen oder Invertieren verwendet wird.

Die Schreibmodi des CGI sind:

| Klasse | Bezeichnung | Verknüpfung |
|---|---|---|
| 'boolean' | 0 | d' = 0 |
| 'boolean' | 1 | d' = s AND d |
| 'boolean' | 2 | d' = s AND (NOT d) |
| 'boolean' | 3 | d' = s            (replace) |
| 'boolean' | 4 | d' = (NOT s) AND d |
| 'boolean' | 5 | d' = d |
| 'boolean' | 6 | d' = s XOR d      (exor) |
| 'boolean' | 7 | d' = s OR d |
| 'boolean' | 8 | d' = NOT (s OR d) |
| 'boolean' | 9 | d' = NOT (s XOR d) |
| 'boolean' | 10 | d' = NOT d |
| 'boolean' | 11 | d' = s OR (NOT d) |
| 'boolean' | 12 | d' = NOT s |
| 'boolean' | 13 | d' = (NOT s) OR d |
| 'boolean' | 14 | d' = NOT (s AND d) |
| 'boolean' | 15 | d' = 1 |
| 'additive' | 0 | d' = s PLUS d |
| 'additive' | 1 | d' = s ADDCAP d |
| 'additive' | 2 | d' = s MINUS d |
| 'additive' | 3 | d' = d MINUS s |
| 'additive' | 4 | d' = s MINUSCAP d |
| 'additive' | 5 | d' = d MINUSCAP s |
| 'comparative' | 0 | d' = MAX(s,d) |
| 'comparative' | 1 | d' = MIN(s,d) |

s   source (Quell-Bitmap)
d   destination (Ziel-Bitmap)
d'  destination (Ziel-Bitmap als Ergebnis-Bitmap)

CGI legt insgesamt 16 logische Schreibmodi, 6 additive Schreibmodi und 2 vergleichende Schreibmodi fest, die bei der Erzeugung graphischer Ausgabe ausgewertet werden, sobald das generierte Primitiv in die Ausgabe-Bitmap eingetragen wird.

Werden Darstellungselemente generiert, so bezeichnet s das in Pixeln generierte Primitiv. Weitere Schreibmodi sollen künftig über das Verfahren der Registrierung definiert werden.

Das Konzept der Transparenz wurde bereits bei der Beschreibeung der Füllgebietsprimitive (siehe Kap. II.6.2.9) erläutert. Entsprechend des gewählten Transparenzwertes ('transparent' oder 'opaque') ist der Hintergrund bei schraffierten Flächen (oder strichlierten Linien) sichtbar oder überdeckt durch die *auxiliary colour*. Dieses Konzept kann auch beim Verknüpfen von Pixeln angewendet werden. Ist der Transparenzwert 'opaque' wird jedes Pixel entsprechend der Verknüpfungsart ausgewertet. Anders verhält es sich bei dem Transparenzwert 'transparent'. Hier werden nicht alle Pixel ausgewertet, sondern nur die, die einen Farbwert besitzen, der **nicht** dem Farbwert, der durch die Funktion TRANSPARENT COLOUR definiert wurde, entspricht. Am Beispiel schraffierter Flächen würde dies bedeuten, daß nur die Umrandung (*edge*) und die Schraffurlinien (*hatch*) verknüpft werden, vorausgesetzt *auxiliary colour* und *transparent colour* sind vorab auf den gleichen Farbwert gesetzt worden.

TILE THREE OPERAND BITBLT verknüpft drei Bitmaps miteinander. Abhängig von der Transparenz und einem eigenen Funktionsparameter, der den Schreibmodus (**drawing mode 3**) für diese Operation bestimmt, werden eine Muster- (*pattern bitmap*), eine Quell- (*source bitmap*) und eine Ziel-Bitmap (*destination bitmap*) verknüpft.

pattern bitmap * source bitmap * dest. bitmap -- > dest. bitmap

Muster- und Quell-Bitmap werden jeweils durch einen Bitmap-Index spezifiziert, die Ziel-Bitmap ist die aktuelle Darstellungs-Bitmap. CGI definiert z.Zt. nur die logischen Verknüpfungen ('boolean', insgesamt 256), d.h. **eine** Verküpfungsartklasse für 'drawing mode 3'.

Bei beiden Rasterfunktionen (SOURCE DESTINATION BITMAP und TILE THREE OPERAND BITBLT) müssen die Operanden-Bitmaps nicht notwendigerweise unterschiedlichen Bitmap-Index haben. Es können also auch Teilbereiche einer Bitmap verknüpft und dort wieder abgelegt werden.

Die Verwendung von 'mapped' Bitmaps als Operanden-Bitmap bewirkt, daß beim Verknüpfen der assoziierte Farbwert (Vorder-, bzw. Hintergrundfarbe) verwendet wird. Der Typ der Ergebnis-Bitmap wird in jedem Fall beibehalten. Ist die Ergebnis-Bitmap vom Typ 'mapped' werden nach dem Verknüpfen alle Pixel mit Farbwert "Hintergrundfarbe" auf Hintergrund gesetzt. Alle anderen Pixel auf Vordergrund.

Die Funktion FILL BITMAP ermöglicht die Definition einer beliebigen Muster-Bitmap (*pattern bitmap*), festgelegt durch Identifikation einer beliebigen Bitmap mit Angabe eines rechteckigen Teilbereichs. Diese Muster-Bitmap dient dann als Ausfüllung für Füllgebietsprimitive (Ausfüllungsart 'bitmap', siehe Kap. II.6.2.9). Der Unterschied zur Funktion CELL ARRAY (siehe Kap. II.6.2.10) liegt darin, daß das Muster nicht über Definition jeder einzelnen Farbzelle geschieht. Die Muster-Bitmap kann als *drawing bitmap* ausgewählt werden und das Muster über Primitivfunktionen (TEXT, POLYLINE, etc.) generiert werden.

### 6.5.5 Pixel Arrays

Eine weitere Ausgabefunktion wird mit PIXEL ARRAY definiert, die ähnlich der Funktion CELL ARRAY eine Matrix von Pixel definiert. Die Besonderheit besteht darin, daß PIXEL ARRAY physikalische Pixel verwendet und es keiner weiteren Abbildung (*VDC-to-Device-Mapping*) mehr bedarf. Die Anwendung arbeitet mit dieser Funktion geräteabhängig. Rasterbilder, die z.B. über einen Scanner eingelesen wurden, können (nach entsprechender Aufbereitung) mit dieser Funktion ausgegeben werden. Darüberhinaus kann mit dieser Funktion durch geeignete Parametrisierung gezoomt ("Pixelverdoppelung"), gespiegelt und verschoben werden. Analog dazu liefert die Funktion GET PIXEL ARRAY den Inhalt der Ausgabe-Bitmap zurück und GET PIXEL ARRAY DIMENSIONS die zugehörige Auflösung.

### 6.5.6 Voreinstellungen

| | |
|---|---|
| Drawing Mode | ('boolean', 3 (d' = s)) |
| Selection Mode of Mapped Bitmap | |
| Foreground Colour | 'indexed' |
| Mapped Bitmap Foreground Colour | 1 |
| Selection Mode of Mapped Bitmap | |
| Background Colour | 'indexed' |
| Mapped Bitmap Background Colour | 0 |
| Selection Mode of Mapped Bitmap | |
| Transparent Colour | 'indexed' |
| Mapped Bitmap Transparent Colour | 0 |
| Depth Type | 'full depth' |
| Displayability | 'displayable' |
| VDC Extent | (0,0) * (32767,32767) |
| VDC_to_Device_Mapping | 'isotropy forced' |
| | 'horizontal left aligned' |
| | 'vertical bottom aligned' |
| Specification Mode of Current | |
| Device Viewport | 'fraction of drawing surface' |
| Metric Scale Factor of current | |
| Device Viewport | 1.0 |
| Requested Device Viewport | (0.0, 0.0) * (1.0, 1.0) |
| Drawing Surface Clip Indicator | 'viewport' |

# III CGM - Das Computer Graphics Metafile

## 1 CGM im Überblick

Bilddateien dienen dazu, Bilder, die eigentlich zur Darstellung auf graphischen Ausgabegeräten vorgesehen sind, auf einem Datenträger langfristig zu speichern. Zur Generierung und zur späteren Interpretation dienen meist graphische Systeme. An eine Bilddatei (Metafile) werden dabei eine Reihe von Anforderungen gestellt. Es soll ermöglichen:

- Bilder zu speichern, die später weiterverwendet werden können,
- ein standardisiertes Datenformat zur Bildarchivierung zu benutzen,
- kompakte Kodierung zu besitzen,
- leicht edierbar zu sein,
- graphische Daten von einem Rechnersystem zu einem anderen zu transferieren (Geräteunabhängigkeit),
- ein Format zu haben, das geeignet ist, um Hardcopy-Devices (Plotter, Printer), auch in einer Spool-Ausgabe, anzusteuern,
- einmal generierten Bildern ohne Neuberechnung zu verwenden,
- als Symbolbibliothek nutzbar zu sein,
- Bilder auf Kontrollgeräten anzusehen, bevor die Bilder in Hochqualität auf langsamen und entsprechend teuren Geräten generiert werden (Previewing),
- graphische Daten (Bilder) in Dokumenten zu integrieren und
- die Aufzeichnung aller Aktionen an einer graphischen Schnittstelle zu ermöglichen.

Eine Datenbeschreibung, die diese Anforderungen zufriedenstellt, wird als Bilddatei (Metafile) bezeichnet. Neben den globalen Aspekten sind auch solche einer einfachen Implementierung, also der einfachen Generierung und einer einfachen Interpretation zu beachten. Dies bedingt auch eine einfache Struktur eines Metafile.

### 1.1 Die Entwicklung des CGM

Der erste Standard für zweidimensionale graphische Systeme, das Graphische Kernsystem (GKS) (ISO 7942) /ISO-85/, enthält keine Spezifikation für das Format und den Inhalt eines Metafiles (Bilddatei). Nur die funktionale Schnittstelle für die Benutzung einer GKS-Bilddatei als graphischer Arbeitsplatz ist in GKS definiert. Im Anhang E zur GKS-Norm wird zwar das sogenannte GKS-Metafile beschrieben, aber gleichzeitig darauf hingewiesen, daß dies kein Bestandteil der eigentlichen Norm ist. Damit wollte man der beabsichtigten Erstellung einer getrennten Norm für Bilddateien nicht den Weg verbauen. Da die Speicherung graphischer Daten nicht nur in einem System benötigt wird, sondern vielmehr für viele Anwendungen nutzbringend ist, hat man sich entschlossen, einen eigenen Standard zu entwicklen.

Aus diesen Arbeiten heraus entstand in der ISO das Computer Graphics Metafile (CGM, IS 8632/1) /ISO-87a, HeJO-86/. Es wurde 1987 veröffentlicht. Die Ziele für seinen Einsatz sind hauptsächlich die Speicherung statischer Bilder. Es lassen sich mit CGM keine dynamischen Änderungen erfassen, wie sie bei der Erstellung eines Bildes im Konstruktionsprozeß auftreten.

Damit ist auch schon ein Unterschied und eine Schwierigkeit der Nutzung des CGM für GKS genannt. GKS sieht das Konzept einer Aufzeichnung der laufenden Aktionen (Ausgaben, Änderungen, Kontrolle) in der Reihenfolge der Generierung vor (audit trail). Damit läßt sich festhalten, in welcher Form ein Bild erstellt wurde. Im Gegensatz dazu ist CGM als Erfassen eines Zustandes eines Bildes konzipiert. Die zusätzlichen Elemente zur Beschreibung der dynamischen Elemente werden mit der Erstellung eines Addendum /ISO-87g/ ermöglicht (siehe Kap. III.6.1). Damit wird zusätzlich sowohl die GKS- wie auch die CGI-Funktionalität für statische Bilder unterstützt. Weitere Zusätze sind derzeit im Entwurf und sollen die 3D-Funktionalität von GKS-3D und PHIGS abdecken /ISO-88c/ sowie darüberhinaus den unterschiedlichen Anwendungsbereichen näherkommen /ANSI-88/.

Bevor auf die Elemente des CGM eingegangen wird, soll zunächst der Unterschied zwischen dem CGM und dem GKSM (wie im Anhang zur GKS Norm beschrieben) dargestellt werden.

## 1.2 Verwendungszweck der Bilddateien

Unter einer Bilddatei versteht man im allgemeinen einen Mechanismus für die Speicherung und für den Austausch von Bildinformationen zwischen Computersystemen. Dabei werden 2 Phasen des Gebrauchs von Metafiles unterschieden: zur Erstellung einer Bilddatei ist ein Bilddatei-Ausgabearbeitsplatz (metafile output workstation), bzw. ein Bilddatei-Generator notwendig, der von einem graphischen System angesteuert wird. Dieser Generator erzeugt syntaktisch korrekte Bilddateien und kodiert die graphischen Funktionen der Anwendung entsprechend festgelegter Kodierungsvorschriften (siehe Kap. III.7).

Zum Lesen und Visualisieren der in einer Bilddatei enthaltenen Information wird im allgemeinen ein Bilddatei-Eingabearbeitsplatz (metafile input workstation), bzw. Bilddatei-Interpreter benötigt, der die Daten der Datei entnimmt und entsprechend graphische Funktionen damit parametrisiert, um die Bilddaten graphisch darzustellen. Um dies für eine Vielzahl von Arbeitsplätzen zu ermöglichen, muß die graphische Information in einer geräte- und anwendungsunabhängigen Form vorliegen.

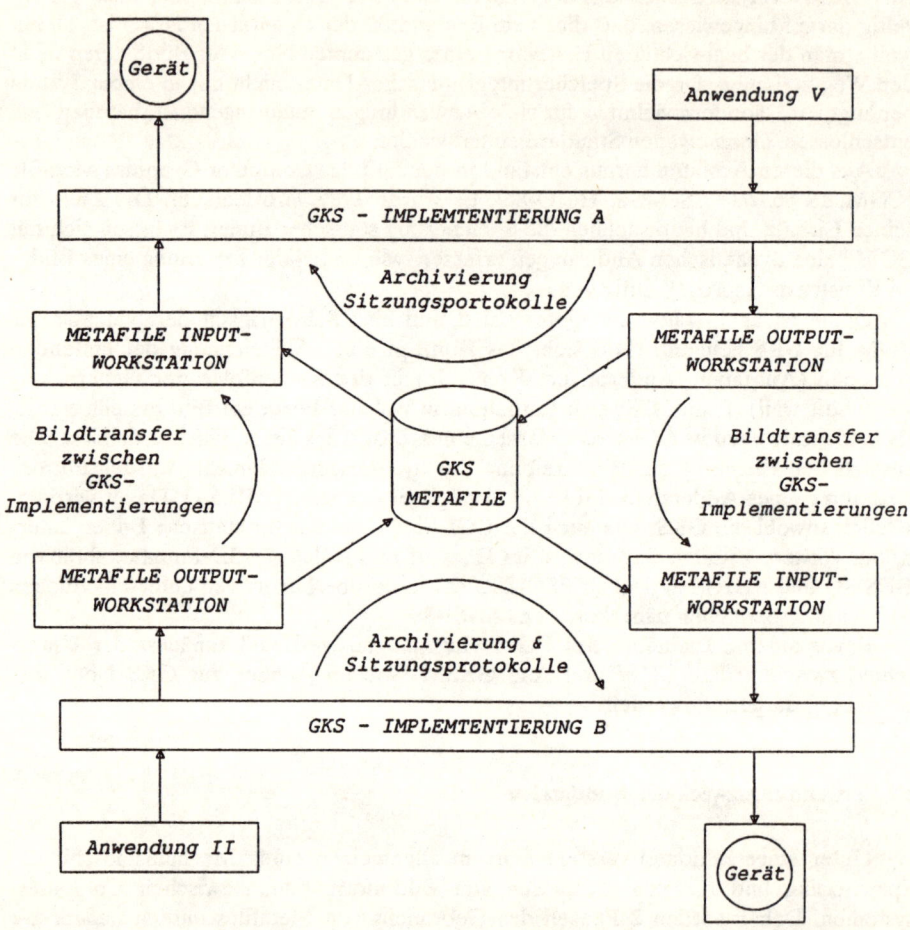

Abb. III-1: Verwendung von GKS-Metafiles

Zusätzlich zu dieser allgemeinen Definition beinhaltet das GKS-Metafile noch bestimmte Kontrollstrukturen, die nicht primär das Aussehen des Bildes beeinflussen, sondern die Art und Weise, wie dieses Bild erzeugt werden soll. Beispiele für solche Elemente sind die Funktionen DEFERRAL STATE, UPDATE WORKSTATION und das Zusammenfassen von Primitiven zu Segmenten. Man verfolgte damit das Ziel, die Funktionalität eines GKS-Ausgabearbeitsplatzes auf das Metafile abzubilden. Dies eröffnet die zusätzliche Möglichkeit, das GKS-Metafile auch als Backup-File für Sitzungsprotokolle zu benutzen (siehe Abb. III-1).

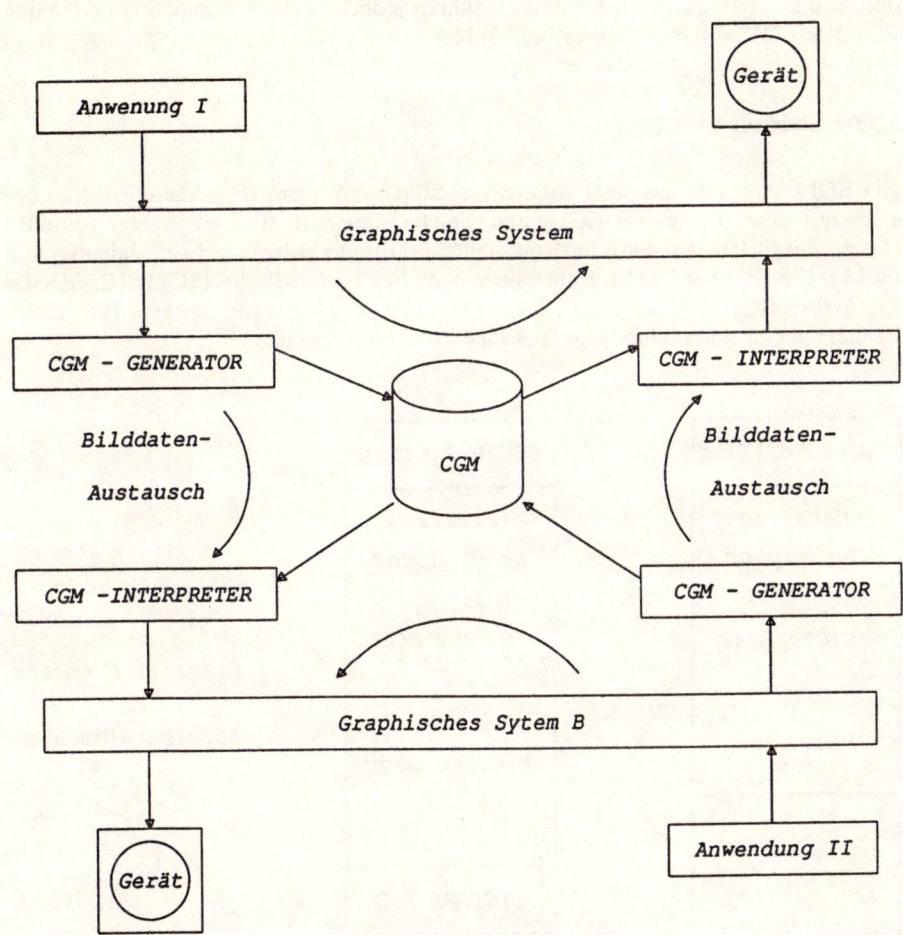

Abb. III-2: Verwendung von CGM

Mit einer ursprünglich anderen Zielsetzung wurde das CGM konzipiert, nämlich um Bildinformationen zwischen unterschiedlichen graphischen Systemen austauschen zu können. In der Terminologie von GKS entspricht dies dem Funktionsumfang der Leistungsstufe 0a (siehe Abb. III-2).

Besonderen Wert wird auf den Aspekt der Geräteunabhängigkeit der Bilddateien gelegt. Zu diesem Zweck wurde eine Reihe von weiteren CGM-Elementen eingeführt, die in GKS nicht enthalten sind. Beispiele für solche Erweiterungen sind der metrische Skalierungsmodus und die Spezifikationsmodi. Das CGM ist als reines Bildspeichermedium (sogenanntes picture capture file) zu betrachten, d.h. es enthält ausschließlich Bildinformationen und kann nicht als Sitzungsprotokoll verwendet werden. Die Erweiterungen (Addendum I) führen jedoch zu einer Kompatibilität für den Einsatz als GKS-Metafile für statische Bilder.

### 1.3 Die Struktur des CGM

Ein CGM setzt sich aus einer Menge von Bildern (picture) zusammen. Ein Bild besteht aus einer Folge von Elementen. Solche Elemente sind graphische Primitive (Darstellungselemente wie Linienzug und Fläche) oder Attribute (wie Linientyp und Farbe). Ein Bild wird durch Kontrollelemente begrenzt (BEGIN PICTURE, BEGIN PICTURE BODY, END PICTURE). Ein CGM-Metafile kann mehrere Bilder enthalten, die einzelnen Bilder sind aber unabhängig voneinander.

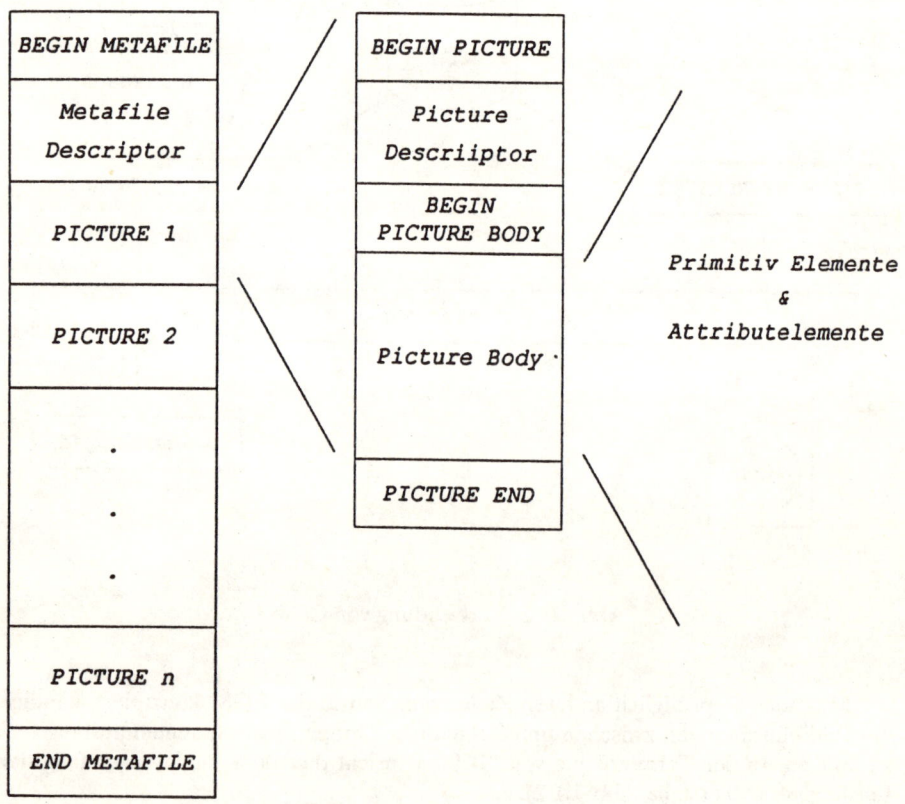

Abb. III-3: Struktur des CGM

Der Struktur eines CGM wird im Standard in Form einer Syntax angegeben (siehe Abb.III-3). Der Aufbau eines Metafiles ist in der folgenden Grammatik wiedergegeben. Damit sind auch gleichzeitig die Begrenzungselemente des CGM (delimiter elements) BEGIN METAFILE, BEGIN PICTURE, ... END METAFILE mit ihrer Funktion vorgestellt. Ein CGM setzt sich aus Bildern zusammen, die jeweils mit BEGIN PICTURE eingeleitet werden und aus Bildbeschreibungselementen (picture descriptor elements;) und dem Bildkörper (picture body) mit den graphischen Darstellungselementen bestehen. Jedes Bild wird als eine eigenständige Einheit verstanden, die unabhängig von den vorhergehenden oder nachfolgenden Bildern ist. Dies drückt sich darin aus, daß am Anfang eines jeden Bildes die Attribute auf die Initialisierungswerte zurückgesetzt werden.

Die Terminale der folgenden Syntax sind in Großbuchstaben geschrieben.

```
<metafile>::=        <BEGIN METAFILE>
                         <metafile descriptor element>*
                         <picture>+
                     <END METAFILE>


<picture>::=         <BEGIN PICTURE>
                         <picture descriptor element>*
                         <BEGIN PICTURE BODY>
                             <picture element>*
                     <END PICTURE>


<picture element>::=     <control element>
                             |<graphical element>
                             |<attribute element>
                             |<escape element>
                             |<external element>
                             |    ...
```

       \*: beliebige Anzahl von Ausprägungen,
       +: zumindest eine Ausprägung

Ein minimales CGM mit einem Bild hat folgendes Aussehen. Wir verwenden hier bereits die in Kap. III. erläuterte Klartextkodierung.

```
BEGMF 'Beispiel eines CGM';   \
   MFVERSION 1;               CGM-Kopf
   MFELEMLIST 'drawingplus';  /
BEGPIC 'bild 1';              \
   BEGPICBODY;                Bild in
      <bild-elemente>         einem CGM
ENDPIC;                       /
ENDMF                         CGM-Ende
```

Die Metafilebeschreibung des CGM (metafile descriptor elements) umfaßt mindestens die METAFILE VERSIONs Nummer und eine METAFILE ELEMENT
LISTe, die alle in dem Metafile verwendeten Elementtypen enthält. Hier können auch
vordefinierte Elementlisten verwendet werden. CGM definiert 2 derartige Elementlisten, den drawing set und den drawing plus control set. Die erste Menge (drawing
set) beinhaltet alle wesentlichen Funktionen des CGM, die zweite Menge eröffnet zusätzlich die Möglichkeit, zusätzliche Elemente zur Definition der Genauigkeit von In-
teger/Real/etc. zu verwenden.

Die Bildbeschreibung (picture descriptor) kann Elemente zur Festlegung der
Hintergrundfarbe (BACKGROUND COLOUR), und weiteren Konfigurie-
rungsmöglichkeiten (siehe Kap. III.2.1) enthalten.

Die Generierung und Interpretation von CGM-Daten unterliegen einem definierten CGM-Zustandsdiagramm (siehe Abb. III-4).

Für ein GKS-Metafile hat eine vergleichbare Grammatik folgendes Aussehen:

```
<gks metafile>::= <FILE HEADER>
                        <metafile contents>
                  <END ITEM>


<metafile contents>::= <workstation control items>
                       |<output primitive items>
                       |<attribute items>
                       |<segment items>
```

Dem GKS-Metafile fehlt die Aufspaltung des Inhaltes in einzelne, unabhängige
Bilder. Diese Bilddatei entspricht dem Zustandsmodell von GKS (siehe Kap. II.9).
Die GKS-Funktion CLEAR WORKSTATION ist mit dem Beginn eines neuen Bildes
vergleichbar. Der Bildschirm wird ebenfalls gelöscht, aber alle Attributswerte bleiben
unverändert erhalten.


## 1.4 CGM-Kodierungen

Weiterhin lassen sich Kriterien aufstellen, die Kodierung betreffen, aber oftmals nicht
gemeinsam realisiert werden können: kompakt, in Klartext lesbar und edierfähig, direkt für den Transfer in Kommunikationswegen (Netzwerken, Datenverbindungen)
nutzbar. Die Entwicklung einer solchen Datenbeschreibung erfolgte im ISO (und
ANSI) mit dem nun vorliegenden Standard des CGM (Computer Graphics Metafile)
/ISO 8632/1-4/. Dabei besteht das CGM aus vier Teilen:

| | |
|---|---|
| **Teil 1:** | Funktionale Beschreibung mit der Definition aller Elemente. |
| **Teil 2:** | Zeichenkodierung, optimiert für die Datenkommunikation. |
| **Teil 3:** | Binärkodierung als kompakte Form. |
| **Teil 4:** | Klartextkodierung, die unmittelbar lesbar ist und sich durch einen Texteditor verarbeiten läßt. |

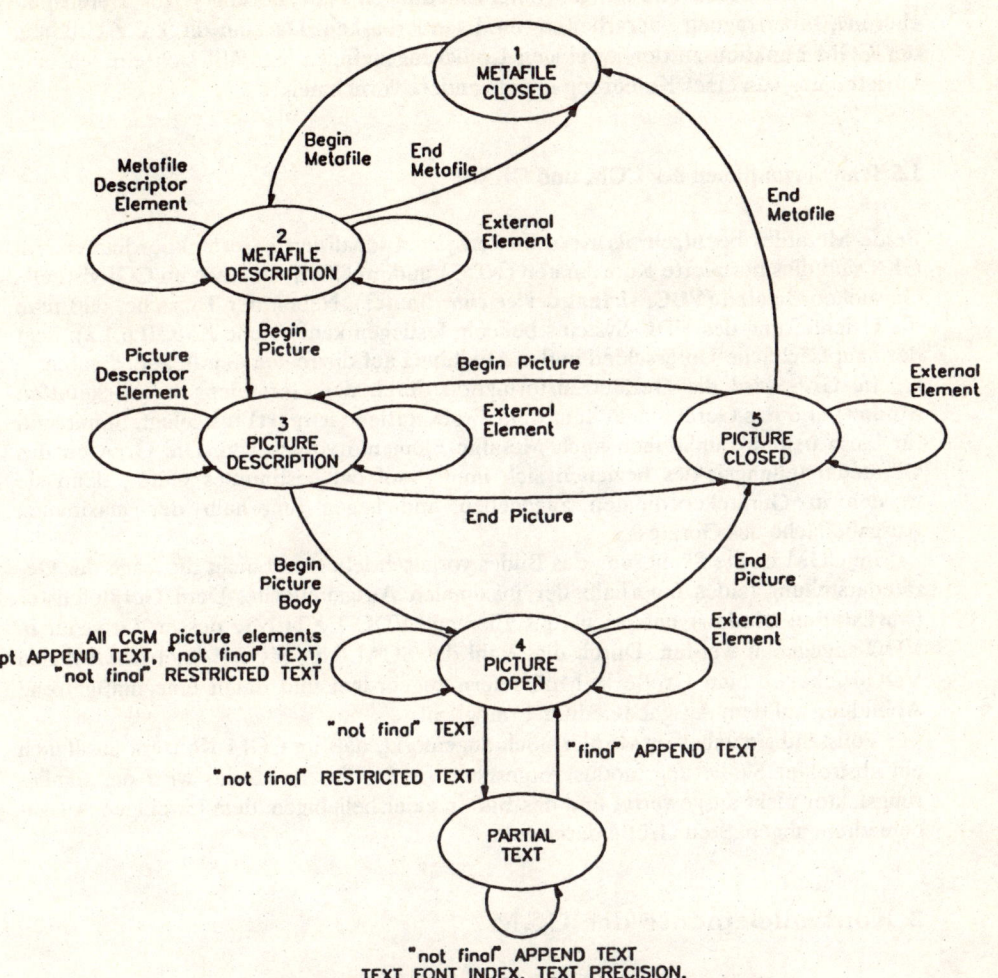

Abb. III-4: CGM Zustandsdiagramm

Die Kodierungen erfüllen die unterschiedlichen Anforderungen zur Datenspeicherung, -übertragung, -verarbeitung und -änderbarkeit. Da eine direkte Abbildung der CGM-Funktion zu der jeweiligen Kodierung definiert ist, läßt sich einfach eine Übertragung von einer Kodierung in eine andere vornehmen.

### 1.5 Transformationen des CGM und GKSM

Beide Metafiles benutzen als Koordinatensystem idealisierte Gerätekoordinaten. Im GKS sind dies normierte Koordinaten (NDC) und im CGM wie auch im CGI virtuelle Gerätekoordinaten (**VDC, virtual device coordinates**). Neben der Tatsache, daß man die Orientierung des VDC-Systems beliebig festlegen kann (siehe Kap. II.6.1.2), liegt der hauptsächliche Unterschied in der Abbildung auf die realen Gerätekoordinaten.

Im GKS wird die Gerätetransformation durch das Gerätefenster (**workstation window**) und das Gerätedarstellungsfeld (**workstation viewport**) festgelegt. Somit sind für diese beiden Funktionen auch Metafile-Elemente vorgesehen. Die Grenzen des Gerätedarstellungsfeldes beziehen sich immer auf ein bestimmtes Gerät, denn sie werden in Gerätekoordinaten angegeben und liegen innerhalb der maximalen Ausgabefläche des Gerätes.

Im CGM ist die Skalierung des Bildes vorgeschrieben und nicht die Lage des Gerätedarstellungsfeldes innerhalb der maximalen Ausgabefläche. Dem Gerätefenster (**workstation window**) entspricht das Element VDC EXTENT, dessen Grenzen in VDC angegeben werden. Durch die Wahl des SCALING MODE 'metric' wird den VDC-Einheiten eine Größe in Millimetern zugeordnet und damit eine maßgetreue Abbildung auf dem Ausgabemedium ermöglicht.

Vollständigkeitshalber sei hier noch angemerkt, daß im CGM-Konzept zusätzlich ein abstrakter Skalierungsmodus vorgesehen ist. In diesem Modus wird der Skalierungsfaktor nicht ausgewertet und das Bild in einer beliebigen, dem jeweiligen Ausgabemedium angepaßten Größe dargestellt.

## 2 Kontrollelemente des CGM

### 2.1 Konfigurierbarkeit des CGM

Entsprechend der Zielsetzung, den Austausch von Bildinformationen zwischen beliebigen graphischen Systemen zu erlauben, existieren eine Reihe von CGM-Elementen, mit denen sich der funktionale Umfang und die logischen Datenformate konfigurieren lassen. Dies stellt ein gegenüber dem GKS-Metafile erweitertes Konzept dar.

Die volle Funktionalität des CGM muß nicht immer verwendet werden. Dies ist bei der Erzeugung von Metafiles sinnvoll, die später von einfachen graphischen Geräten direkt interpretiert werden sollen. Ein Beispiel dafür ist das Generieren von Plotfiles. Durch die Aufzählung der verwendeten Funktionen in dem Element METAFILE ELEMENT LIST erkennt ein Interpreter, ob er das vorliegende Metafile auch vollständig bearbeiten kann. Der CGM-Mechanismus erlaubt die Auswahl beliebiger Teilmengen von Funktionen und kann mit den Anwendungsprofilen des CGI verglichen werden.

Das VDC-System kann ebenfalls konfiguriert werden. Durch die Benutzung des Elements VDC TYPE läßt sich der Datentyp für die Koordinaten, Integer oder Real, bestimmen. Die Auflösung des Koordinatenbereichs, den VDC-Bereich (VDC range), beschreiben die Elemente VDC EXTENT und VDC INTEGER / REAL PRECISION.

Für einige Attribute lassen sich wie im CGI korrespondierende Parametermodi auswählen. Der colour selection mode gibt an, ob Farbwerte direkt (RGB-Wert) oder durch einen Index in einer Farbtabelle angegeben werden. Ein Beispiel ist in den beiden folgenden Metafile-Fragmenten gegeben, wobei das linke indiziert, das rechte direkte Farbdefinition nutzt:

```
BEGPIC 'Bild1';          BEGPIC 'Bild2';
COLRMODE INDEXED;        COLRMODE DIRECT;
BEGPICBODY;              BEGPICBODY;
COLRTABLE 2 (0 255 255)
     (255 255 0);
LINECOLR 2;              LINECOLR (0 255 255);
LINE (0,0) (1,1);        LINE (0,0) (1,1);
LINECOLR 3;              LINECOLR (255 255 0);
LINE (1,0) (0,1);        LINE (1,0) (0,1);
LINECOLR 2;              LINECOLR (0 255 255);
LINE (0,1) (1,0);        LINE (0,1) (1,0);
ENDPIC;                  ENDPIC;
```

Für die Linienbreiten und die Markergrößen hat man die Wahl zwischen der Angabe eines Absolutwertes oder eines Skalierungsfaktors, der dann auf eine geräteabhängige nominale Größe bezogen wird. Die entsprechenden CGM-Elemente sind LINEWIDTH SPECIFICATION MODE, MARKER SIZE SPECIFICATION MODE und EDGE WIDTH SPECIFICATION MODE. Diese Modi können jeweils für jedes Bild definiert werden.

Die CGM-Definition für die Kodierung der Zeichenfolgen innerhalb von Textelementen beschränkt sich nicht auf ASCII-Zeichen. Die Auswahl der verschiedenen Möglichkeiten erfolgt in zwei Schritten. Zuerst wird eine Liste von registrierten Zeichenmengen mit dem Element CHARACTER SET LIST spezifiziert, aus der über einen Index eine der Mengen ausgewählt wird.

## 2.2 Begrenzungselemente (Delimiter Elements)

Die Begrenzungselemente kennzeichnen den Anfang und das Ende von Bilddateien und Bildern und trennen den Bildbeschreibungsteil vom Bildinhalt.

BEGIN METAFILE *identifier*
    Durch dieses Element wird der Anfang einer Bilddatei markiert und der Bilddateibeschreibungsteil eingeleitet. Wenn mehrere Bilddateien auf einem gemeinsa-

men Speichermedium untergebracht sind, kann der zur Identifizierung dienende
Parameter dazu verwendet werden, auf eine bestimmte Bilddatei zuzugreifen.

END METAFILE
Das Ende einer Bilddatei wird durch dieses Element markiert.

Eine minimale korrekte Bilddatei besteht aus den beiden aufgeführten Begren-
zungselementen und einem Bilddateibeschreibungsteil, der aus den beiden erforderli-
chen Elementen METAFILE VERSION und METAFILE ELEMENT LIST
(beschrieben im nächsten Abschnitt) besteht. In Klartextkodierung ausgedrückt sieht
dies folgendermaßen aus:

```
BEGMF "Beispiel";
MFVERSION 1;
MFELEMLIST "drawing";
BEGPIC "Bild";
BEGPICBODY;
ENDPIC;
ENDMF;
```

BEGIN PICTURE *identifier*
Dieses Element ist das erste Element eines Bildes und markiert den Anfang des
Bildbeschreibungsteils. Mit Hilfe des Parameters kann auf einzelne Bilder in einer
Bilddatei zugegriffen werden. Das Element BEGIN PICTURE sorgt dafür, daß
zu Beginn eines Bildes alle Attribute auf den Anfangswert zurückgesetzt werden.
Damit wird erreicht, daß jedes Bild, eingeschlossen durch die Elemente BEGIN
PICTURE und END PICTURE, vollkommen unabhängig von den anderen Bil-
dern ist, die vorhanden sein können.

BEGIN PICTURE BODY
Durch dieses Element wird das Ende des Bildbeschreibungsteils und der Übergang zu den graphischen Darstellungs-, Attribut- und Steuerungselementen, die
das Bild umfassen, markiert.
    Wenn ein neues Bild mit einer gelöschten Darstellungsfläche beginnt, wird als
einleitende Hintergrundfarbe die Farbe, die durch das Element BACKGROUND
COLOUR spezifiziert wird, oder die Anfangshintergrundfarbe gewählt, je nachdem ob das Element BACKGROUND COLOUR im Bildbeschreibungsteil vor-
kommt oder nicht.
    Jedes Bild definiert eine graphische Darstellung unabhängig von den anderen
Bildern. Die normal erwartete Aktion ist eine gelöschte Darstellungsfläche zu Beginn jeden Bildes. Aber der Standard schreibt ein Löschen der Darstellungsfläche
zu Beginn eines neuen Bildes nicht vor. Deshalb steht es den Interpretern frei,
Darstellungen durch das Überlagern von Bildern zu erzeugen.

END PICTURE
Dieses Element ist das letzte eines Bildes. Es ist keine explizite Aktion vorgeschrieben, wenn dieses Element bearbeitet wird.

Zwischen END PICTURE und BEGIN PICTURE bzw. END METAFILE dürfen nur externe Elemente und Escape-Elemente auftreten.

**2.3 Bilddateibeschreibungselemente (Metafile Descriptor Elements)**

Die Elemente, die im Metafile Descriptor auftreten können, beschreiben die funktionalen Fähigkeiten, die notwendig sind, das Metafile interpretieren zu können. Dabei handelt es sich um insgesamt 15 Elemente, von denen zumindest die Elemente METAFILE VERSION und METAFILE ELEMENT LIST in allen CGMs auftreten müssen. Für alle anderen Elemente sind im CGM-Standard Werte vorgegeben. Diese Default-Werte sind abhängig von der verwendeten Kodierung.

METAFILE VERSION *Version*
> Der Parameter spezifiziert die Version des zugrundeliegenden CGM-Standards. Dieses Element muß im Beschreibungsteil jeder Bilddatei erscheinen.

METAFILE DESCRIPTION *description*
> Dieses Element erlaubt es, den Inhalt einer Bilddatei mit beschreibenden Text wie z. B. Autor, Datum der Erstellung usw. zu versehen.

VDC TYPE *vdc type*
> Durch dieses Element wird der Datentyp (Ganzzahl oder Gleit- bzw. Festkommazahl) der virtuellen Gerätekoordinaten festgelegt.

INTEGER PRECISION *precision*
REAL PRECISION *precision*
INDEX PRECISION *precision*
COLOUR PRECISION *precision*
COLOUR INDEX PRECISION *precision*
> Diese fünf Elemente spezifizieren die Genauigkeitsangaben von Parametern der Datentypen INTEGER, REAL, INDEX, COLOUR DIRECT und COLOUR INDEX. Bei allen diesen Elementen hängt der Parameter von der Kodierung ab. Die Genauigkeitsangabe bei dem Element COLOUR PRECISION bezieht sich auf jeden der drei Komponenten des RGB-Farbmodells.

MAXIMUM COLOUR INDEX *maximum colour Index*
> Dieser Parameter repräsentiert eine obere Grenze, aber nicht notwendigerweise die kleinste obere Grenze, der Farbindexwerte, die in der Bilddatei auftreten.

COLOUR VALUE EXTENT *minimum and maximum colour value*
> Diese Parameter repräsentieren ein Intervall in dem sich die direkten Farbwerte befinden, die in der Bilddatei vorkommen. Sie müssen nicht das exakte Intervall repräsentieren. Der 'minimale Farbwert' korrespondiert mit der abstrakten RGB-Spezifikation von (0,0,0), welche Nullintensität für jeden der RGB-Komponenten bedeutet und Schwarz repräsentiert. Der 'maximale Farbwert' korrespondiert mit der abstrakten RGB-Spezifikation von (1,1,1), welche maximale Intensität für jeden der RGB-Komponenten bedeutet und Weiß repräsentiert.

**METAFILE ELEMENT LIST** *list of elements*

Die Anzahl und Form der Parameter ist kodierungsabhängig.

Mit diesem Element sind alle Elemente aufzulisten, die in der Bilddatei auftreten können und die nicht als notwendig gekennzeichnet sind (Notwendige Elemente sind diejenigen, die zu einer syntaktisch-korrekten Bilddatei gehören.). Das Element METAFILE ELEMENT LIST muß im Beschreibungsteil jeder Bilddatei erscheinen. Die Liste, die hiermit angegeben wird, repräsentiert eine obere Grenze des funktionalen Umfanges. Es muß sich dabei nicht um die kleinste obere Grenze handeln. Jedes Element der Bilddatei sollte in der Liste erscheinen, aber es können auch Elemente aufgeführt werden, die in der Bilddatei keine Verwendung finden.

Sammelbezeichnungen werden in dieser Liste unterstützt. Diese Namen können in Verbindung mit individuellen Elementnamen verwendet werden. Im CGM-Standard festgelegte Sammelbezeichnungen sind:

DRAWING SET

DRAWING PLUS CONTROL SET

**METAFILE DEFAULTS REPLACEMENT** *picture descriptor, control, and attribute elements*

Jedes Element in der Liste besitzt das selbe Format, die gleiche Bedeutung und die gleichen Parameterdatentypen, wie wenn es außerhalb des Elementes METAFILE DEFAULTS REPLACEMENT auftritt. Die im Standard vorgegebenen Anfangswerte können durch entsprechende Angaben im Element METAFILE DEFAULTS REPLACEMENT ersetzt werden. Jedes Bild in der Bilddatei nimmt zum Zeitpunkt BEGIN PICTURE an, daß die modalen Werte von allen Elementen die Anfangswerte sind, unabhängig davon, ob sie von dem Standard oder von dem vorliegenden Element stammen.

Wenn ein Wert mehrere Spezifikationsmodi besitzt, definiert dieser Standard einen Anfangswert für jeden Modus. Wenn ein Element in dem vorliegenden Element einen Anfangswert setzt, dann setzt es diesen Wert im zur Zeit gültigen Spezifikationsmodus. Der zur Zeit gültige Modus beim Bearbeiten der Liste ist entweder der Anfangsmodus definiert durch ISO 8632 oder der Modus, der zuletzt durch ein Element in der Liste gesetzt wurde. Die Liste kann Elemente beinhalten, die Werte in mehr als einem Modus setzen.

Die Elemente in der Liste werden sequentiell bearbeitet. Wenn ein Wert mehr als einmal in der Liste definiert wird, dann ist immer der aktuelle Wert, der zuletzt gesetzt wurde.

**FONT LIST** *font names*

Dieses Element erlaubt es, Indizes des Attributes TEXT FONT INDEX Schriftarten zuzuordnen. Die erste Schriftart in der Liste wird dem Index 1 zugeordnet, die zweite dem Index 2, usw.

Schriftarten sind im 'ISO International Register of Graphical Items' eingetragen. Wenn eine neue Schriftart durch die 'ISO Working Group on Computer Graphics' gebilligt wird, wird ihr ein Name durch die Registrierstelle zugeordnet.

CHARACTER SET LIST *list of character set type and designation sequence tail*
Dieses Element deklariert die Zeichensätze, die in nachfolgenden Elementen wie CHARACTER SET INDEX und ALTERNATE CHARACTER SET INDEX genannt werden können, und richtet den Zeichensatzindex ein, der jedem der Zeichensätze zugeordnet ist. Der erste Zeichensatz in der Liste benennt den Zeichensatz mit dem Index 1, usw.

Jede Zeichensatzangabe besteht aus zwei Teilen: einem Aufzählungsparameter und einer kurzen Zeichenfolge. Der erste Teil spezifiziert den Zeichensatztyp. Die Zeichenfolge besteht aus den Zeichen, die das Ende der Escape-Folge bilden, die den Zeichensatz bezeichnen.

CHARACTER CODING ANNOUNCER *coding technique*
Für das Umschalten zwischen mehreren Zeichensätzen (siehe Element CHARACTER SET LIST) existieren mehrere Techniken, u. a. BASIC 7-bit, BASIC 8-bit, EXTENDED 7-bit und EXTENDED 8-bit wie im Standard ISO 2022 festgelegt. Das Element CHARACTER CODING ANNOUNCER legt fest, ob eine der vier aufgeführten oder ob eine andere (private) Technik innerhalb der Bilddatei verwendet wird

### 2.4 Bildbeschreibungselemente (Picture Descriptor Elements)

Zwischen den Elementen BEGIN PICTURE und BEGIN PICTURE BODY sind die Bildbeschreibungselemente angeordnet. Sie kontrollieren den Inhalt des zugehörigen Bildes, aber beeinflussen nicht die anderen Bilder in der Bilddatei.

Zu den Bildbeschreibungselementen gehören Elemente, die den Parametertyp von anderen Elementen, den Bereich des Koordinatensystems, der von Interesse ist, und die Hintergrundfarbe des Bildes festlegen. Für alle diese Elemente existieren Default-Werte, die verwendet werden, wenn kein entsprechendes Element im Bildbeschreibungsteil existiert. Bei den Default-Werten handelt es sich entweder um die Werte, die im CGM-Standard aufgeführt sind, oder um die, die im Element METAFILE DEFAULTS REPLACEMENT am Anfang des Metafile gesetzt wurden.

SCALING MODE *mode, scale factor*
Der Raum der Virtual Device Coordinates, genannt VDC Space, der für die Festlegung von Positionen und Ausdehnungen der geometrischen Darstellungselemente verwendet wird, wird durch dieses Element spezifiziert. Dabei existiert die Wahl zwischen einem abstraktem und einem metrischen Raum. Bei dem metrischen Raum wird durch den Skalierungsfaktor zusätzlich festgelegt, wieviele Millimeter eine Einheit des VDC entspricht. Folgendes Beispiel ordnet einer VDC-Einheit den Wert von 1 cm zu:

    SCALEMODE METRIC 10.0;

Da das Element SCALING MODE dem Bildbeschreibungsteil zugeordnet ist, kann der VDC Space für jedes Bild anders festgelegt werden.

COLOUR SELECTION MODE *mode*

Die Art wie Farben spezifiziert werden (Farbindex oder Direktangabe), wird durch dieses Element oder den Default-Wert festgelegt. Wenn das Element im Bildbeschreibungsteil auftritt, wird der Mode für das gesamte Bild spezifiziert. Innerhalb des Bildes kann der Mode nicht modifiziert werden.

Weil bei der Farbindexangabe (Zugriff auf Farbwerte in einer Tabelle) nur ein Wert notwendig ist, gegenüber der Direktangabe der drei RGB-Werte, sind beim häufigen Farbwechsel in einem Bild der Indexmode vorzuziehen, um die Größe der Bilddatei klein zu halten.

LINEWIDTH SPECIFICATION MODE *mode*
MARKER SIZE SPECIFICATION MODE *mode*
EDGE WIDTH SPECIFICATION MODE *mode*

Linienbreite, Markergröße und Kantenbreite können in zwei unterschiedlichen Modi spezifiziert werden. Mit den oben aufgeführten Elementen wird der Modus für diese Attribute im darauf folgenden Bild festgelegt. Die Werte der Attribute ergeben sich aus den Default-Werten oder durch Festlegung mit Hilfe der Elemente LINE WIDTH, MARKER SIZE und EDGE WIDTH. Die Wahl des Modus besteht dabei zwischen skalierter oder absoluter Angabe. Modus 'skaliert' bedeutet, daß die Werte als Skalierungsfaktor auf eine geräteabhängige Nominalgröße angewendet wird, während 'absolut' festlegt, daß die Werte Größen in VDC-Einheiten entsprechen.

VDC EXTENT *first-corner, second-corner*

Das VDC-System des CGM entspricht dem des CGI. Entsprechend CGI wird durch das Element VDC EXTENT der Bereich des Bildes festgelegt, der von Interesse ist. Die Ausgabe von graphischen Darstellungselementen innerhalb dieses Bereiches kann zusätzlich durch Spezifizierung von Klippbereichen eingeschränkt werden. Die VDC-Ausdehnung wird am Anfang des Bildes im Bildbeschreibungsteil festgelegt oder durch den Default-Wert bestimmt. Demgegenüber können Klippbereiche innerhalb eines Bildes beliebig oft festgelegt werden.

Die Default-Werte für die VDC-Ausdehnung betragen (0,0) und (32767,32767) bzw. (0.0,0.0) und (1.0,1.0), je nachdem ob der VDC-Typ Integer oder Real ist.

BACKGROUND COLOUR *red-value, green-value, blue-value*

Mit diesem Element kann die Hintergrundfarbe für jedes Bild individuell festgelegt werden.

## 2.5 Steuerungselemente des CGM

Im Gegensatz zu den Bild- und Biddateibeschreibungselementen (picture and metafile descriptor elements), deren Wirkungsbereich sich auf ganze Bilder bzw. die gesamte Bilddatei erstreckt, gelten die Steuerungselemente ab dem Punkt im Bild, an dem sie auftreten, bis zum Bildende bzw. bis zu dem Punkt, an dem gleiche Elemente erscheinen. Aus dem Wirkungsbereich ergibt sich auch der Bereich, in dem

Steuerungselemente angegeben werden können, und zwar der Bereich zwischen den Elementen BEGIN PICTURE BODY und END PICTURE.

Zu den Steuerungselementen gehören folgende Elemente:

**VDC INTEGER PRECISION** *precision*
**VDC REAL PRECISION** *precision*

Diese Elemente definieren in Abhängigkeit vom Koordinatentyp (VDC type) die Granularität des Bereiches des Virtuellen-Koordinaten-Raumes, der bei den Koordinatenangaben von Punkten Anwendung findet. Die gleiche Granularität gilt auch für die Parameterwerte, die in VK-Einheiten spezifiziert werden.

Durch eine Anpassung der Präzision an die Anforderungen einzelner Bildteile lassen sich unter Umständen eine kompaktere Speicherung und eine geringere Datenmenge bei der Datenübertragung erreichen. Folgendes Beispiel in Klartextdarstellung soll dies verdeutlichen:

```
...
BEGPICBODY;
VDCREALPREC 0.0 1.0 1;
LINE (0.1,0.9) (0.1,0.1) (0.9,0.1);
VDCREALPREC 0.0 1.0 3;
LINE (0.150,0.205) (0.155,0.312)
        ...
        (0.845,0.577) (0.850,0.460);
ENDPIC;
...
```

**AUXILIARY COLOUR** *colour specifier*

Ob die Hilfsfarbe (auxiliary colour) als direkter Farbwert oder als Farbindex angegeben wird, hängt vom aktuellen Farbauswahlmodus ab. Die Vorbelegung dieses Attributs richtet sich ebenfalls nach dem Farbauswahlmodus; bei indizierter Farbangabe ist es der Index 0, bei direkter ist es eine geräteabhängige Hintergrundfarbe.

Wann die Hilfsfarbe zur Anwendung kommt, wird bei dem Element TRANSPARENCY beschrieben.

**TRANSPARENCY** *transparency indicator*

Das Element TRANSPARENCY steuert die Anwendung der Hilfsfarbe bei darauffolgenden graphischen Elementen. Wenn die Transparenz ausgeschaltet ist, sollte die Hilfsfarbe bei der Realisierung von graphischen Elementen verwendet werden, während wenn die Transparenz eingeschaltet ist, die Hilfsfarbe nicht beachtet wird.

Benutzt wird die Hilfsfarbe bei ausgeschalteter Transparenz u. a. für die Freistücke von strichlierten Linien und Kanten und für den Hintergrund von Zeichen, Marken und Schraffuren.

Die Beachtung der Elemente AUXILIARY COLOUR und TRANSPARENCY durch einen Interpreter ist implementierungsabhängig, weil der erwünschte Effekt auf manchen Geräten überhaupt nicht oder nur mit enormen Aufwand erreichbar ist.

CLIP RECTANGLE *first corner, second corner*

Dieses Element spezifiziert ein Rechteck im Bereich der virtuellen Koordinaten (VDC space), an dem graphische Elemente geklippt werden sollen, wenn der Klippanzeiger (clip indicator) gesetzt ist. Das Klippen ist dabei als die alleinige Ausgabe der Teile von graphischen Elementen definiert, die innerhalb oder auf den Grenzen des Rechtecks liegen.

Die Vorbelegung des Klipprechtecks entspricht der gesamten Ausdehnung der virtuellen Koordinaten (VDC extent).

CLIP INDICATOR *clip indicator*

Der Parameter dieses Elementes kann die Werte *'on'* oder *'off'* annehmen, womit der Klippanzeiger ein- oder ausgeschaltet wird. Am Anfang jedes Bildes ist der Klippanzeiger eingeschaltet, wenn durch das Element METAFILE DEFAULTS REPLACEMENT nichts gegenteiliges festgelegt wird.

Wenn der Klippanzeiger eingeschaltet ist, werden wie beim Element CLIP RECTANGLE beschrieben, die graphischen Elemente geklippt. Wenn der Klippanzeiger nicht gesetzt ist, wird das Klipprechteck nicht beachtet.

# 3 Die Darstellungselemente des CGM

Neben den GKS-Darstellungselementen verfügt das CGM-Konzept über eine Reihe weiterer graphischer Grundelemente. Im folgenden werden kurz die Elemente für die graphische Ausgabe aufführen. Diese entsprechen den namensgleichen Funktionen des CGI. Die weitergehende Beschreibung kann daher dem Kap. II.6.2 (CGI-Ausgabeprimitive) entnommen werden.

### 3.1 Linienelemente

POLYLINE: Entspricht der Funktion polyline des GKS.

DISJOINT POLYLINE: Nicht-zusammenhängende Linienstücke werden dargestellt.

CIRCULAR ARC 3 POINT und CIRCULAR ARC CENTRE: Ein Kreisbogen wird gezeichnet.

ELLIPTICAL ARC: Ein Ellipsenbogen wird gezeichnet.

Den Linienelementen sind die Attribute LINE BUNDLE INDEX, LINETYPE, LINEWIDTH und LINE COLOUR zugeordnet. Dabei wird über Aspektanzeiger gesteuert, ob die Attributanbindung über ein Bündel oder direkt erfolgt. CGM definiert wie CGI insgesamt 5 Linientypen.

### 3.2 Markierungselement

POLYMARKER: Dieses Element entspricht der GKS-Funktion polymarker.

Dem POLYMARKER sind die Attribute MARKER BUNDLE INDEX, MARKER TYPE, MARKER SIZE und MARKER COLOUR zugeordnet. Die entsprechenden Aspektanzeiger regeln die Anbindung. Die Markentypen sind kompatibel zu GKS und CGI, der voreingestellte Markentyp ist das Asterisk (*).

### 3.3 Textelemente

TEXT: Dieses Element entspricht der GKS Textfunktion.

RESTRICTED TEXT: Der Text wird in ein Parallelogramm eingepaßt.

APPEND TEXT: Dieses Textelement kommt ohne die Angabe einer Startposition aus. Sie ergibt sich immer aus dem vorausgegangenen Textelement, an welches der neue Text angehängt wird.

Die wesentlichen Textattribute wie z.B. TEXT BUNDLE INDEX, TEXT FONT INDEX, TEXT PRECISION, CHARACTER EXPANSION FACTOR, CHARACTER SPACING, TEXT COLOUR, CHARACTER HEIGHT, CHARACTER ORIENTATION, TEXT PATH und TEXT ALIGNMENT steuern die Aspekte des Textes wie in CGI.

### 3.4 Flächenelemente

POLYGON: Dieses Element entspricht im wesentlichen der GKS Füllgebietsfunktion (FILL AREA).

POLYGON SET: Eine Menge von einzelnen Polygonen, deren Kanten wahlweise sichtbar bzw. unsichtbar sind, wird dargestellt.

RECTANGLE: Ein achsenparalleles Rechteck wird gezeichnet.

CIRCLE: Eine Kreisfläche, deren Geometrie sich aus dem Kreismittelpunkt und dem Radius ergibt, wird dargestellt.

ELLIPSE: Eine Ellipsenfläche, deren Geometrie sich aus dem Mittelpunkt und den Vektoren für die beiden Halbachsen ergibt, wird dargestellt.

CIRCULAR ARC 3 POINT CLOSE, CIRCULAR ARC CENTRE CLOSE und ELLIPTICAL ARC CLOSE: Die Geometrie dieser drei Flächenelemente entspricht den korrespondierenden CGI-Funktionen.

Den Flächenelementen können Attribute angebunden werden, die den CGI-Flächenattributen entsprechen. Es besteht ebenso die Möglichkeit, die Kanten explizit zu attributieren und damit von der Fläche hervorzuheben.

### 3.5 Zellmatrixelement

CELL ARRAY: Dieses Element entspricht der CGI-Funktion CELL ARRAY (Zell-matrix). Neben der Angabe von Farbindizes für die Ausfüllung der jeweiligen Zelle ist es in Abhängigkeit von dem COLOUR SELECTION MODE möglich, die Zellmatrix mit direkten Farbwerten zu parametrisieren.

### 3.6 Weitere Darstellungselemente

Zusätzlich zu diesen fünf Klassen von Primitiven gibt es genau wie im GKS und CGI ein GENERALIZED DRAWING PRIMITIVE. Attribute werden entsprechend der Festlegung im ISO-Register mit den Standard-Attributelementen des CGM gesetzt.

### 3.7 Die Voreinstellung der Attribute

Alle in GKS definierten Attribute sind auch in dem CGM enthalten. Darüber hinaus wurden wie im CGI weitere Attribute aufgenommen und der Wertebereich von GKS-Attributen erweitert. Die Vorbelegung der insgesamt 35 Attributen des CGM ist in der folgenden Tabelle aufgeführt. Sie entsprechen den Voreinstellungen des CGI (siehe Kap. II.6.2.12).

### 3.8 Sonstige Elemente des CGM

ESCAPE: Dieses Element erlaubt die Ansteuerung spezieller Gerätefunktionen wie es in CGI und GKS vorgesehen ist.

Mit MESSAGE ist es möglich, während der Interpretation von CGMs dem Bediener Nachrichten, die nicht Bestandteil des Bildes sind, zukommen zu lassen.

APPLICATION DATA erlaubt die Speicherung beliebiger anwendungsspezifischer Informationen, die nicht von einem CGM-Interpreter ausgewertet werden. Dieses Element entspricht den sogenannten USER ITEM des GKSM.

## 4 CGM-Generatoren und Interpreter

Während CGM-Generatoren üblicherweise entsprechend des Anwendungskontextes ausgewählt werden, d.h. im allgemeinen die von der Anwendung geforderte Funktionalität für Bilddateien erfüllen, kann es auf der Seite des Interpreters (siehe Abb. III-5) durchaus (häufig) vorkommen, daß CGM-Dateien zur Interpretation anstehen, die CGM-Elemente enthalten, welche der Interpreter nicht visuell umzusetzen vermag. Um hier ein Mindestmaß an Portabilität zu sichern, werden für CGM-Interpreter Mindestanforderungen definiert, die jeder Interpreter realisieren soll. Diese Anforderungen sind in der nachfolgenden Tabelle aufgeführt.

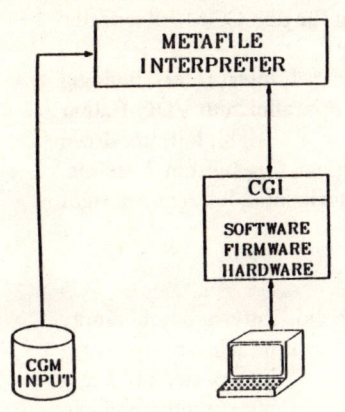 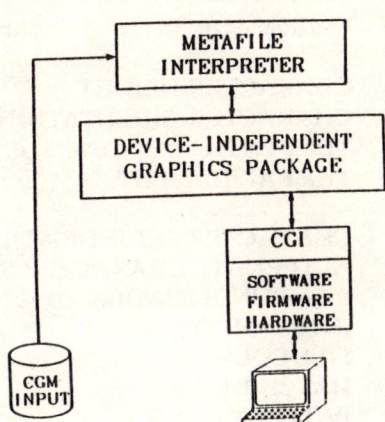

Abb. III-5: CGM-Interpreter


| Funktionalität | Minimalanforderung für den CGM-Interpreter |
|---|---|
| CHARACTER CODING ANNOUNCER | Basic 7-bit |
| FONT LIST | zumindest eine Schriftart, zur Darstellung des Zeichensatzes |
| CHARACTER SET LIST | zumindest einen Zeichensatz mit der internationalen Festlegung nach ISO 646 |
| BACKGROUND COLOUR | 1, interpreter-abhängig |
| AUXILIARY COLOUR | transparent |
| TRANSPARENCY | ein |
| TEXT string size for alignment | 80 Zeichen |
| Vertices for POLYGON and POLYGON SET | 128 |
| LINE BUNDLE INDEX | 5 |
| LINE TYPE | solid, dash, dot, dash-dot, dash-dot-dot |
| LINE WIDTH | 1, interpreter-abhängig |
| LINE COLOUR | 1, interpreter-abhängig |
| MARKER BUNDLE INDEX | 5 |
| MARKER TYPE | dot, plus, asterisk, circle, cross |
| MARKER SIZE | 1, interpreter-abhängig |
| MARKER COLOUR | 1, interpreter-abhängig |
| TEXT BUNDLE INDEX | 2 |
| TEXT FONT INDEX | 1 |
| TEXT PRECISION | string, character |
| CHARACTER EXPANSION FACTOR | 1, interpreter-abhängig |
| CHARACTER SPACING | 1, interpreter-abhängig |
| TEXT COLOUR | 1, interpreter-abhängig |

| Funktionalität | Minimalanforderung für den CGM-Interpreter |
|---|---|
| CHARACTER HEIGHT | 1, interpreter-abhängig |
| CHARACTER ORIENTATION | achsenparallel zum VDC-Extent |
| TEXT PATH | right, left, up, down |
| TEXT ALIGNMENT | normal vertical, top, bottom, baseline, normal horizontal, left, centre, right |
| CHARACTER SET INDEX | 1 |
| ALTERNATE CHARACTER SET INDEX | 1 |
| FILL BUNDLE INDEX | 5 |
| INTERIOR STYLE | hollow, solid, pattern, hatch, empty |
| FILL COLOUR | 1, interpreter-abhängig |
| HATCH INDEX | 1, interpreter-abhängig |
| PATTERN INDEX | 1, interpreter-abhängig |
| EDGE BUNDLE INDEX | 5 |
| EDGE COLOUR | wie LINE COLOUR |
| EDGE TYPE | wie LINETYPE |
| EDGE WIDTH | wie LINEWIDTH |
| PATTERN SIZE | 1, interpreter-abhängig |

CGM definiert lediglich das Bilddatenformat, nicht aber die Mechanismen der Erzeugung und Interpretation dieser Daten. Zu CGM existieren keine Sprachanbindungen, d.h. es kann demnach auch keine Generatoren/Interpreter mit einer vereinheitlichten Anwendungsschnittstelle geben, außer man macht sich gerade für diesen Zweck einen weiteren graphischen Standard, wie z.B. GKS, zunutze. Prinzipiell jedoch läßt der CGM-Standard es zu, beliebige Generatoren bzw. Interpreter, ja sogar Texteditoren zur Metafile-Erstellung zu verwenden.

# 5 CGM-Interpreter und Generatoren in GKS

Das Konzept der graphischen Arbeitsplätze spielt in GKS eine zentrale Rolle und soll auch im Zusammenhang mit den CGM-Bilddateien benutzt werden. Dazu müssen Arbeitsplätze vom Typ cgm-output und cgm-input und der Arbeitsplatz-Kategorie metafile-output bzw. metafile-input implementiert werden.

Sobald eine Metafile-Output-Workstation für CGM aktiviert ist, wird sie mit den relevanten GKS-Funktionen versorgt. Der Arbeitsplatz wandelt die GKS-Funktionen in CGM-Elemente um und wird in dieser Arbeit deshalb oft als CGM-Generator bezeichnet. Benutzerspezifische Einträge werden über die Funktion WRITE ITEM TO GKSM auf das CGM geschrieben (siehe Abb. III-6).

Für eine Metafile-Input-Workstation stehen die beiden GKS-Funktionen get item type from gksm und read item from gksm zur Eingabe von Bilddaten verfügbar. Diese beiden Funktionen dienen dem Lesen von CGM-Datensätzen aus der Bilddatei. Der eigentliche Interpreter ist kein Arbeitsplatz im GKS, sondern nur ein Modul innerhalb des GKS-Kerns. Aufgerufen wird der Interpreter mit Hilfe der Funktion INTERPRET (CGM) ITEM, die im GKS definiert ist und jetzt aber CGM-Datensätze auf GKS-Funktion abbildet (siehe Abb. III-7).

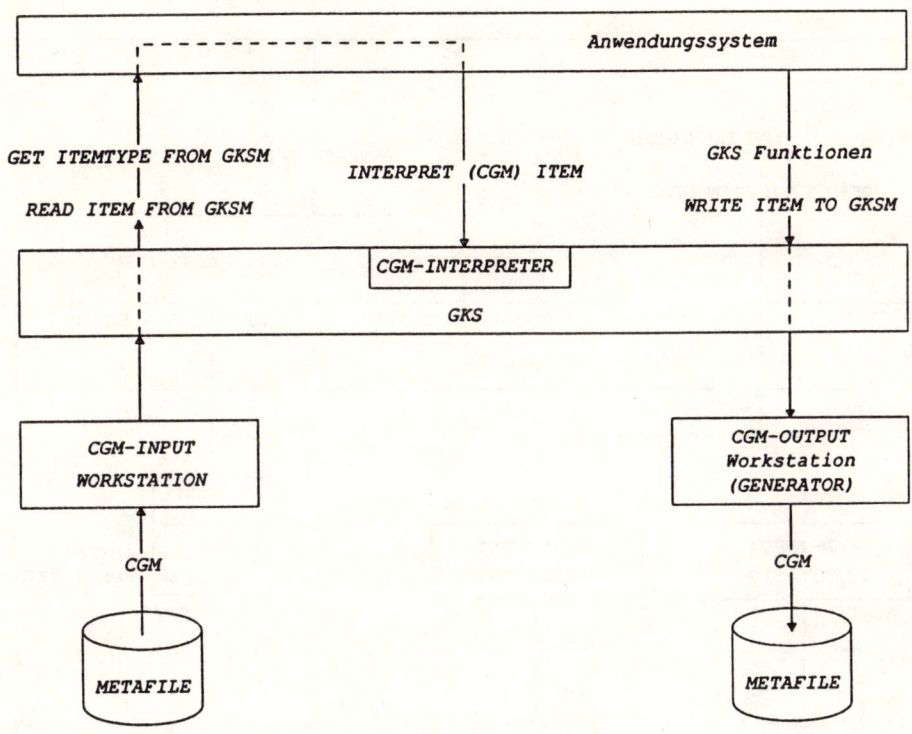

Abb. III-6: CGM-Generator und Interpreter in GKS

Bei Verwendung dieser Lösung ist an der Anwenderschnittstelle der Unterschied zwischen beiden Metafiles nicht mehr sichtbar. Diese Vorteile rechtfertigen den notwendigen Mehraufwand für die Integration eines CGM-Generators / Interpreters in Systeme wie beispielsweise GKS.

## 6 Erweiterung des CGM-Konzepts

Sobald das Computer Graphics Metafile 1985 standard-technisch stabil war, artikulierten verschiedene graphische Benutzerkreise die Notwendigkeit nach verbesserter, höherer Funktionalität einer Bilddatei. Dies hat Erweiterungsaktivitäten bzgl. des CGM zur Folge, die teilweise bereits durch Standardisierungsaktivitäten abgedeckt sind, teilweise aber auch noch auf ersten Vorschlägen - wie z.B. Addendum 3 - beruhen. In den nachfolgenden Abschnitten werden die derzeit standardisierten, in Bearbeitung befindlichen bzw. andiskutierten Vorschläge zur Erweiterung des CGM vorgestellt.

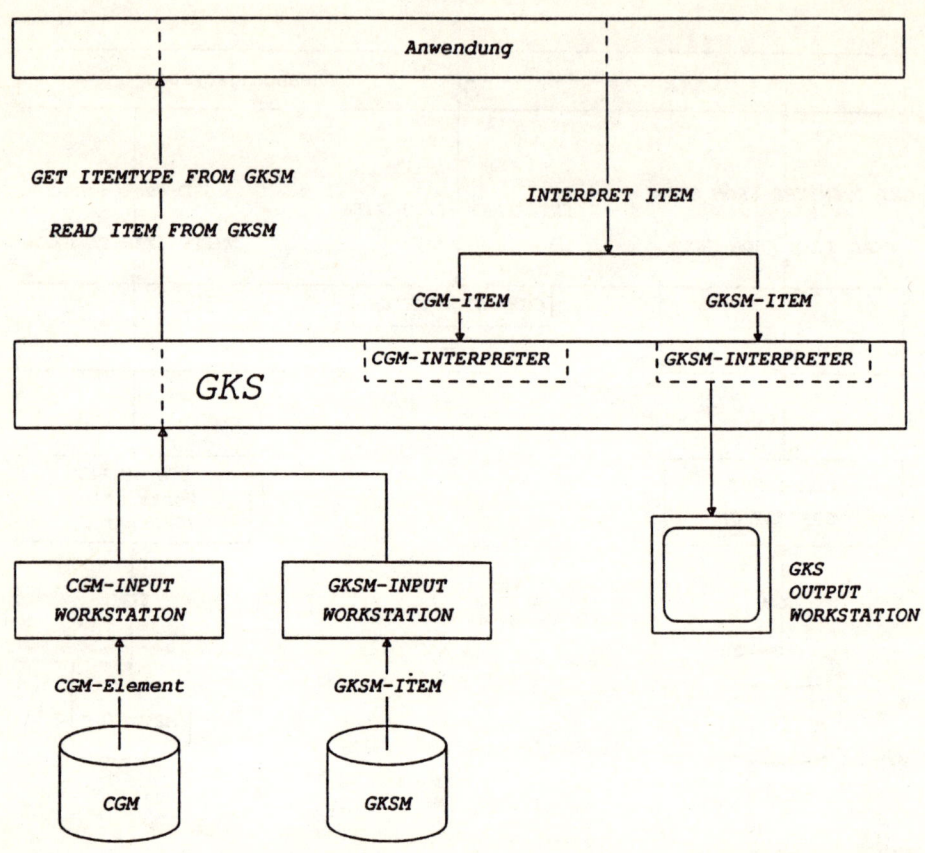

**Abb. III-7: Aufruf von CGM-Interpreter und GKSM-Interpreter durch die GKS-Funktion INTERPRET ITEM**

### 6.1 CGM Addendum 1

Das CGM, soweit es der Standard definiert, ist in Relation zu GKS geeignet, als GKS-Metafile für die Funktionalität der Speicherung statischer Bilder bis zur GKS-Leistungsstufe 0a zu dienen. Um diese Beschränkung zu überwinden wurde bereits 1985 eine Aktivität unter der Bezeichnung CGM-Addendum 1 gestartet, die darauf abzielte, den CGM-Standard dem GKS-Metafile (so wie im Anhang des GKS-Dokuments spezifiziert) funktional näherzubringen und die mit CGI definierte Funktionalität aufzunehmen. Diese Aktivitäten resultierten 1989 in einem internationalen Standard (ISO IS 8632/AD-1, /ISO-87g/).

Prinzipiell unterstützen die im Addendum 1 definierten Bilddateielemente

- Segmente,
- dynamische Bildregenerierung,
- Kontrolle der Gerätedarstellungsfläche und
- zusammengesetzte Primitive (CLOSED FIGUREs).

Die im Addendum 1 spezifizierten funktionalen Erweiterungen werden im folgenden vorgestellt. Die Bilddateielemente sind durch Großschreibung hervorgehoben.

MAXIMUM VDC EXTENT: Dieses Bilddateibeschreibungselement (metafile descriptor element) spezifiziert eine Ausdehnung, welche alle Ausdehnungen von virtuellen Koordinaten umfaßt, die in der Bilddatei vorkommen.

DEVICE VIEWPORT, DEVICE VIEWPORT SPECIFICATION MODE, DEVICE VIEWPORT MAPPING dienen zur Spezifikation des Gerätedarstellungsfeldes. Die Voreinstellung der Größe ist implementierungsabhängig.

LINE REPRESENTATION, MARKER REPRESENTATION, TEXT REPRESENTATION, FILL REPRESENTATION, EDGE REPRESENTATION definieren Attributbündel für die jeweiligen assoziierten Primitive. Diese Elemente wurden wie LINE CLIPPING MODE, MARKER CLIPPING MODE und EDGE CLIPPING MODE zur Realisierung von CGI-Funktionalität aufgenommen.

BEGIN SEGMENT, END SEGMENT, SEGMENT PRIORITY EXTENT, PICK IDENTIFIER und COPY SEGMENT sind die Elemente zur Unterstützung der grundlegenden Segmentfunktionalität von GKS und CGI.

INHERITANCE FILTER, SEGMENT TRANSFORMATION, SEGMENT HIGHLIGHTING, SEGMENT DISPLAY PRIORITY und SEGMENT PICK PRIORITY wurden zur Definition der Segmentattribute eingerichtet und unterstützen damit GKS und CGI.

BEGIN FIGURE, END FIGURE und NEW REGION sind weitere von CGI gestellte Anforderungen, die als weitere Elemente aufgenommen wurden. Damit wird es wie mit CGI möglich, komplexe Füllgebiete zu definieren und geschlossen darzustellen, sowie eine weitere Untergliederung per Region durchzuführen.

SAVE PRIMITIVE ATTRIBUTES und RESTORE PRIMITIVE ATTRIBUTES können wie im CGI genutzt werden, um gesamte Attributsätze vorzudefinieren, zu laden und zu speichern.

CIRCULAR ARC CENTRE REVERSED ist letztlich als weiteres graphische Primitiv aufgenommen worden.

### 6.2 CGM Addendum 2

Diese Erweiterung wurde als Addendum begonnen, um die mit GKS-3D einhergehenden Anforderungen nach 3D-Primitiven und Attributen für Bilddateien zu erfüllen. Ein erster Normenentwurf ist bereits bei ISO verfügbar /ISO-87b/. Addendum

2 des CGM wird ebenso wie Addendum 1 als funktional beschriebener Standard mit den drei Kodierungsrichtlinien erarbeitet.

Die Erweiterungen des CGM beziehen sich auf 3D-Elemente für Bilddateien, Elemente für die Attributierung im 3D und Struktur- bzw. Segmentelemente. Addendum 2 beabsichtigt, sowohl für GKS-3D wie auch für PHIGS die Speicherung statischer Bilder (picture capture) und Sitzungsprotokolle (session capture) über die Bilddateiausgabe und die Bilddateieingabe zu definieren.

Die für GKS-3D definierten Bilddateielemente sind auf 3D-Bilddateien ausgerichtet. Diese Erweiterung ist aufwärtskompatibel zum CGM-Standard und dem Addendum 1 zu sehen, denn sie beinhaltet die entsprechenden Elemente daraus.

Für PHIGS wurden CGM-Elemente spezifiziert, die sich an das Konzept der Archivierung anlehnen. Diese sind so ausgelegt, daß sie Bilder aus dem Strukturspeicher des PHIGS übernehmen können. Strukturen werden dabei in der Bilddatei als globale Segmente übernommen. Optional dazu können Bilder definiert sein. Jedes Bild in der Bilddatei kann über das COPY-Element globale Segmente aus der Bilddatei beziehen.

## 6.3 CGM Addendum 3

Künftige Erweiterungen des CGM wurden mit CGM-Anwendern auf einem internationalen Workshop /MuSc-88/ diskutiert. Die hier angedachten Erweiterungen wurden bereits in den USA als Entwurf formuliert /ANSI-88/. Addendum 3 zielt in die Richtungen:

- technische Zeichnungen;
- Computer Graphik als Kunst;
- Hochqualitätsgraphik (inkl. Geometrie-Darstellungen, Rasterbilder, Text);
- Bürosysteme und Desk Top Publishing (DTP).

Dieser Vorschlag führt im wesentlichen eine Erweiterung in folgenden Bereichen durch:

a. erweiterte 2D-Graphik wie z.B. Bezierkurven, rationale B-Splines, zusammengesetzte Linien (composite line primitive);

b. von der Anwendung definierbare Linientypen und Schraffuren;

c. Übernahme des Textmodells nach ISO 9541, das Text- und Schriftarten festlegt;

c. bei der Bildgenerierung soll es möglich werden, beliebige Klippgrenzen zu definieren, Shielding durchzuführen und Bildelemente auszurichten;

e. zusätzliche Farbmodelle, wie z.B. CIE (Commission Internationale de l`Eclairage), CMYK (Cyan-Magenta-Yellow-Black) oder auch die Angabe von Farbnamen;

f. zusätzliche Rasterfunktionen;

g. Verwendung von extern definierten, in einer Bibliothek verfügbaren Standardsymbolen.

## 7 Die Kodierung des Computer Graphics Metafile

Neben der funktionalen Definition der Bilddateielemente spezifiziert der CGM-Standard das Datenaustauschformat, die sogenannte Kodierung der Bilddaten. Die Teile 2, 3 und 4 des CGM spezifizieren die hier vorgestellten Kodierverfahren.

### 7.1 Die Zeichenkodierung des CGM

Im CGM, Teil 2 (ISO 8632-2), ist eine Zeichenkodierung (character encoding) beschrieben. Sie dient der kompakten Darstellung von Bildern und hat die wesentliche Bedeutung bei der zeichenorientierten Datenübertragung. Die Zeichendarstellung basiert auf den Regeln, die in den ISO-Standards ISO 646 (ISO 7-bit coded character set for information exchange) und ISO 2022 (ISO 7-bit and 8-bit coded character sets - Code extension techniques) festgelegt sind.

Jedes CGM-Element ist durch ein oder zwei Zeichen beschrieben, gefolgt von den Operanden. Ein Operand kann variable Länge haben. Dies ermöglicht, kleine Werte durch eine geringe Zahl von Bytes darzustellen. Zur Verdeutlichung der Darstellungsweise soll hier zunächst eine Einführung in die Kodierungstechniken gegeben werden.

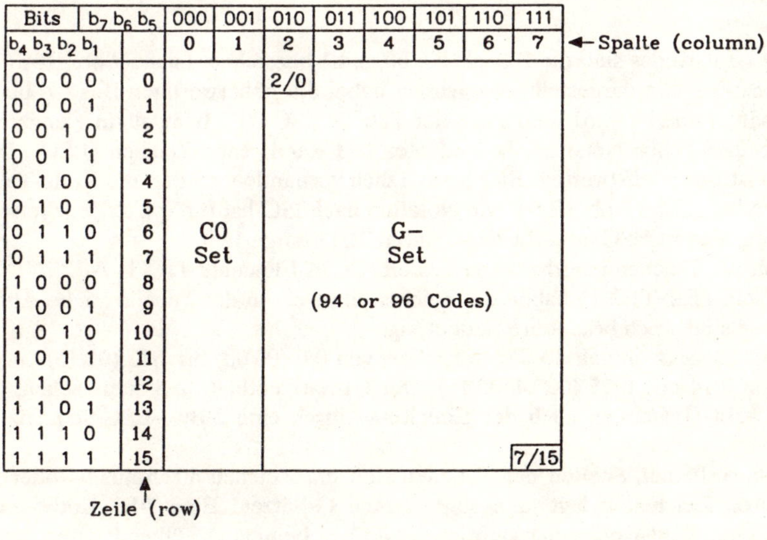

| Bits | $b_7 b_6 b_5$ | 000 | 001 | 010 | 011 | 100 | 101 | 110 | 111 | |
|---|---|---|---|---|---|---|---|---|---|---|
| $b_4 b_3 b_2 b_1$ | | 0 | 1 | 2 | 3 | 4 | 5 | 6 | 7 | ← Spalte (column) |
| 0 0 0 0 | 0 | | | 2/0 | | | | | | |
| 0 0 0 1 | 1 | | | | | | | | | |
| 0 0 1 0 | 2 | | | | | | | | | |
| 0 0 1 1 | 3 | | | | | | | | | |
| 0 1 0 0 | 4 | | | | | | | | | |
| 0 1 0 1 | 5 | | | | | | | | | |
| 0 1 1 0 | 6 | CO | | | G— | | | | | |
| 0 1 1 1 | 7 | Set | | | Set | | | | | |
| 1 0 0 0 | 8 | | | | | | | | | |
| 1 0 0 1 | 9 | | | (94 or 96 Codes) | | | | | | |
| 1 0 1 0 | 10 | | | | | | | | | |
| 1 0 1 1 | 11 | | | | | | | | | |
| 1 1 0 0 | 12 | | | | | | | | | |
| 1 1 0 1 | 13 | | | | | | | | | |
| 1 1 1 0 | 14 | | | | | | | | | |
| 1 1 1 1 | 15 | | | | | | | | 7/15 | |

Zeile (row)

Abb. III-8: 7-Bit-Kodierung

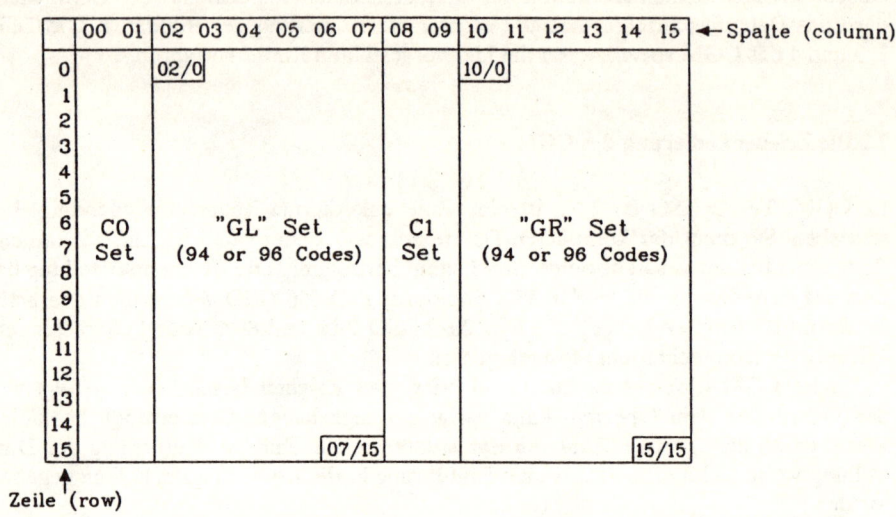

Abb. III-9: 8-Bit-Kodierung

In 7-Bit-Kodes sind die Bits als b7, b6, ... b1 bezeichnet (siehe Abb. III-8). Wie in der 7-Bit-Tabelle dargestellt, bezeichnen dabei die höherwertigen Bits b7, b6 und b5 die Spalten und b4 ... b1 die Zeilen der Tabelle. ISO 2022 benutzt zur Kennzeichnung die Spalten/Zeilen-Notation. So bedeutet 1/11 das Escape-Zeichen (ESC). In 8-Bit-Kodes ist das höchstwertige Bit b8 zusätzlich vorhanden, so daß die Kode-Tabelle 16 Spalten hat (siehe Abb. III-9). Die Notation nach ISO hat für Spalte/Zeile jeweils zwei Zeichen, also ist ESC im 8-Bit-Kode durch 01/11 dargestellt.

Für die Zeichen innerhalb von Texten (CGM-Elemente TEXT, APPEND TEXT, RESTRICTED TEXT) haben die Zeichensätze, die in der Tabelle (siehe Abb. III-8) zu sehen sind, noch besondere Bedeutung.

Der C0-Satz enthält 30 Steuerzeichen, von 0/0 (00/00) bis 1/15 (01/15), außer den Zeichen 0/14 und 0/15 (00/14, 00/15). Der C1-Satz enthält 32 Steuerzeichen, er ist in einer 7-Bit-Umgebung nach der Einleitung durch eine 2-Byte-ESC-Sequenz verfügbar.

Die restlichen Spalten der Tabellen sind mit Zeichensätzen aus 94 oder 96 darstellbaren Zeichen belegt, den sogenannten G-Sätzen. Eine 7-Bit-Kodierung kann einen, eine 8-Bit-Kodierung kann zwei G-Sätze beinhalten. Über Escape-Sequenzen wird eine Zuordnung von fest definierten (z.B. nationalen) Zeichensätzen (Kodierungen) auf die entsprechenden G-Sätze vorgenommen. Es können maximal 4 G-Sätze gleichzeitig bestehen (G0, G1, G2, G3), zwischen denen über ESC-Sequenzen umgeschaltet werden kann. Das CGM-Element CHARACTER SET INDEX bestimmt, welcher Zeichensatz der G0-Satz ist. ALTERNATE CHARACTER SET INDEX spezifiziert einen Zeichensatz, der sowohl als G1- als auch als G2-Satz benutzt wird. Ein G3-Satz muß durch besondere, in ISO 2022 beschriebene, Mechanismen eingeschaltet werden. Ein zusätzliches CGM-Element CHARACTER SET LIST legt fest, welche Zeichensätze im Metafile benutzt werden, welche Indexnummern den Zeichensätzen zugeordnet sind und welche ISO-Escape-Sequenzen für den jeweiligen Zeichensatz benutzt werden. Mit den ISO -022-Techniken lassen sich nicht nur alle nationalen europäischen Zeichensätze benutzen, sondern auch Mehr-Byte-Zeichensätze wie z.B. ein japanischer 2-Byte-Satz, bestehend aus 6.802 Zeichen.

Der Eintritt in eine CGM-Kodierungs-Umgebung kann implizit geschehen, wenn die austauschenden Parteien sich darüber geeinigt haben. Dies ist z.B. dann der Fall, wenn davon ausgegangen wird, daß der Inhalt einer Datei ein Metafile ist. Dies muß dann nicht mehr durch ein Kontroll-Element angekündigt werden. Bei gleichzeitiger Nutzung von Diensten, die ebenfalls eine ISO 2022-Kodierung benutzen (z.B. Videotext), muß die Gültigkeit der CGM-Umgebung durch die Escape-Sequenz ESC 2/5 F eingeleitet werden (die Kodierung für F wird durch die ISO-Registrierung festgelegt). Nach dieser Einleitung folgt unmittelbar der Opcode eines CGM-Elements. Eine Rückkehr zur normalen ISO 2022-Umgebung wird durch ESC 2/5 4/0 veranlaßt. Dies kann nach einem oder mehreren Metafiles (nach einem END METAFILE-Element) oder zwischen Bildern (nach einem END PICTURE-Element) geschehen. Hierbei wird auch die Zuordnung der ursprünglichen Zeichensätze wieder zurückgesetzt.

Die Tabelle im Anschluß in Kap. III.7.4 listet die Opcodes der CGM-Elemente. Ein-Byte-Opcodes sind für die graphischen Primitive vorgesehen (außer Kreis- und Ellipsenelementen), Zwei-Byte-Opcodes für die anderen.

### 7.1.1 Kodierung der Parameter

Ein CGM-Element kann ein oder mehrere Parameter haben. Jeder Parameter besteht aus einem oder mehreren Bytes. Alle Parameter werden in den Spalten 4 bis 7 der Kode-Tabellen kodiert (mit Ausnahme eines Zeichen-Parameters (string parameter)) und hat damit als Bit 7 immer eine 1. Damit kann leicht die Unterscheidung zu den Opcodes getroffen werden, die in den Spalten 2 und 3 kodiert sind.

Die Parameter, die Aufzählungstypen (enumerated), Indizes (Farben und andere), Integer- oder Real-Zahlen sind, werden im sogenannten Basis-Format (basic format) dargestellt. Dabei besteht jeder Parameter aus einem oder mehreren Bytes mit der Struktur:

```
    erstes Byte                letztes Byte
 b8            b1           b8            b1

 ┌─┬─┬─┬─┬─┬─┬─┬─┐           ┌─┬─┬─┬─┬─┬─┬─┬─┐
 │X│1│e│s│b b b b│   . . .   │X│1│e│b b b b b│
 └─┴─┴─┴─┴─┴─┴─┴─┘           └─┴─┴─┴─┴─┴─┴─┴─┘
```

Das Bit 8 (X) ist das Paritätsbit in einer 7-Bit-Kodierung, in einer 8-Bit-Kodierung ist es 0. Bit 6 (e) ist das Erweiterungs-Bit, bei Ein-Byte-Parametern oder als letztes Byte ist es 0, bei Mehr-Byte-Parametern ist es 1, außer beim letzten Byte. Bits 5 bis 1 sind die Datenbits, 's' ist das Vorzeichenbit, es ist 1 bei negativen Zahlen. Negative Zahlen werden in Absolutdarstellung (Vorzeichenbit, Betrag) kodiert.

Daneben gibt es das Bitfolge-Format (bitstream), das bei direkten Farben, Farbindex-Listen und inkrementellen Koordinaten benutzt wird. Dabei sind wie oben Bit 8 und 7 belegt, Bit 6 bis Bit 1 enthalten eine gepackte Daten-Bitfolge. Das Ende des Bitstream-Formats kann nicht aus der Kodierung selbst erkannt werden. Es wird vielmehr durch die COLOUR PRECISION und COLOUR INDEX PRECISION-Elemente in der Länge festgelegt.

Als Beispiel soll die Kodierung einer Integer-Zahl angeführt werden. Der höchstwertige Teil der Bits einer Integer-Zahl wird im ersten Byte kodiert, der niederwertige im letzten. So sind 4/5 und die Folge 6/0 4/5 gültige Kodierungen für die Zahl +5. Die Zahl der Bytes sollte jedoch nicht variabel sein, sondern der in der INTEGER PRECISION festgelegten Zahl der Bits entsprechen. Integer-Werte im Bereich -15 bis +15 können als Ein-Byte-Parameter kodiert werden, größere Zahlen erfordern mehr Bytes:

```
(integer:+1)    = 4/1            (integer:-1) = 5/1
(integer:+15)   = 4/15           (integer:-15) = 5/15
(integer:+1034) = 6/1 6/0 4/10   (Integer:-1024) =
                                            7/1 6/0 4/10
```

**Real-Zahlen**

werden als Integer-Mantisse kodiert, gefolgt von einem optionalen Exponenten (zur Basis 2), beide im Basis-Format. Der Exponent muß nicht angegeben sein, wenn das Folgebit (exponent follow-Bit) (s.u.) der Mantisse 0 ist, oder wenn mit REAL PRECISION festgelegt wurde, daß es kein Folgebit gibt. Daher kann sich das erste Byte einer Mantisse folgendermaßen unterscheiden:

```
   explicit exponent              explicit exponent
       'allowed'                      'forbidden'


 b8            b1               b8            b1

 ┌─┬─┬─┬─┬─┬─┬─┬─┐              ┌─┬─┬─┬─┬─┬─┬─┬─┐
 │X│1│e│s│p│b b b│              │X│1│e│s│b b b b│
 └─┴─┴─┴─┴─┴─┴─┴─┘              └─┴─┴─┴─┴─┴─┴─┴─┘
```

Das 'p' ist das Folgebit (exponent follows-bit). Es ist 0, wenn kein Exponent folgt. In diesem Fall wird der voreingestellte (default) Exponent angenommen, der durch REAL PRECISION gesetzt wurde. Der Exponent wird als Integer im 'Basis-Format' kodiert.

Als Beispiel wird hier die Kodierung der Real-Zahl 2,375 (dezimal) = 10.011 (binär) mit explizitem Exponenten gegeben: 10.011 = 10011000E-6 (Mantisse = 10011000, Exponent = -6)

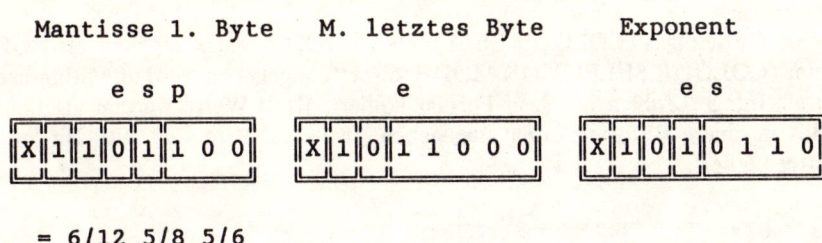

```
Mantisse 1. Byte    M. letztes Byte        Exponent

       e s p              e                    e s
```

= 6/12 5/8 5/6

## Punkte

sind im CGM Paare von virtuellen Koordinaten (VDC). Eine virtuelle Koordinate kann gemäß der Typdeklaration (VDC TYPE) vom Typ Integer oder Real sein. Wenn der VDC TYPE 'Integer' ist, dann gelten die Kodierungsregeln für Integer-Zahlen und die Größe der Werte sind durch die VDC INTEGER PRECISION begrenzt. Wenn der VDC TYPE 'Real' ist, gelten als Grenzwerte die im VDC REAL PRECISION angegebenen. Außerdem wird damit festgelegt, ob ein Exponent folgt und wie groß der voreingestellte (default) Exponent ist.

Für Punktlisten gelten noch folgende Bestimmungen:

- Der erste Punkt einer Punktliste erhält als Wert eines ausgelassenen Exponenten den voreingestellten Wert von VDC REAL PRECISION;
- Für alle folgenden Punkte gilt: wenn der Exponent einer x-Komponente einer Real-Zahl ausgelassen ist, gilt für diesen als Default-Wert seines Exponenten der der vorangegangenen x-Komponente. Für die y-Komponente wird entsprechend der y-Exponenten-Wert des Vorgängerpunktes angenommen.

## Punktlisten

können in zwei unterschiedlichen Arten kodiert werden, dem Displacement-Modus oder dem Incremental-Modus. Beide können in einer Liste gemischt auftreten.

Der erste Punkt einer Liste, oder der einzige Punkt, wird immer im Displacement-Modus kodiert: seine Koordinatenwerte sind die Differenzen vom Koordinatenursprung (Delta-x, Delta-y), also die absoluten Werte. Die folgenden Koordinaten geben im Displacement-Modus die Differenzen zum vorhergehenden Punkt an, zuerst der Delta-x-, gefolgt vom Delta-y-Wert.

Die Inkrementelle Methode wird als Differential Chain Code (DCC) bezeichnet. Die Daten stellen hierbei keine echten Koordinaten dar, sondern definieren Schritte (Inkremente) von einer zur nächsten Koordinate, die als Punkte auf einem Ring (Domain Ring) angesehen werden können. Jeder Schritt bestimmt die Richtung, in der vom vorangegangenen Punkt zum aktuellen geschritten werden muß.

**Farben**

können als Farbindizes (COLOUR SELECTION MODE 'indexed') oder als RGB-
Parameter (COLOUR SELECTION MODE 'direct') angegeben werden. Farbindizes
werden als Integer-Zahlen im Basis-Format kodiert. RGB-Werte werden als Folge
von Bytes in einem Bitfolge-Format angegeben. In jedem Byte sind zwei Bit jedes
Farbwertes kodiert:

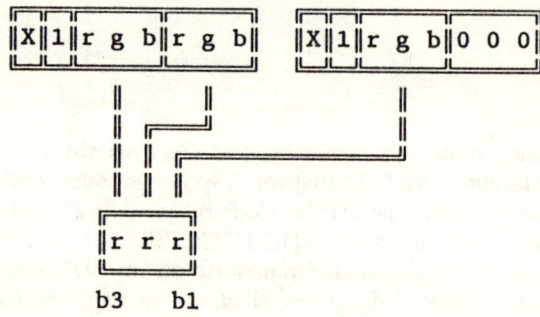

Im Beispiel sind jeweils 3 Bits jedes Farbanteils vorhanden, die Anzahl der benö-
tigten Bits wird durch COLOUR PRECISION festgelegt. Das erste Byte enthält die
höchstwertigen Bits, unbenutzte Bits b3 bis b1 im letzten Byte sind auf 0 gesetzt.

**Strings**

Zeichenfolgen werden als Byte-Folge kodiert, die mit einem START OF STRING
(SOS) beginnt und einem STRING TERMINATOR (ST) endet. Die Kodierung dieser beiden Zeichen unterscheidet sich in einer 7- oder 8-Bit-Umgebung:

|      | 7-Bit-      | 8-Bit-Umgebung |
|------|-------------|----------------|
| SOS  | 1/11 5/8    | 09/08          |
| ST   | 1/11 5/12   | 09/12          |

Innerhalb einer Zeichenfolge können alle Zeichen-Kodierungen der Spalten 2 bis
7, und wenn mit CHARACTER CODING ANNOUNCER Character Coding An-
nouncerein 8-Bit-Kode gewählt wurde, auch Zeichen der Spalten 10 bis 15 auftreten.
Zusätzlich können aus dem C0-Satz (Steuerzeichen) die Zeichen NULL (0/0), BS
(0/8), HT (0/9), LF (0/10), VT (0/11), FF (0/12), CR (0/13), SO (0/14), SI (0/15) und
ESC (1/11) auftreten. Die Bit-Kombinationen 0/8 bis 0/13 haben dabei keinen standardisierten Effekt. Mit den Zeichen SI und SO kann innerhalb eines 7-Bit-Kodes
zwischen einem G0-Satz und einem G1-Satz umgeschaltet werden.

### 7.1.2 Kodierung von Elementen

Die Repräsentation der CGM-Funktionen ist in der Norm als abstrakte Syntax:CGM angegeben. Dabei bedeutet <x:y> ein Konstrukt x mit der Bedeutung y. Kommentare sind im { } -Klammern gesetzt.

## TEXT
< TEXT-opcode: 2/3 >
< point: starting-point >
< enumerated: final-or-not-final >
< string: text-to-be-displayed >

| < point: starting-point > = | < integer:x > < integer:y > |
|---|---|
| ¦ | < real:x > < real:y > |

| < enumerated: final-or-not-final > = | < integer:0 > {not final} |
|---|---|
| ¦ | < integer:1 > {final} |

## ASPECT SOURCE FLAGS
< ASPECT-SOURCE-FLAGS-opcode: 3/6 3/1 >
< aspect-pair > +

< aspect-pair > = < aspect > < aspect-source >

| < aspect > = | < integer:0 > {line type asf} |
|---|---|
| ¦ | < integer:1 > {line width asf} |
| ¦ | < integer:2 > {line colour asf} |
| ¦ | < integer:3 > {marker type asf} |
| ¦ | < integer:4 > {marker size asf} |
| ¦ | < integer:5 > {marker colour asf} |
| ¦ | < integer:6 > {text font index asf} |
| ¦ | < integer:7 > {text precision asf} |
| ¦ | < integer:8 > {character expansion factor asf} |
| ¦ | < integer:9 > {character spacing asf} |
| ¦ | < integer:10 > {text colour asf} |
| ¦ | < integer:11 > {interiour style asf} |
| ¦ | < integer:12 > {fill colour asf} |
| ¦ | < integer:13 > {hatch index asf} |
| ¦ | < integer:14 > {pattern index asf} |
| ¦ | < integer:15 > {edge type asf} |
| ¦ | < integer:16 > {edge width asf} |
| ¦ | < integer:17 > {edge colour asf} |
| ¦ | < integer:511 > {all} |
| ¦ | < integer:510 > {all line} |
| ¦ | < integer:509 > {all marker} |
| ¦ | < integer:508 > {all text} |
| ¦ | < integer:507 > {all fill} |

|       | < integer:506 > {all edge}     |
|-------|--------------------------------|

| < aspect-source > = | < integer:0 > {individual} |
|---------------------|---------------------------|
|                     | < integer:1 > {bundled}   |

Mit dieser Form der Beschreibung wird einerseits die genaue Syntax definiert, andererseits die Parametrisierung und die Kodierung der Aufzählungstypen festgelegt.

### 7.2 Die Binärkodierung des CGM

Die Binärkodierung (binary encoding) des CGM (ISO 8632-3) bietet eine Darstellung, die optimiert werden kann bezüglich der Geschwindigkeit zur Generierung und Interpretation des Metafile. Die Kodierung benutzt ein Binär-Format, das den Darstellungen vieler Systeme besser angepaßt ist als andere Kodierungen. Dies bedeutet, daß eine standardisierte Kodierung gewählt wurde, die nicht unbedingt den internen Darstellungen eines jeden Systems entspricht, aber überall mit wenig Verarbeitungsaufwand bearbeitet werden kann.

Ein Metafile ist entsprechend dem einheitlichen Schema als Folge von Elementen aufgebaut (siehe Kap. III.2). Die Struktur ist dabei durch die funktionale Beschreibung vorgegeben. Die Binärkodierung besteht aus einer Folge von Bits, die zu Oktetts (octet), einer Gruppe von 8 Bits, oder zu Worten (word) von 16 Bits geordnet sind. Innerhalb eines Wortes findet kein Byte-Swapping statt, d.h., die höherwertigen Bits des Wortes enthalten das erste (höchstwertige) Oktett. Die Längenangaben bei Parametern beziehen sich immer auf die Anzahl der Oktetts.

Ein Element-Eintrag (command) beginnt immer an einer Wort-Grenze. Ein Kommando besteht aus einem Kommandokopf (command-header) und den Parametern. Der Kopf kann in einer Kurzform- oder einer Langform-Kodierung definiert sein:

- Der Kurzform-Kommandokopf besteht aus einem Wort, das in drei Felder geteilt ist: Elementen-Klasse (element class) in Bits 15 bis 12, Element-Identifikation (element id) in Bit 11 bis 5 und die Parameterlistenlänge in Bits 4 bis 0. Damit werden 0 bis 30 Oktetts Parameterlänge kodiert.
- Der Langform-Kommandokopf besteht aus einem 2-Wort-Kopf. Hiermit können beliebig viele Parameter-Partitionen zu je maximal 32767 Oktetts angegeben werden:

| 15 14 13 12 | 11 10 9 8 7 6 5 | 4 3 2 1 0 |        |
|-------------|------------------|-----------|--------|
| elem class  | element id       | 1  1  1  1  1 | Wort 1 |
| P           | parameter list length       | | Wort 2 |

Wort 1, Bit 4 bis 0 enthält den Binärwert 31 zur Unterscheidung zwischen Kurz- und Langform. Das Wort 2, Bit 15, ist das Partitions-Flag, das den Wert 0 zur Anzeige des letzten Teils und 1 zur Kennzeichnung der Fortführung trägt.

Die Element-Klassen und die Element-IDs sind in der Tabelle im Kap. III.7.4 zusammengestellt.

Die Anzahl, der Typ und die Genauigkeit der Parameter wird durch die funktionale Beschreibung und durch vorangegangene Kontroll-Elemente festgelegt. Der Parametertyp für Koordinaten ist im Metafile-Deskriptor vorhanden. Eine ungerade Oktett-Anzahl von Parametern wird durch Anfügen eines Null-Oktetts auf gerade Anzahl und damit für das folgende Kommando auf Wortgrenze gebracht. Bei Parametern, die kürzer als ein Oktett sind, wird das letzte Oktett mit Null-Bits aufgefüllt. In allen Fällen gibt die Parameterlistenlänge die Zahl der wirklich benutzten Oktetts an, ohne angefügte Füll-Oktetts und ohne den Kommandokopf.

### 7.2.1 Kodierung der Datentypen

Die möglichen Datentypen, die im folgenden aufgelistet sind, können an beliebiger Oktett-Ausrichtung innerhalb einer Folge von Parametern beginnen. Dies gilt auch für solche, die volle Worte umfassen. Die höchstwertige Bitposition (msb) ist immer an der höchstwertigen Stelle im Oktett/Wort.

**Signed Integer (8, 16, 24, 32 Bit, Zweier-Komplement-Darstellung):**

Ein Vorzeichenbit, 7/15/23/31 Datenbits. Zwei aufeinanderfolgende 24-Bit-Integer belegen 3 Worte. Ein Beispiel für ein 24-Bit-Integer folgt:

```
15 14 13 12 11 10  9  8  7  6  5  4  3  2  1  0

 S msb            Integer-Wert     Parameter i          Wort 1

                      1sb  S msb        Integer-         Wort 2

      Wert   Parameter i+1                      1sb      Wort 3
```

**Unsigned Integer (8, 16, 24, 32 Bit, hier 32-Bit-Beispiel):**

```
15 14 13 12 11 10  9  8  7  6  5  4  3  2  1  0

 msb        Ganzzahl-Wert                               Wort 1

            Ganzzahl-Wert                        1sb    Wort 2
```

**Character je Zeichen ein Oktett:**

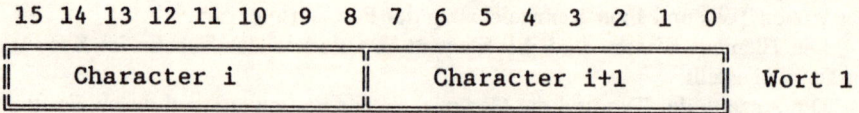

**Fixed Point Real (32, 64 Bit):**

Ein Vorzeichenbit, 15/31 Bit Vorkomma-Anteil, 16/32 Bit Nachkomma-Wert.

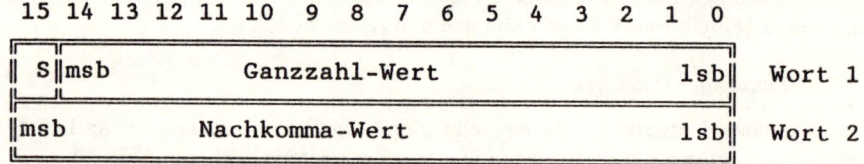

**Floating Point Real (32/64 Bit):**

Die Gleitkomma-Darstellung entspricht der IEEE-Norm 754. Das Format besteht aus den drei Teilen: 1 Vorzeichen-Bit, 8/11 Bit Exponent mit Bias 127/1023 und 23/52 Bit gebrochener Teil.

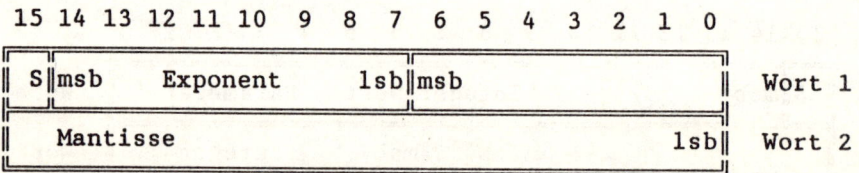

*7.2.2 Abbildung von CGM-Datentypen*

Die einzelnen Parameter der CGM-Elemente werden nach folgenden Kriterien auf die Datentypen abgebildet:

| | |
|---|---|
| Farb-Index (CI) | Unsigned Integer mit COLOUR INDEX PRECISION |
| Direkte Farbe (CD) | 3 * Unsigned Integer mit DIRECT COLOUR PRECISION |
| Index (IX) | Signed Integer mit INDEX PRECISION |
| Aufzählung (E) | Signed Integer mit 16 Bit |
| Integer (I) | Signed Integer mit INTEGER PRECISION |
| Real (R) | Floating oder Fixed Point Real entsprechend der REAL PRECISION |

| String (S) | Unsigned Integer mit 8 Bit (Zahl der Zeichen) und Zeichen |
| Koordinate (VDC) | Signed Integer mit VDC INTEGER PRECISION oder Floating oder Fixed Point Real mit VDC REAL PRECISION |
| Punkt (P) | 2 * VDC |
| Farbe (CO) | Unsigned Integer oder 3 * Unsigned Integer entsprechend des COLOUR SELECTION MODEs |

### 7.2.3 Beispiele der Binärkodierung

Die beiden folgenden Beispiele sollen die Binärkodierung illustrieren. Die Genauigkeiten und Datentypen entsprechen dabei den voreingestellten Werten.

**TEXT 'Bild' mit Anfangspunkt (2,7):**

```
15  14  13  12  11  10   9   8   7   6   5   4   3   2   1   0
```

| | | | |
|---|---|---|---|
| 4 | 4 | 11 | Header |
| 2 | | | Punkt 2,7 |
| 7 | | | |
| 1 | | | final Flag |
| 4 | 'B' | | Länge, String |
| 'i' | '1' | | |
| 'd' | 0 | | |

```
final/not-final flag: (0=not-final, 1=final)
```

POLYLINE mit 28 Punkten (partitioniert):

```
15 14 13 12 11 10  9  8  7  6  5  4  3  2  1  0
┌─────────────────────────────────────────────┐
│      4      ║      1      ║      31           │  Kopf (1f)
├─────────────────────────────────────────────┤
│ 1 ║           96                             │  NLP,
├─────────────────────────────────────────────┤      Länge
│              x(1)                            │  Punkt(1)
├─────────────────────────────────────────────┤
│              y(1)                            │
└─────────────────────────────────────────────┘
                    :
┌─────────────────────────────────────────────┐
│              x(24)                           │  Punkt(24)
├─────────────────────────────────────────────┤
│              y(24)                           │
├─────────────────────────────────────────────┤
│ 0 ║           16                             │  LP, Länge
├─────────────────────────────────────────────┤
│              x(25)                           │  Punkt(25)
├─────────────────────────────────────────────┤
│              y(25)                           │
└─────────────────────────────────────────────┘
                    :
┌─────────────────────────────────────────────┐
│              x(28)                           │  Punkt(28)
├─────────────────────────────────────────────┤
│              y(28)                           │
└─────────────────────────────────────────────┘
```

lf: Long Form
NLP: Not-Last-Partition
LP: Last-Partition

## 7.3 Die Klartextkodierung des CGM

Die Klartextkodierung (clear text encoding) des CGM (ISO 8632-4) ist eine Darstellung des CGM, die einfach zu lesen, editieren und ändern ist. Hiermit kann ein Metafile durch einen normalen Texteditor behandelt werden, der die interne Zeichenkodierung des Rechnersystems nutzt (z.B. nationale standardisierte Zeichensätze nach ISO 646, oder nicht-standardisierte wie EBCDIC). Es ist nicht Ziel dieser Kodierung, eine hohe Informationsdichte (wie die Zeichenkodierung) oder eine hohe CPU-Effizienz (wie die Binärkodierung) zu erreichen.

Ein Metafile in der Klartextkodierung besteht aus einer Folge von Zeichen (Buchstaben), die eine Folge von Elementen darstellen. Jedes Element beginnt mit einem Elementnamen und endet mit dem Element-Begrenzer (entweder das Slash-Zeichen '/' oder das Semikolon ';'), außer sie sind innerhalb einer Text-Zeichenfolge.

Innerhalb dieses Textes sind alle Zeichen erlaubt, sonst sind die gültigen Zeichen:

```
'A'...'Z',    'a'...'z',    '0'...'9'
' ', '+', '-', '#', ';', '/', '(', ')',
',', '.', '''', '"', '_', '$', '%'
```

Die folgenden Regeln gelten für alle Zeichen außerhalb von Zeichenfolgen:

- es wird nicht zwischen Groß- und Kleinbuchstaben unterschieden.

- '_' (Underscore) und '$' (Dollar/Währungssymbol) sind 'Null-Zeichen', die keinen Effekt haben, überall auftreten dürfen und nur der Lesbarkeit dienen, z.B.: PO-LYLINE, Poly_Line, $Poly_LINE$ und p_o_l_y_l_i_n_e sind äquivalent.

- Die Kontrollzeichen BACKSPACE, CARRIAGE RETURN, LINEFEED, NEWLINE, HORIZONTAL TAB, VERTICAL TAB und FORMFEED sind zugelassen, werden aber wie ' ' (Blank, Leerzeichen) behandelt und bilden ein weiches Trennzeichen (soft delimiter). Sie dienen nur dazu, die Text-Formatierung und damit die Lesbarkeit zu unterstützen. Sie dienen nicht als Element-Begrenzer (element separator) und dürfen nicht in einem Namen eines Elements oder eines Aufzählungstyps auftreten.

- Ein Kommentar wird durch '%' eingeschlossen. Ein Kommentar mit '%'-Trennung hat die gleiche Bedeutung wie ein weiches Trennzeichen.

- '/' und ';' sind Element-Begrenzer. Steuerzeichen (z.B. Zeilenende) beenden Elemente nicht. In einer Zeile können mehrere Elemente sein.

- Parameter werden durch ein oder mehrere weiche Trennzeichen und/oder ein Komma ',' begrenzt. Zwei aufeinanderfolgende Kommata bedeuten einen ausgelassenen Parameter.

- Die Zeichen '(' und ')' können dazu benutzt werden, um Punktkoordinaten zu gruppieren. Es wird empfohlen, genau zwei VDC-Werte einzuklammern.

### 7.3.1 Kodierung von Datentypen

**Integer**

werden als Folge von Ziffern mit optionalem Vorzeichen dargestellt. Zusätzlich kann vor der Ziffernfolge (zwischen Vorzeichen und Ziffern) noch eine Basis-Angabe erfolgen: das ist ein Wert im Bereich 2..16 (zur Basis 10) gefolgt von einem '#'. Zwischen Vorzeichen, Basisziffern, '#' und Ziffernfolge darf kein Trennzeichen stehen. Die Ziffern können die Zeichen 'A'..'F' oder 'a'..'f' enthalten. Es dürfen aber Ziffernwerte auftreten, die entsprechend der Basisangabe zulässig sind. Die Ziffern stellen eine nicht-negative Zahl dar. Führende Nullen sind nicht signifikant. Beispielsweise sind die folgenden Zahlen äquivalent:

```
                    -63
                 -16#01_7f
                  -16#17F
                   -8#577
              -2#1_0111_1111
```

## Gleitkommazahlen (Real)

können einen Dezimalpunkt enthalten und können einen Exponenten zur Basis 10 angefügt haben, wenn er durch 'E' oder 'e' eingeleitet wird. Kommata oder weiche
Trennzeichen sind in einer Zahl nicht zugelassen. Beispiele für Real-Zahlen sind:

```
 3.14159,   1234,   0.1234e+4,   12_340E-1,   -43$21,   -43.21E2
```

## Strings

Texte werden durch Zeichenfolgen dargestellt, die entweder durch ein Paar von
Apostrophen '" oder durch ein Paar von doppelten Anführungszeichen "" eingeschlossen werden. Innerhalb einer Zeichenfolge wird dieses Zeichen verdoppelt.

## Aufzählungstypen (enumerated types)

erhalten Namen, die wie Elementnamen aufgebaut sind. Als Beispiel dient der Auf-
zählungstyp Final/NotFinal:

```
     TEXT 2 7 FINAL 'Bild';
```

   Die Namen der CGM-Elemente in der Klartextkodierung sind oftmals durch Abkürzungen anzugeben. Das Ziel war es, eine kurze, eindeutige, leicht erlernbare und
gut editierbare Form für Metafiles zu schaffen. Eine Zusammenfassung der Elementnamen ist in der Tabelle im Kap. III.7.4 zu finden.

### 7.3.2 Syntaxbeispiel der Klartextkodierung

Die Kodierung der CGM-Elemente ist in der Norm in Form einer abstrakten Syntax
definiert. Als Beispiel der Produktionen seien hier die Begrenzungselemente
(delimiter) des CGM angeführt und anschließend das TEXT-Primitiv:

```
BEGIN METAFILE      ::=    BEGMF
                           <OPTSEP>
                           <S:NAME>
                           <TERM>


END METAFILE        ::=    ENDMF <TERM>
```

```
BEGIN PICTURE        ::=    BEGPIC
                           <OPTSEP>
                           <S:PICTURENAME>
                           <TERM>


BEGIN PICTURE BODY ::=    BEGPICBOPDY <TERM>

END PICTURE ::=          ENDPIC <TERM>


TEXT             ::=       TEXT
                           <SOFTSEP>
                           <P:TEXTLOCATION>
                           <SEP>
                           <TEXTPIECE>

TEXTPIECE        ::=       <NOTFINAL | FINAL>
                           <<OPTSEP> | <HARDSEP>>
                           <S:TEXTSTRING>
                           <TERM>

<TERM>           ::=       <OPTSEP>
                           <SLASH | SEMIKOLON>
                           <OPTSEP>
<SEPCHAR>        ::=       <SPACE | CARRIAGE RETURN |
                           LINEFEED | HORIZONTAL TAB |
                           VERTICAL TAB | FORMFEED>
<SOFTSEP>        ::=       <SEPCHAR>+
<OPTSEP>         ::=       <SEPCHAR>*
<HARDSEP>        ::=       <OPTSEP> <COMMA> <OPTSEP>
<SEP>            ::=       <SOFTSEP> | <HARDSEP>
```

### 7.3.3 Beispiel-CGM in Klartextkodierung

Als Beispiel für ein vollständiges CGM in Klartextkodierung ist das folgende Metafile
angeführt:

```
BEGMF 'metafile example';
     mfversion 1; mfdesc '24 January 1984';
     vdctype real; indexprec -127,127;
     maxcolrindex 7; mfelemlist 'drawingplus';
     font_list 'Helvetica',
             'Perpetua Bold',
             'CGM_GENERIC: light italic';
     BEGMFDEFAULTS;
             VDCEXT 0,0,1,1;
             text_font_index 2;
```

```
            int_style solid;
      ENDMFDEFAULTS;


      % simple picture %
      BEGPIC 'PN 007';
            marker_size_mode abs;
      BEGPICBODY;
            % frame %
            line (0,0) (1,0) (1,1) (0,1) (0,0);

            % big dot %
            asf intstyle indiv; circle .5 .5 .3125;

            asf marker_size indiv, marker_type indiv;
            marker_size .005;
            marker_type -3; % implementierungsabhängig %
            marker .01 .01
            .5 .5   % 1 Element auf mehrere Zeilen %
            .99 .99/
            char_height .04;
            text_align ctr, bottom, 0, 0;
            text (.5,0) notfinal "PN 007 is a";
            text_font_index 3 ;
            apnd_text notfinal ' "silly" ';
            text_font_index 1 ; apnd_text final 'example';
      ENDPIC;
ENDMF;
```

### 7.4 Tabelle der Opcodes für CGM

Tabelle der Opcodes für die Zeichenkodierung, der Elementklassen und Element-IDs
für die Binärkodierung und die Kurzformen der Klartextkodierung:

|  | Zeichen-kodierung | Binär-kodierung | | Klartext-kodierung |
|---|---|---|---|---|
| **CGM-Element** | Opcode | Klasse | ID | |

**Metafile Delimiter Elements**

| | | | | |
|---|---|---|---|---|
| BEGIN METAFILE | 3/0 2/0 | 0 | 1 | BEGMF |
| END METAFILE | 3/0 2/1 | 0 | 2 | ENDMF |
| BEGIN PICTURE | 3/0 2/2 | 0 | 3 | BEGPIC |
| BEGIN PICTURE BODY | 3/0 2/3 | 0 | 4 | BEGPICBODY |
| END PICTURE | 3/0 2/4 | 0 | 5 | ENDPIC |

| CGM-Element | Zeichen-kodierung Opcode | Binär-kodierung Klasse ID | | Klartext-kodierung |
|---|---|---|---|---|
| BEGIN SEGMENT * | 3/0 2/5 | 0 | 6 | BEGSEG |
| END SEGMENT * | 3/0 2/6 | 0 | 7 | ENDSEG |

Metafile Descriptor Elements

| CGM-Element | Opcode | Klasse | ID | Klartext |
|---|---|---|---|---|
| METAFILE VERSION | 3/1 2/0 | 1 | 1 | MFVERSION |
| METAFILE DESCRIPTION | 3/1 2/1 | 1 | 2 | MFDESC |
| VDC TYPE | 3/1 2/2 | 1 | 3 | VDCTYPE |
| INTEGER PRECISION | 3/1 2/3 | 1 | 4 | INTEGERPREC |
| REAL PRECISION | 3/1 2/4 | 1 | 5 | REALPREC |
| INDEX PRECISION | 3/1 2/5 | 1 | 6 | INDEXPREC |
| COLOUR PRECISION | 3/1 2/6 | 1 | 7 | COLRPREC |
| COLOUR INDEX PRECISION | 3/1 2/7 | 1 | 8 | COLRINDEXPREC |
| MAXIMUM COLOUR INDEX | 3/1 2/8 | 1 | 9 | MAXCOLRINDEX |
| COLOUR VALUE EXTENT | 3/1 2/9 | 1 | 10 | COLRVALUEEXT |
| METAFILE ELEMENT LIST | 3/1 2/10 | 1 | 11 | MFELEMLIST |
| BEGIN METAFILE DEFAULTS REPLACEMENT | 3/1 2/11 | n.v. | | BEGMFDEFAULTS |
| END METAFILE DEFAULTS REPLACEMENT | 3/1 2/12 | n.v. | | ENDMFDEFAULTS |
| METAFILE DEFAULTS REPLACEMENT | n.v. | 1 | 12 | n.v. |
| FONT LIST | 3/1 2/13 | 1 | 13 | FONTLIST |
| CHARACTER SET LIST | 3/1 2/14 | 1 | 14 | CHARSETLIST |
| CHARACTER CODING ANNOUNCER | 3/1 2/15 | 1 | 15 | CHARCODING |
| METAFILE CATEGORY * | 3/1 3/0 | 1 | 16 | MFCAT |
| MAXIMUM VDC EXTENT * | 3/1 3/1 | 1 | 17 | MAXVDCEXT |
| SEGMENT PRIORITY EXTENT * | 3/1 3/2 | 1 | 18 | SEGPRIEXT |

Picture Descriptor Elements

| CGM-Element | Opcode | Klasse | ID | Klartext |
|---|---|---|---|---|
| SCALING MODE | 3/2 2/0 | 2 | 1 | SCALEMODE |
| COLOUR SELECTION MODE | 3/2 2/1 | 2 | 2 | COLRMODE |
| LINE WIDTH SPECIFICATION MODE | 3/2 2/2 | 2 | 3 | LINEWIDTHMODE |
| MARKER SIZE SPECIFICATION MODE | 3/2 2/3 | 2 | 4 | MARKERSIZEMODE |

| CGM-Element | Zeichen-kodierung Opcode | Binär-kodierung Klasse | ID | Klartext-kodierung |
|---|---|---|---|---|
| EDGE WIDTH | | | | |
|    SPECIFICATION MODE | 3/2 2/4 | 2 | 5 | EDGEWIDTHMODE |
| VDC EXTENT | 3/2 2/5 | 2 | 6 | VDCEXT |
| BACKGROUND COLOUR | 3/2 2/6 | 2 | 7 | BACKCOLR |
| | | | | |
| DEVICE VIEWPORT * | 3/2 2/7 | 2 | 8 | DEVVP |
| DEVICE VIEWPORT | | | | |
|    SPECIFICATION MODE * | 3/2 2/8 | 2 | 9 | DEVVPMODE |
| DEVICE VIEWPORT MAPPING * | 3/2 2/9 | 2 | 10 | DEVVPMAP |
| LINE REPRESENTATION * | 3/2 2/10 | 2 | 11 | LINEREP |
| MARKER REPRESENTATION * | 3/2 2/11 | 2 | 12 | MARKERREP |
| TEXT REPRESENTATION * | 3/2 2/12 | 2 | 13 | TEXTREP |
| FILL REPRESENTATION * | 3/2 2/13 | 2 | 14 | FILLREP |
| EDGE REPRESENTATION ** | 3/2 2/14 | 2 | 15 | EDGEREP |

## Control Elements

| | | | | |
|---|---|---|---|---|
| VDC INTEGER PRECISION | 3/3 2/0 | 3 | 1 | VDCINTEGERPREC |
| VDC REAL PRECISION | 3/3 2/1 | 3 | 2 | VDCREALPREC |
| AUXILIARY COLOUR | 3/3 2/2 | 3 | 3 | AUXCOLR |
| TRANSPARENCY | 3/3 2/3 | 3 | 4 | TRANSPARENCY |
| CLIP RECTANGLE | 3/3 2/4 | 3 | 5 | CLIPRECT |
| CLIP INDICATOR | 3/3 2/5 | 3 | 6 | CLIP |
| | | | | |
| LINE CLIPPING MODE ** | 3/3 2/6 | 3 | 7 | LINECLIPMODE |
| MARKER CLIPPING MODE ** | 3/3 2/7 | 3 | 8 | MARKERCLIPMODE |
| EDGE CLIPPING MODE ** | 3/3 2/8 | 3 | 9 | EDGECLIPMODE |
| BEGIN FIGURE ** | 3/3 2/11 | 3 | 12 | BEGFIGURE |
| END FIGURE ** | 3/3 2/12 | 3 | 13 | ENDFIGURE |
| NEW REGION ** | 3/3 2/13 | 3 | 14 | NEWREGION |
| IMPLICIT EDGE | | | | |
|    VISIBILITY ** | 3/3 2/14 | 3 | 15 | IMPLEDGEVIS |
| SAVE PRIMITIVE | | | | |
|    ATTRIBUTES ** | 3/3 3/0 | 3 | 16 | SAVEPRIMATTR |
| RESTORE PRIMITIVE | | | | |
|    ATTRIBUTES ** | 3/3 3/1 | 3 | 17 | RESPRIMATTR |

## Graphical Primitive Elements

| | | | | |
|---|---|---|---|---|
| POLYLINE | 2/0 | 4 | 1 | LINE |

| | Zeichen-kodierung | | | Binär-kodierung | Klartext-kodierung |
|---|---|---|---|---|---|
| **CGM-Element** | **Opcode** | **Klasse** | **ID** | | |
| | | | | | INCRLINE |
| DISJOINT POLYLINE | 2/1 | 4 | 2 | | DISJLINE |
| | | | | | INCRDISJLINE |
| POLYMARKER | 2/2 | 4 | 3 | | MARKER |
| | | | | | INCRMARKER |
| TEXT | 2/3 | 4 | 4 | | TEXT |
| RESTRICTED TEXT | 2/4 | 4 | 5 | | RESTRTEXT |
| APPEND TEXT | 2/5 | 4 | 6 | | APNDTEXT |
| POLYGON | 2/6 | 4 | 7 | | POLYGON |
| | | | | | INCRPOLYGON |
| POLYGON SET | 2/7 | 4 | 8 | | POLYGONSET |
| | | | | | INCRPOLYGONSET |
| CELL ARRAY | 2/8 | 4 | 9 | | CELLARRAY |
| GENERALIZED DRAWING PRIMITIVE | 2/9 | 4 | 10 | | GDP |
| RECTANGLE | 2/10 | 4 | 11 | | RECT |
| CIRCLE | 3/4 2/0 | 4 | 12 | | CIRCLE |
| CIRCULAR ARC 3 POINT | 3/4 2/1 | 4 | ·13 | | ARC3PT |
| CIRCULAR ARC 3 POINT CLOSE | 3/4 2/2 | 4 | 14 | | ARC3PTCLOSE |
| CIRCULAR ARC CENTRE | 3/4 2/3 | 4 | 15 | | ARCCTR |
| CIRCULAR ARC CENTRE CLOSE | 3/4 2/4 | 4 | 16 | | ARCCTRCLOSE |
| ELLIPSE | 3/4 2/5 | 4 | 17 | | ELLIPSE |
| ELLIPICAL ARC | 3/4 2/6 | 4 | 18 | | ELLIPARC |
| ELLIPICAL ARC CLOSE | 3/4 2/7 | 4 | 19 | | ELLIPARCCLOSE |
| CIRCULAR ARC CENTRE REVERSED ** | 3/4 2/8 | 4 | 20 | | ARCCTRREV |
| PIXEL ARRAY ** | 3/13 2/7 | 9 | 1 | | PELARRAY |

Primitive Attribute Elements

| | | | | | |
|---|---|---|---|---|---|
| LINE BUNDLE INDEX | 3/5 2/0 | 5 | 1 | | LINEINDEX |
| LINE TYPE | 3/5 2/1 | 5 | 2 | | LINETYPE |
| LINE WIDTH | 3/5 2/2 | 5 | 3 | | LINEWIDTH |
| LINE COLOUR | 3/5 2/3 | 5 | 4 | | LINECOLR |
| MARKER BUNDLE INDEX | 3/5 2/4 | 5 | 5 | | MARKERINDEX |
| MARKER TYPE | 3/5 2/5 | 5 | 6 | | MARKERTYPE |
| MARKER SIZE | 3/5 2/6 | 5 | 7 | | MARKERSIZE |
| MARKER COLOUR | 3/5 2/7 | 5 | 8 | | MARKERCOLR |
| TEXT BUNDLE INDEX | 3/5 3/0 | 5 | 9 | | TEXTINDEX |
| TEXT FONT INDEX | 3/5 3/1 | 5 | 10 | | TEXTFONTINDEX |
| TEXT PRECISION | 3/5 3/2 | 5 | 11 | | TEXTPREC |

|                              | Zeichen-kodierung | Binär-kodierung | | Klartext-kodierung |
|------------------------------|-------------------|-----------------|------|--------------------|
| CGM-Element                  | Opcode            | Klasse | ID    |                    |
| CHARACTER EXPANSION FACTOR   | 3/5 3/3           | 5      | 12    | CHAREXPAN          |
| CHARACTER SPACING            | 3/5 3/4           | 5      | 13    | CHARSPACE          |
| TEXT COLOUR                  | 3/5 3/5           | 5      | 14    | TEXTCOLR           |
| CHARACTER HEIGHT             | 3/5 3/6           | 5      | 15    | CHARHEIGHT         |
| CHARACTER ORIENTATION        | 3/5 3/7           | 5      | 16    | CHARORI            |
| TEXT PATH                    | 3/5 3/8           | 5      | 17    | TEXTPATH           |
| TEXT ALIGNMENT               | 3/5 3/9           | 5      | 18    | TEXTALIGN          |
| CHARACTER SET INDEX          | 3/5 3/10          | 5      | 19    | CHARSETINDEX       |
| ALTERNATE CHARACTER SET INDEX| 3/5 3/11          | 5      | 20    | ALTCHARSETINDEX    |
| FILL BUNDLE INDEX            | 3/6 2/0           | 5      | 21    | FILLINDEX          |
| INTERIOUR STYLE              | 3/6 2/1           | 5      | 22    | INTSTYLE           |
| FILL COLOUR                  | 3/6 2/2           | 5      | 23    | FILLCOLR           |
| HATCH INDEX                  | 3/6 2/3           | 5      | 24    | HATCHINDEX         |
| PATTERN INDEX                | 3/6 2/4           | 5      | 25    | PATINDEX           |
| EDGE BUNDLE INDEX            | 3/6 2/5           | 5      | 26    | EDGEINDEX          |
| EDGE TYPE                    | 3/6 2/6           | 5      | 27    | EDGETYPE           |
| EDGE WIDTH                   | 3/6 2/7           | 5      | 28    | EDGEWIDTH          |
| EDGE COLOUR                  | 3/6 2/8           | 5      | 29    | EDGECOLR           |
| EDGE VISIBILITY              | 3/6 2/9           | 5      | 30    | EDGEVIS            |
| FILL REFERENCE POINT         | 3/6 2/10          | 5      | 31    | FILLREFPT          |
| PATTERN TABLE                | 3/6 2/11          | 5      | 32    | PATTABLE           |
| PATTERN SIZE                 | 3/6 2/12          | 5      | 33    | PATSIZE            |
| COLOUR TABLE                 | 3/6 3/0           | 5      | 34    | COLRSIZE           |
| ASPECT SOURCE FLAGS          | 3/6 3/1           | 5      | 35    | ASF                |
| PICK IDENTIFIER *            | 3/6 3/2           | 5      | 36    | PICKID             |

Escape & Application Data Elements

| ESCAPE           | 3/7 2/0 | 6    | 1    | ESCAPE   |
|------------------|---------|------|------|----------|
| DOMAIN RING      | 3/7 3/0 | n.v. |      | n.v.     |
| MESSAGE          | 3/7 2/1 | 7    | 1    | MESSAGE  |
| APPLICATION DATA | 3/7 2/2 | 7    | 2    | APPLDATA |

Segment Elements

| COPY SEGMENT *            | 3/8 2/4 | 8  | 5  | COPYSEG  |
|--------------------------|---------|----|----|----------|
| SEGMENT TRANSFORMATION *  | 3/8 3/0 | 8  | 21 | SEGTRANS |

| CGM-Element | Zeichen-kodierung | | Binär-kodierung | | Klartext-kodierung |
|---|---|---|---|---|---|
| | Opcode | | Klasse | ID | |
| SEGMENT HIGHLIGHTING * | 3/8 | 3/2 | 8 | 23 | SEGHIGHL |
| SEGMENT DISPLAY | | | | | |
|     PRIORITY * | 3/8 | 3/3 | 8 | 24 | SEGDISPPRI |
| SEGMENT PICK PRIORITY ** | 3/8 | 3/5 | 8 | 26 | SEGPICKPRI |
| INHERENCE FILTER ** | 3/8 | 3/7 | 8 | 28 | INHFILTER |

| | |
|---|---|
| * | Erweiterungen für GKS oder CGI (Addendum 1). |
| ** | Erweiterungen für CGI (Addendum 1). |
| n.v. | nicht vorhanden |

# Anhang A : CGI & CGM Normen und Normentwürfe

## A.1 CGI Interface Techniques for Dialogues with Graphical Devices

|  | *Dokument* | *IS bis* |
|---|---|---|
| **- CGI Functional Descriptions** | | |
| CGI-Part 1 (Overview, Profiles & Conformance) | DIS 9636-1 | Februar 1991 |
| CGI-Part 2 (Control) | DIS 9636-2 | Februar 1991 |
| CGI-Part 3 (Output) | DIS 9636-3 | Februar 1991 |
| CGI-Part 4 (Segments) | DIS 9636-4 | Februar 1991 |
| CGI-Part 5 (Input & Echoing) | DIS 9636-5 | Februar 1991 |
| CGI-Part 6 (Raster) | DIS 9636-6 | Februar 1991 |
| **- CGI Data Stream Encodings** | | |
| Part 1 (Character Encoding) | DP 9637-1 | Februar 1992 |
| Part 2 (Binary Encoding) | DP 9637-2 | Februar 1992 |
| Part 3 (Clear Text Encoding) | DP 9637-3 | offen |
| **- CGI Library Language Bindings** | | |
| Part 1 (FORTRAN) | DP 9638-1 | Dezember 1991 |
| Part 2 (Pascal) | DP 9638-2 | offen |
| Part 3 (Ada) | DP 9638-3 | offen |
| Part 4 (C) | DP 9638-4 | Juli 1992 |

## A.2 CGM - Computer Graphics Metafile for Transfer and Storage of Picture Description Information

|  | *Dokument* | *IS seit* |
|---|---|---|
| **- CGM** | | |
| CGM-Part 1 (Functional Description) | IS-8632-1 | August 1987 |
| CGM-Part 2 (Character Encoding) | IS-8632-2 | August 1987 |
| CGM-Part 3 (Binary Encoding) | IS-8632-3 | August 1987 |
| CGM-Part 4 (Clear Text Encoding) | IS-8632-4 | August 1987 |
| **- CGM - Addendum 1** | | |
| CGM-Add. 1 (Functional Description -2D-) | IS 8632-1/AD 1 | Okt. 1989 |
| CGM-Add. 1 (Character Encoding) | IS 8632-2/AD 1 | Dezember 1989 |
| CGM-Add. 1 (Binary Encoding) | IS 8632-3/AD 1 | Dezember 1989 |
| CGM-Add. 1 (Clear Text Encoding) | IS 8632-4/AD 1 | Dezember 1989 |

**- CGM - Addendum 2**

CGM-Add. 2 (FunctionalDescription -3D-)     working draft SC24 - N219
CGM-Add. 2 (Character Encoding)             working draft SC24 - N220
CGM-Add. 2 (Binary Encoding)                working draft SC24 - N221
CGM-Add. 2 (Clear Text Encoding)            working draft SC24 - N222

# Anhang B : Literaturverzeichnis

## B.1 Referenzierte Literatur

[ArBo-88]  Arnold, D.B., Bono, P.: **CGM and CGI**, Springer Verlag, Berlin-Hei-delberg-New York, 1988

[CaMc-86]  Carson, G.S., McGinnis, E.: **The Reference Model for Computer Graphics**, IEEE Computer Graphics & Applications, Vol.6,8, pp.17-23, 1986

[DIN-85]  Deutsches Institut für Normung: Informationsverarbeitung - **Das Graphisches Kernsystem (GKS)**, Funktionale Beschreibung, DIN 66252, 1985

[Eber-88]  Eberding, K.: **Design and Implementation of a CGI System**, erscheint in [Göbe-88]

[EnEn-83]  Encarnaçao, J., Enderle. G.: **Ein Überblick über die Entwicklung des Graphischen Kernsystems GKS**, Informatik Spektrum, Vol.6,2, pp.96-104, April 1984

[GINO-76]  **GINO-F User Manual**, Issue 2, CAD Centre, Cambridge UK, 1976

[GSPC-79]  Graphics Standards Planning Commitee: **Status Report of the Graphics Standard Committee**, ACM Computer Graphics, Vol.13,3, August 1979

[Gued-79]  Guedj, R. et al.: **Methodology in Computer Graphics**, Seillac I 1976, North Holland Publ. Co., Amsterdam, 1979

[HeJO-86]  Henderson, L, Journey, M., Osland, C.: **The Computer Graphics Metafile**, Computer Graphics & Applications, Vol.6,8, pp.24-32, 1986

[MuSc-88]  Mumford, A., Skall, M.: **CGM and the Real World**, Springer Verlag, Berlin-Heidelberg-New York, 1988

[PoFA-86]  Powers, T., Frankel, A., Arnold, D.: **The Computer Graphics Virtual Device Interface**, Computer Graphics & Applications, Vol.6,8, pp.33-41, 1986

[Poll-88]  Poller, J.: **CGI in the Relation to 3D-Systems and 3D-Devices**, erscheint in [Göbe-88]

[Vand-88]  Vandershel, D.: **CGI Components in a Distributed Environment**, erscheint in [Göbe-88]


## B.2 Standards und Normungspapiere

[ANSI-79]  American National Standards Institute: **Line Conventions and Lettering**, ANSI Y14.2M-1979

[ANSI-88]  American National Standards Institute: **Metafile for the Storage and Transfer of Picture Description Information**, - Addendum 3 (CGM), ANSI X3H3/88-55, März 1988

[ISO-82]        ISO: **Technical Drawings - General Principles of Presentation**, ISO
                128-1982
[ISO-85]        ISO: **Graphical Kernel System (GKS)**, Functional Description, ISO
                7942 - 1985, DIN 66252, EN 27942, 1985/1986
[ISO-87a]       ISO: **Metafile for Transfer and Storage of Picture Description
                Information (CGM)**, ISO 8632/1-4, 1987
[ISO-87b]       ISO: **Graphical Kernel System for Three Dimensions (GKS-3D)**,
                Functional Description, ISO/IEC DIS 8805
[ISO-87c]       ISO: **Programmers Hierarchical Interactive Graphics System
                (PHIGS)**, Functional Description, ISO/IEC DIS 9592
[ISO-87d]       ISO: **GKS Language Bindings**, ISO 8651/1-3, DIN 66292
[ISO-87e]       ISO: **GKS-3D Language Bindings**, ISO/IEC DP 8806
[ISO-87f]       ISO: **PHIGS Language Bindings**, ISO/IEC DP 9593
[ISO-87g]       ISO: **Metafile for Transfer and Storage of Picture Description
                Information, Addendum 1**, Functional Specification, ISO-DPAD 8632-
                1, 1987
[ISO-88a]       ISO/IEC: **Conformance Testing of Implementations of Graphics
                Standards**, ISO/IEC JTC1/SC24 - N185
[ISO-88b]       ISO/IEC: **Metafile for the Storage and Transfer of Picture Description
                Information, Addendum 2**, Functional Specification, ISO/IEC
                JTC1/SC24 N23, Februar 1988
[ISO-88c]       ISO/IEC: **Reference Model of Computer Graphics**, ISO/IEC
                JTC1/SC24 N1793
[ISO-88d]       ISO/IEC: **Guidelines for GKS Maintenance**, ISO/IEC JTC1/SC24 N176
[ISO-88e]       ISO: **Procedures for the Registration of Graphical Items**, ISO/IEC TR
                9973, 1988
[ISO-89]        ISO/IEC: **Interfacing Techniques for Dialogues with Graphical Devices
                (Computer Graphics Interface, CGI)**, Functional Specification,
                ISO/IEC DIS 9636/1-6, Dezember 1989
[X-88]          Scheifler, Robert W.: **X Window System Protocol**, Release 2, X
                Version 11, Massachusetts Institute of Technology, Laboratory for
                Computer Science, 1988
[Zieg-89]       Ziegler, R.: **Proposal for a C Language Binding for CGI** (based on 2nd
                DP, November 1988), interner Forschungsbericht, FAGD-89i022, 1989

**B.3 Weitere Literatur zu graphischen Standards**

[Bono-85]       Bono, P.R.: **A Survey of Graphics Standards and Their Role in
                Information Exchange**, IEEE Computer, Vol.18,10, pp. 63-75, October
                1985
[Bono-86]       Bono, P.R. (ed.): **Special Issue on Graphics Standards**, IEEE
                Computer Graphics and Applications, Vol.6,8, August 1986
[EnGL-86]       Enderle, G., Grave, M., Lillehagen, F. (ed.): **Advances in Computer
                Graphics I**, Springer-Verlag, Berlin Heidelberg New York, 1986

[EnSt-81]     Encarnaçao, J., Straßer. W., (ed.): **Geräteunabhängige Graphische Systeme**, 3. Darmstädter Kolloquium, Oldenbourg Verlag, München, Wien, 1981

[FPGU-87]     Falcadieno, B., Pienovi, C., Gambaro, C., Cugini, U. (ed.): **Standardization in Computer Graphics**, Masson Italia Editori, Milano, 1987

[GöMe-89]     Göbel, M., Mehl, M.: **Standards der graphischen Datenverarbeitung**, Expert Verlag, Ehningen bei Böblingen, 1989

[HoHD-86]     Hopgood, F.R.A., Hubbold, R.J., Duce, D.A. (ed.): **Advances in Computer Graphics II**, Springer-Verlag, Berlin Heidelberg New York, 1986

[MuHe-90]     Mumford, A., Henderson, L.: **The Computer Graphics Metafile**, Butterworth Scientific, April 1990

[Nye-87]      Nye, Adrian: **The X Window System**, Programming Manual for Version 11 Release 1, Volume One, O'Reillyy & Associates, Inc., Newton MA, 1987

[PuMc-86]     Puk, R.F., McConnell, J.I.: **GKS-3D: A Three-Dimensional Extension to the Graphical Kernel System**, Computer Graphics & Applications, Vol.6,8, pp.42-49, 1986

[SpGa-86]     Sparks, M.R., Gallop, J.R.: **Language Bindings for Computer Graphics Standards**, Computer Graphics & Applications, Vol.6,8, pp.58-65, 1986

## B.4 Literatur zur Graphischen Datenverarbeitung

[Ange-83]     Angell, J.O.: **Graphische Datenverarbeitung, eine verständliche Einführung**, C. Hanser Verlag, München, 1983

[Earn-85]     Earnshaw, R.A. (ed.): **Fundamental Algorithms for Computer Graphics**, Springer-Verlag, Berlin, 1985

[EnSt-86]     Encarnaçao, J., Straßer, W.: **Computer Graphics**, 2. Auflage, Oldenbourg Verlag, München, Wien, 1986

[FoDa-82]     Foley, J.D., van Dam, A.: **Fundamentals of Interactive Computer Graphics**, Addison-Wesley Publ. Co., 1982

[Gilo-78]     Giloi, W.: **Interactive Computer Graphics**, Prentice Hall, New Jersey 1978

[Harr-85]     Harris D.: **Computer Graphics and Applications**, Chapman & Hall, 1985

[ISO-82]      ISO: **Data Processing Vocabulary - Computer Graphics**, ISO DIS 2382/13, 1982

[NeSp-79]     Newman, W.M., Sproull, R.F.: **Principles of Interactive Computer Graphics**, 2. Edition, McGraw-Hill Book Company, New York, 1979

[NeSp-86]     Newman, W.M., Sproull, R.F.: **Grundzüge der interaktiven Computergrafik**, McGraw-Hill Book Company, Hamburg, 1986

[Plas-86]     Plastok, R.A., Kalley, G.: **Theory and Problems of Computer Graphics**, Schaum's Outline Series, McGraw-Hill Book Company, New York, 1986

[RoEa-87]   Rogers, D.F., Earnshaw, R.A. (ed.): **Techniques for Computer Graphics**, Springer-Verlag, New York, 1987

[Roge-76]   Rogers, D.F., Adams, J.A.: **Mathematical Elements for Computer Graphics**, McGraw-Hill Book Company, New York, 1976

[SaSl-87]   Salmon, R., Slater, M.: **Computer Graphics, Systems & Concepts**, Addison-Wesley Publishing Company, Wokingham, Reading, 1987

# Anhang C :  Abkürzungsverzeichnis

| | |
|---|---|
| 2D | zweidimensional |
| 3D | dreidimensional |
| AASS | arbeitsplatzabhängiger Segmentspeicher, workstation dependent segment storage (WDSS) |
| AFNOR | Association Francais de la Normalisation |
| ANSI | American National Standards Institute |
| AP | application program, Anwendungsprogramm |
| ASAP | as soon as possible, so schnell wie möglich (SSWM) |
| ASF | aspect source flag, Aspektanzeiger |
| ASTI | at some time, nach einiger Zeit (NEZE) |
| AUSS | arbeitsplatzunabhängiger Segmentspeicher, workstation independent segment storage (WISS) |
| BA | Bildatei-Ausgabe-Arbeitsplatz |
| BE | Bildatei-Eingabe-Arbeitsplatz |
| BNI | before next interaction, vor der nächsten Interaktion |
| BSI | British Standard Institute |
| CAD | Computer Aided Design, computerunterstützter Entwurf |
| CAE | Computer Aided Engineering, |
| CAM | Computer Aided Manufacturing, |
| CGI | Computer Graphics Interface, virtuelle graphische Geräte-schnittstelle |
| CGM | Computer Graphics Metafile, graphische Bilddatei |
| CIE | Commission Internationale de l'Eclairage |
| CIM | Computer Integrated Manufacturing, |
| CMYB | Cyan-Magenta-Yellow-Black Farbmodell |
| DC | device coordinates, Gerätekoordinaten |
| DGWK | Deutsche Gesellschaft für Warenkennzeichnung mbH |
| DIN | Deutsches Institut für Normung |
| DIS | draft international standard, Normentwurf |
| DP | draft proposal, Normvorschlag |
| DPAD | draft proposal addendum |
| DTP | desk top publishing |
| DV | Datenverarbeitung |
| E/A | Ein-/Ausgabe |
| EBCDIC | extended binary coded interchange code |
| EN | Europäische Norm |
| FhG-AGD | Fraunhofer-Arbeitsgruppe Graphische Datenverarbeitung |
| FIFO | first in first out |
| GDP | generalized drawing primitive, Verallgemeinertes Darstellungs-element |
| GDV | Graphische Datenverarbeitung |
| GKS | Graphical Kernel System, Graphisches Kernsystem |
| GKS-3D | Graphical Kernel System 3D, Graphisches Kernsystem 3D |

| | |
|---|---|
| GKSB | GKS-Bilddatei |
| GKSM | GKS metafile, GKS-Bilddatei |
| GMD | Gesellschaft für Mathematik und Datenverarbeitung |
| GMDB | graphical metafile database, graphischen Bilddatenbank |
| GSPC | Graphics Standards Planning Committee |
| HLHSR | hidden-line/hidden-surface-removal, Berechnung verdeckter Kanten und Flächen |
| HLS | hue, lightness, saturation |
| HSV | hue, saturation, value |
| I/O | input/output, Eingabe/Ausgabe |
| ID | initial draft, erstes Arbeitspapier |
| IEC | International Electrotechnical Commission |
| IRG | implicit regeneration, implizite Bildregenerierung |
| IS | international standard, internationaler Standard |
| ISO | International Standardization Organization |
| JTC1 | Joint Technical Committee "Information Technology" |
| LAN | local area network |
| LID | logical input device, Logisches Eingabegerät |
| lsb | least significant bit, niedrigstwertige Bitposition |
| MFI | metafile input, Bilddatei Eingabe (BA) |
| MFO | metafile output, Bilddatei Ausgabe (BA) |
| MI | metafile input |
| MIT | Massachusetts Institute of Technology |
| MO | metafile output |
| msb | most significant bit, höchstwertige Bitposition |
| NBS | National Bureau of Standards |
| NCC | National Computing Centre |
| NDC | normalized device coordinates, normierte Koordinaten |
| NDC3 | normalized device coordinates for 3D, normierte 3D-Koordinaten |
| NEZE | nach einiger Zeit, at some time (asti) |
| NI | DIN-Normenausschuß Informationsverarbeitung |
| OUTIN | output/input, Ausgabe/Eingabe Arbeitsplatzkategorie (AUSEIN) |
| PHIGS | Programmer's Hierarchical Interactive Graphical System |
| RGB | Rot-Grün-Blau (additives Farbmodell) |
| SC24 | Sub Committee "Computer Graphics" |
| SSWM | so schnell wie möglich |
| UIM | user interface manager |
| UIMS | user interface management system, graphisch-interaktive Benutzungsoberfläche |
| UQUM | use quick update method |
| VDC | virtual device coordinates, virtuelle Gerätekoordinaten |
| VDEL | verallgemeinertes Darstellungselement, generalized drawing primitive |
| VDI | virtual device interface, virtuelle Geräteschnittstelle |
| WAIT | when application requests it |
| WC | world coordinates, Weltkoordinaten (WK) |
| WD | working draft, Arbeitspapier |

| WDSS | workstation dependent segment storage, arbeitsplatzabhängiger Segmentspeicher (AASS) |
| WISS | workstation independent segment storage, arbeitsplatzunabhängiger Segmentspeicher (AUSS) |
| WK | Weltkoordinaten |
| WS | workstation, graphischer Arbeitsplatz |

# Anhang D : Begriffserläuterungen

**Abfrage (sample) <CGI>:** Eingabemodus, in dem die Bedienung des graphischen Eingabegerätes parallel zur Anwendung erfolgen kann und die Anwendung jederzeit den augenblicklichen Wert des Eingabegerätes abfragen kann.

**Abstrakte Objektgenerierung (abstract rendering) <CGI>:** Umsetzen von Attributen, wie Linienbreite in "flächige" Linien, zur Unterstützung eines exakten Klippens.

**Anforderung (request) <CGI>:** Eingabemodus, bei dem das Anwendungssystems auf den Abschluß der Eingabeoperation wartet.

**Anwendungsdaten (application data):** Daten eines Anwendungsprogramms, deren Struktur nicht durch den Standard bestimmt sind.

**Anwendungsprofil (constituency profile) <CGI>:** Definition einer Untermenge von CGI-Funktionen zur Unterstützung der Anforderungen einer bestimmten Benutzergruppe. Hiermit werden voneinander unabhängige, vollständige und konsistente Funktionsmengen in CGI definiert. Die minimalen Funktionsmengen werden durch sogenannte *Foundation Profiles* festgelegt.

**Arbeitsplatz (workstation):** Das Konzept einer abstrakten graphischen Ressource, die eine logische Schnittstelle bietet, über die das Anwendungsprogramm ein physikalisches Gerät steuert. Ein Arbeitsplatz besitzt keine oder eine Ausgabefläche und kein oder mehrere logische Eingabegeräte.

**Aspekt eines Primitivs (aspect):** Die Erscheinungsweise eines Darstellungselements wird durch die Werte einer Menge von Charakteristika, den Aspekten, bestimmt (z.B. Linientyp eines Linienzuges). Geometrische Aspekte sind arbeitsplatzunabhängig und werden durch entsprechende Attribute festgelegt, z.B. Zeichenhöhe. Bei nichtgeometrischen Aspekten wird die Abbildung eines bestimmten Aspekts und seines bestimmenden Attributs durch den *Aspektanzeiger* (*aspect source flag, ASF*) gesteuert. Ist ein ASF auf gebündelt (bundled) gesetzt, so wird dieser Aspekt eines Primitivs durch das Bündel-Index-Attribut bestimmt. Wenn das ASF auf individuell (individual) gesetzt ist, so wird der Aspekt durch das entsprechende Attribut festgelegt.

**Attribut (attribute):** Ein Attribut bestimmt die Darstellungseigenschaft eines Darstellungselements. Es gibt vier Arten von Attributen: geometrische (z.B. Zeichenhöhe), nichtgeometrische (z.B. Linienbreiteskalierfaktor) und Identifikations-Attribute. Die geometrischen und nicht-geometrischen Attribute bestimmen die Erscheinungsform der Darstellungselemente.

**Audit Trail:** Protokollierung aller Aktivitäten der Anwendung mit einer Bilddatei. Dabei werden keine Bilder, sondern Funktionsfolgen festgehalten, die zur Bilderzeugung gedient haben.

**Aufforderung:** (s. prompt)

**Ausgabefläche (display surface):** Größtmöglicher Bereich eines graphischen Gerätes, der unter Kontrolle eines graphischen Systems zur Bildgenerierung verwendet werden kann.

**Ausgabepipeline (output pipeline, graphics pipeline):** Folge von funktionalen Bausteinen, die ein graphisches Primitiv durchläuft, bevor es auf dem graphischen Gerät dargestellt wird.

**Auslöser:** (s. Trigger)

**Auswähler (choice) < CGI >:** Ein logisches Eingabegerät zur Wahl einer aus n Alternativen, das z.B. über Menüs realisiert werden kann.

**Bediener (operator):** Anwender eines graphisch-interaktiven Systems, der graphische Ausgabe wahrnimmt und mit den graphischen Eingabegeräten das System steuert.

**Beschreibungstabelle (description table) < CGI >:** Datenstruktur(en) zur Beschreibung der Fähigkeiten eines graphischen Systems. Man unterscheidet beispielsweise Control description table, etc.

**Bilddatei (metafile) < CGM >:** Medium zur Speicherung von graphischen Darstellungen einschließlich der korrespondierenden Strukturinformation.

**Bilddatei-Element (metafile element) < CGM >:** Datensatz in der Bilddatei.

**Bilddatei-Generator (metafile generator) < CGM >:** Ein graphisches System oder eine Komponente desselben, das generierte Bilder in datenkodierter Form speichern und archivieren kann.

**Bilddatei-Interpreter (metafile interpreter) < CGM >:** Graphisches System, das Bilddateien lesen und visuell darstellen kann.

**Bildwiederholspeicher (frame buffer):** Bildspeicher, in dem Bilder auf Basis von Pixeln generiert werden, die in einer bestimmten Bildwiederholfrequenz (50-60 Hz) ausgelesen und auf dem Bildschirm dargestellt werden.

**Binärkodierung (binary encoding):** Kodierung von Metafile-Elementen oder graphischen Funktionen, in der Funktionskennzeichnung und Parameter bitweise kodiert sind.

**BITBLT (BIT aligned BLock Transfer) < CGI >:** Transfer eines rechteckigen Feldes von Pixeln innerhalb eines Bitmaps oder zwischen verschiedenen Bitmaps. Dabei können Quell- und Zielinformation miteinander verknüpft werden.

**bitmap < CGI >:** Speicherbereich, der als ein rechteckiges Feld von Pixeln angesehen wird. Man unterscheidet *Quell-Bitmaps (source bitmap)*, *Muster-Bitmaps (pattern bitmap)* und *Ziel-Bitmaps (destination bitmap)*. Während Quell-, Muster- und Ziel-Bitmaps als Operanden für die BITBLT-Operationen dienen, nimmt das Ziel-Bitmap auch das Ergebnis der Operation auf. Ein *full-depth Bitmap* enthält genau soviele Bit je Pixel wie das physikalische Gerät auswerten kann. Ein *Mapped Bitmap* enthält nur ein Bit je Pixel (Vordergrund-, bzw. Hintergrundpixel). Das *Darstellungs-Bitmap (displayable bitmap)* entspricht dem sichtbaren Teil des Bildspeichers eines physikalischen Gerätes. In das *Ausgabe-Bitmap (drawing bitmap)* wird graphische Ausgabe generiert.

**blind interchange < CGI >:** Unidirektionaler Datenaustausch zwischen einem CGI-Gerätetreiber und einem graphischen Gerät.

**Bündel (bundle):** Attribute eines Darstellungselements sind je Primitiv zu Attributsbündeln zusammengefaßt und in *Bündeltabellen (bundle tables)* gespeichert. Ein derartiges Bündel kann durch einen *Bündelindex (bundle index)* selektiert werden.

**CGI-Anwendung (client) < CGI >:** Applikation, die Dienste des CGI in Anspruch nimmt, z.B. ein Graphiksystem oder ein Bilddatei-Interpreter.

**Darstellungselemente (output primitives):** Elementare Bausteine der generativen Computer Graphik, aus denen sich die Bilder zusammensetzen.

**Darstellungsfeld (device viewport):** Definition eines rechteckigen Gebietes des Gerätekoordinatenbereiches. In dieses Darstellungsfeld wird die VDC-Ausdehnung abgebildet.

**direct colour:** Angabe der Farbe zur Generierung von Darstellungselementen ohne Verwendung einer Farbtabelle.

**Echo (echo):** Die sofortige Anzeige des aktuellen Maßwertes eines logischen Eingabegerätes für den Bediener an einem graphischen Arbeitsplatz.

**Echoanforderung (echo request input) < CGI >:** Eingabeart, die den Maßwert zurückliefert, sobald eine Bedienung erfolgt, und deren Echo über die Anwendung gesteuert auf einem separaten Ausgabegerät erscheint.

**Echoart (echo type):** Art der Darstellung eines Echos, z.B. Anzeige einer Position per Markierung auf dem Bildschirm, per Angabe der Koordinatenwerte, etc.

**Echogebiet (echo area):** Die Fläche, der in Gerätekoordinaten definiert ist und benutzt wird, um ein Prompt oder Echo darzustellen.

**Eingabeklasse (input class):** Die Charakterisierung der Funktionalität eines logischen Eingabegerätes. Es gibt acht Klassen logischer Eingabegeräte: Lokalisierer (locator), Liniengeber (stroke), Wertgeber (valuator), Auswähler (choice), Picker (pick), Textgeber (string), Pixelgeber (raster) und verallgemeinertes Eingabegerät (general).

**Eingabemodus (input mode):** Betriebsart, die angibt, auf welche Art die Daten eines logischen Eingabegerätes erhalten werden können. Es gibt vier Eingabemodi: Anforderung (request), Abfrage (sample), Ereignis (event) und Echo-Anforderung (echo request).

**Ereignis-Modus (event mode):** Der Betriebsart eines logischen Eingabegerätes, bei dem die asynchrone Eingabe zeitlich geordnet in einer Ereignis-Warteschlange (event queue) als Ereignisbericht abgelegt wird, sobald ein Trigger auslöst.

**Ereignisbericht (event report):** Ein Eintrag in der Ereigniswarteschlange, der aus einem logischen Eingabewert und der Identifikation des betreffenden logischen Eingabegerätes besteht.

**Erfragefunktion (inquiry function) < CGI >:** Funktionen zur Abfrage von Datenstrukturen eines graphischen Systems (wie z.B. Beschreibungstabellen und Zustandslisten).

**Farbmodell (colour model):** Die Methode, mit der ein Anwendungsprogramm eine Farbe beschreiben kann.

**Farbtabelle (colour table):** Arbeitsplatzspezifische Tabelle zur Farbdefintion entsprechend dem Farbmodell. Die Farbauswahl erfolgt über einen Zeiger (Farbindex) in diese Tabelle.

**Fluchtfunktion (escape):** Eine Funktion, die Zugriff auf implementierungs- oder geräteabhängige Eigenschaften bietet, aber keine graphische Ausgabe erzeugt.

**Font:** Eine Darstellung eines Zeichensatzes, deren Zeichen alle einheitliche visuelle Charakteristika besitzen.

**Füllgebiet (fill area):** Ein Darstellungselement, das aus einer Fläche besteht.

**Gerätekoordinaten (device coordinates, DC):** Ein geräteabhängiges Koordinatensystem zur Adressierung der physikalischen Ausgabefläche. Die Einheiten sind Meter oder geeignete arbeitsplatzabhängige Einheiten.

**Gerätetransformation < CGI >:** die Abbildung von virtuellen Koordinaten auf physikalische Gerätekoordinaten, wobei Anisotropie auftreten kann (VDC-to-Device-Mapping).

**Gerätetreiber (device driver):** Der geräteabhängige Teil einer Implementierung, die ein physikalisches Gerät (oder eine Klasse ähnlicher Geräte) unterstützt. Der Gerätetreiber erzeugt geräteabhängige Ausgabe und behandelt die geräteabhängige Interaktion.

**Gerätetreiberschnittstelle (device interface):** Funktionale oder Programmierschnittstelle zwischen dem graphischen Kern und den Gerätetreibern.

**Graphische Größe (graphical item):** Ausprägungen von Attributswerten und Funktionskennzeichnungen wie z.B. Linientypen (1 = solid, etc.), Markentypen (3 = asteriks), Schriftarten (1 = ISO 646), die für die Registrierung vorgesehen sind.

**Hervorheben (highlighting):** Segmentattribut, das häufig durch Blinken realisiert wird.

**Hintergrundfarbe (background colour):** Farbe der gesamten Bildschirmfläche bevor graphische Ausgabe erzeugt wird. Diese läßt sich z.B. über den Farbindex 0 der Farbtabelle festlegen.

**HLS (Hue, Lightness, Saturation):** Ein Farbmodell, das über die drei Parameter Farbton (Hue), Helligkeit (lightness) und Sättigung (saturation) eine Farbe beschreibt.

**HSV (Hue, Saturation, Value):** Ein Farbmodell, das mit drei Parametern Farbton (Hue), Sättigung (saturation) und Wert/Intensität (value) einer Farbe beschreibt.

**Implizite Regenerierung (implicit regeneration) < CGI >:** Neuausgabe eines Bildes aus dem Segmentspeicher, um dynamische Bildänderungen darzustellen, beispielsweise die erneute Darstellung eines transformierten Segments, nachdem die Funktion zum Setzen der Transformationsmatrix abgearbeitet ist. Die implizite Regenerierung kann zugelassen (default) oder unterdrückt werden.

**indizierter Farbwert (indexed colour):** Angabe der Farbe durch Referenzieren der Farbtabelle.

**Isotrope Abbildung (isotropic mapping):** Eine Transformation, die die Seitenverhältnisse unverändert läßt. Anisotropische Abbildungen führen zu Stauchungen und Verzerrungen.

**Kante (edge):** Die Begrenzung einer Fläche (FILL AREA, POLYGON).

**Kantenart (edgetype):** Ein Aspekt das den Stil der Kanten beschreibt.

**Klartextkodierung (clear text encoding):** Kodierung von Metafile-Elementen oder graphischen Funktionen, in der Funktionskennzeichnung und Parameter als 'lesbare' Texte erscheinen.

**Klippen (clipping):** Das Entfernen der Teile von Ausgabeprimitiven, die außerhalb einer spezifizierten Fläche (Klipprechteck/ clipping rectangle) liegen.

**Kodierung (data stream encoding):** Syntaktische Repräsentation von Funktionen, die zur Funktionsübertragung über eine Datenschnittstelle geeignet ist. Jede Funktion inklusive ihrer Parameter wird durch eine Folge von Bits, Bytes oder Zeichen dargestellt.

**Liniengeber (stroke) <CGI>:** Ein logisches Eingabegerät zur Eingabe von Positionsfolgen.

**Liniengraphik:** (s. Vektorgraphik)

**Logisches Eingabegerät (logical input device) <CGI>:** Die Abstraktion physikalischer Eingabegeräte (Maus, Tablett), die sich an den eingegebenen Datenstrukturen orientiert wie Position, Objektidentifikation, etc.

**Lokalisierer (locator) <CGI>:** Ein logisches Eingabegerät zur Eingabe von Positionen.

**mapped bitmap <CGI>:** Ein Bitmap, das ein Bit je Pixel enthält. Dieses spezifiziert die Vorder- oder Hintergrundfarbe. Wenn das Bitmap von der Anwendung eingesetzt wird, dann werden sie auf tatsächliche Farben abgebildet,.

**Maßwert (measure):** Ein Wert, der durch ein oder mehrere logische Eingabegeräte festgelegt wird und die Abbildung dieser Werte auf eine Form vornimmt, wie sie von den logischen Eingabeklassen gefordert wird.

**Maßwertprozeß (measure process):** Ein Prozeß, der aktiv wird, wenn ein logisches Eingabegerät zur Interaktion bereit ist. Der aktuelle Zustand des Maßwertprozesses ist der Maßwert.

**Muster (pattern):** Ausfüllungsart für Flächen.

**Nachricht (message) <CGI>:** Eine Nachricht die dem Bediener auf dem Ausgabegerät zugestellt werden kann, die nicht die graphische Ausgabe als solche beeinflußt.

**Nominalwert (nominal value):** Der geräteabhängige, grundlegende Wert von Aspekten eines Primitivs: Linienbreite (line width), Markergröße (marker size) und Kantenbreite (egde width), die multipliziert mit einem Skalierfaktor die tatsächliche Größe ergeben.

**non-retained data <CGI>:** Darstellungselemente, die nicht in Segmenten enthalten sind (output primitives outside segments).

**Normkonformität (conformance):** Übereinstimmung einer Implementierung eines graphischen Systems mit dem Standard.

**Picker (pick) <CGI>:** Ein logisches Eingabegerät zur Identifikation von Objekten wie z.B. Segmente.

**Pickerkennzeichnung (pick identifier) <CGI>:** Attribut zur Identifikation von Primitiven in Objekten.

**picture capture:** Funktionalität von Bilddateien zur Speicherung von Bildern.

**Pipeline:** (s. Transformations-Pipeline oder Ausgabepipeline)

**Pixel (picture element):** Das kleinste Element des Gerätedarstellungsbereichs, das eine unabhängige Farbe oder Intensität erhalten kann.

**Polygon (polyline) <CGI>:** Darstellungselement, spezifiziert durch n Positionen und bestehen aus n-1 gradlinigen Verbindungen zwischen diesen Positionen.

**Polymarke (polymarker) <CGI>:** Darstellungselement, spezifiziert durch n Positionen und bestehend aus n zentrierten Markensymbolen.

**Previewing:** Betrachtung und Bewertung der graphischen Ausgabe in vereinfachter Form, bevor diese in hoher Qualität erzeugt wird.

**Prompt (Aufforderung):** Eine Ausgabe an den Bediener, die ihm anzeigt, daß ein bestimmtes logisches Eingabegerät benutzt werden kann (z.B. das Fadenkreuz, das erstmalig erscheint und anzeigt, daß eine Lokalisierereingabe möglich ist).

**Quittung (acknowledgement):** Anzeige für den Bediener eines logische Eingabegerätes, das die Betätigung des Triggers (Auslöser) anzeigt.

**Rastergraphik:** Bildgenerierung auf der Ebene von Pixeln, bzw. Pixelfeldern.

**Registrierung (registration):** Internationale Vereinheitlichung der durch die Standards nicht erfaßten Ausprägungen graphischer Größen (z.B. Linientypen in technischen Zeichnungen) mittels eines internationalen Registers.

**Remote Echoing <CGI>:** Methode zur Darstellung des Echos einer graphischen Eingabe auf einem separatem graphischen Gerät.

**Rendering:** Generierung des Bildes, bzw. der Ausgabeprimitive.

**RGB (Rot/Grün/Blau):** additives Farbmodell, in dem sich jede Farbe aus Anteilen der RGB-Grundfarben zusammensetzt.

**Rotation (rotation):** Transformation eines Objektes durch Drehung um eine Achse.

**Rückkopplung (feedback):** Eine Ausgabe, die dem Operateur ermöglicht, die Interpretation des Anwendungsprogramms zu einem logischen Eingabewert zu erkennen.

**Schraffur (hatch style):** Ausfüllungsart für Flächen.

**Schreibmodus (drawing mode) < CGI >:** Die Operation zwischen den Pixeln des Quell- und des Ziel-Bitmaps wird als *drawing mode* bezeichnet. Beispiele dafür sind 'und', 'oder', 'exor' etc.

**Schriftart (text font):** (s. Font)

**Segment (segment):** Die Sammlung von Darstellungselementen, die als Einheit behandelt werden können.

**Segment-Zustandsliste (segment state list):** Datenstruktur je Segment, die die aktuellen Werte der Segmentattribute enthält.

**Segmentattribut (segment attribute):** Attribute, die nur für Segmente zutreffen. Dies sind Sichtbarkeit (visibility), Hervorheben (highlighting), Ansprechbarkeit (detectability), Segmentpriorität (segment priority) und Segmenttransformation (segment transformation).

**Segmentspeicher (segment storage) < CGI >:** Temporäres Speichermedium für graphische Objekte.

**Segmenttransformation (segment transformation):** Eine Transformation, die bewirkt, daß Darstellungselemente, die in einem Segment definiert sind, auf dem Ausgabegerät mit veränderlicher Position (Translation), Größe (Skalieren) und/oder Orientierung (Rotation) erscheinen.

**Seitenverhältnis (aspect ratio):** Das Verhältnis der Längen entlang den Hauptachsen eines Objekts.

**Sitzungsprotokoll (session capture):** Funktionalität einer Bilddatei, die von der Anwendung verwendeten Funktionen sequentiell zu protokollieren.

**Skalierung (scaling):** Vergrößern oder Verkleinern eines Objektes.

**Sprachanbindung (language binding):** Eine standardisierte prozedurale Schnittstelle, definiert in einer Programmiersprache, zur Ansteuerung der Funktionen eines graphischen Systems.

**Textgeber (string) < CGI >:** Ein logisches Eingabegerät zur Eingabe von alphanumerischen Zeichenfolgen.

**Textposition (text position):** Ein Punkt, der Teil der Textausgabefunktion ist und zusammen mit dem Textrichtungsvektor die Textebene festlegt. Er legt ebenso, gemeinsam mit der Textausrichtung (text alignment) den Bereich der Darstellung des Textes fest.

**timeout:** Zeitliches Kriterium nach dem das Warten auf eine Benutzereingabe (im Ereignismodus) abgebrochen wird.

**Translation (translation):** Transformation eines Objektes durch Verschiebung von seiner ursprünglichen Position.

**Transparenz (transparency):** individuelles Attribut, das den Hintergrund von Zeichen, Schraffuren, Marken definiert.

**Trigger (Auslöser):** Ein Teil eines physikalischen Eingabegerätes (oder mehrerer Geräte), mit dem der Bediener einen bedeutenden Zeitpunkt festlegen kann (z.B. die Taste einer Maus, mit der die gültige Eingabeposition angegeben wird).

**Unterbrechung (break):** Abbruch einer graphischen Eingabe durch den Bediener, ohne daß ein Eingabewert zurückgeliefert wird.

**VDC-Ausdehnung (VDC extent):** Ein rechteckiger Bereich des VDC-Bereichs eines CGI, der auf der Gerätedarstellungsfläche visuell dargestellt wird.

**VDC-Bereich (VDC range):** Teilbereich des virtuellen Gerätekoordinatensystems für eine CGI-Implementierung. Es wird neben der Ausdehnung des Koordinatenbereiches zusätzlich die Darstellungsgenauigkeit, der Datentyp der Koordinaten und die Kodierung festgelegt.

**VDC-System (VDC space):** (s. virtuelles Gerätekoordinatensystem).

**Vektorgraphik:** Bildgenerierung mit Vektoren und Linien.

**Verallgemeinertes Darstellungselement (generalized drawing primitive):** Darstellungselement zur Ausnutzung gerätespezifischer Darstellungsmöglichkeiten wie Kreise, Splines.

**Verschiebung (shifting):** (s. Translation)

**Verzögerungszustand (deferral mode) <CGI>:** Der Verzögerungszustand spezifiziert die maximal erlaubte Verzögerung zwischen der Ausführung einer Ausgabefunktion und des Erscheinens des visuellen Effektes. Keine Verzögerung ist im Zustand 'so schnell wie möglich (as soon as possible ASAP)' erlaubt.

**Viewport:** (s. Darstellungsfeld)

**Virtuelles Gerätekoordinatensystem (virtual device coordinates, VDC space):** Zweidimensionales, kartesisches Koordinatensystem mit unbeschränkter Genauigkeit und unbegrenzter Ausdehnung, von dem eine CGI-Realisierung einen festen Bereich (VDC range) benutzt.

**Vordergrundfarbe (foreground colour) <CGI>:** Farbe, die bei der Generierung der graphischen Ausgabe verwendet wird.

**Wertgeber (valuator) <CGI>:** Logisches Eingabegerät, das einen Wert (reelle Zahl) zurückliefert.

**Zeichenkodierung (character encoding):** Kodierung von Metafile-Elementen oder graphischen Funktionen, in der Funktionskennzeichnungen und Parameter byteweise kodiert sind.

**Zoomen (zooming):** (s. Skalierung)

**Zusammengesetztes Darstellungselement (closed figure):** Definition eines Füllgebietes durch die begrenzenden Linien.

**Zustandsliste (state list):** Datenstruktur, die zu jedem Zeitpunkt den aktuellen Zustand, repräsentiert durch aktuelle Attributswerte, Transformationswerte, etc., eines graphischen Systems widerspiegelt. Man unterscheidet verschiedene Zustandslisten z.B. control state list, segment state list.

## Anhang E : Beispiel-Programm

Im Folgenden wird ein Beispiel-Programm in 'C' aufgelistet, das bereits in Kap. II.6.5.1 erwähnt wurde. Dieses Programm erzeugt eine tickende Uhr mit Stunden-, Minuten- und Sekundenzeiger. Die vorhandene CGI-Implementierung (GML-CGI von GTS-GRAL) hat double-buffering-Fähigkeit. Da die Implementierung eine eigene Sprachanbindung realisiert hat, wurde das abgedruckte Programm abgeändert und entspricht jetzt der aktuellen CGI-C-Sprachanbindung (Juli 1990).
Für die Exaktheit des Programmes wird keine Gewähr gegeben.

Die folgenden CGI-Funktionen wurden verwendet (in Klammern steht der entsprechende Funktionsname wie er in der C-Sprachanbindung definiert ist):

INITIALIZE  (cinit)
TERMINATE  (cterm)
VDC EXTENT  (cset_vdc_extent)
DEVICE VIEWPORT MAPPING  (cset_vp_map)
PREPARE DRAWING SURFACE  (cprep_draw_surf)
POLYLINE  (cpolyline)
TEXT  (ctext)
POLYGON  (cpolygon)
CIRCLE  (ccircle)
LINE COLOUR  (cset_line_colr)
FILL COLOUR  (cset_fill_colr)
INTERIOR STYLE  (cset_int_style)
TEXT PRECISION  (cset_text_prec)
CHARACTER HEIGHT  (cset_char_ht)
TEXT ALIGNMENT  (cset_text_align)
LINE WIDTH SPECIFICATION MODE  (cset_line_width_specif_mode)
LINE WIDTH  (cset_line_width)
SELECT DRAWING BITMAP  (csel_draw_bitmap)
DISPLAY BITMAP  (cset_disp_bitmap)

```
/*----------------------------------------------------------*/
/* WATCH
*/
/*----------------------------------------------------------*/

#include <math.h>
#include <time.h>
#include <stdio.h>
#include <cbinding.h>

#define PI              3.141592654
#define WHITE           16
#define BLACK           0
#define RED             2
#define GREEN           3
#define CYAN            6

Cvdc_rect       ext             = { {0,0}, {1000,1000} };

Cvdc_int_pt     centre          = { 500, 500 };
Cvdc_int_pt     txpoint1        = { 500, 900 };
Cvdc_int_pt     txpoint2        = { 500, 100 };
Cvdc_int_pt     txpoint3        = { 900, 500 };
Cvdc_int_pt     txpoint4        = { 100, 500 };
Ctext_align     txalign         = { CTH_CENTRE, CTV_HALF, 0., 0. };

Cvdc_int_pt     sekpoints []    = { { 500, 460 }, { 500, 850 }
};

Cvdc_int_pt     minpoints []    = { { 500, 500 }, { 470, 700 },
                                    { 500, 850 }, { 530, 700 } };

Cvdc_int_pt     stdpoints []    = { { 500, 500 }, { 460, 650 },
                                    { 500, 750 }, { 540, 650 } };

int  flag = 0;

main()
/*----------------------------------------------------------*/
{
    InitializeCGI();
    cset_vdc_extent(&ext);
    cset_vp_map(CIF_FORCED, CVPH_CENTRE, CVPV_CENTRE);
    printf("\n..  Watch (C)  Stop (ESC)  ..\n");
    uhr();
    cterm();
}
```

```
void InitializeCGI()
/*----------------------------------------------------------*/
/* Initialisere CGI und loesche Viewport                    */
/*----------------------------------------------------------*/
{
     cinit();
cprep_draw_surf(CCDS_UNCONDITIONAL);
}

void draw_line(x1,y1,x2,y2)
/*----------------------------------------------------------*/
/*   Draw Line from Point (x1,y1) to Point (x2,y2)          */
/*----------------------------------------------------------*/
int x1,y1,x2,y2;
{
     Cvdc_int_pt p[2];

     p[0].x= x1;
     p[0].y= y1;
     p[1].x= x2;
     p[1].y= y2;
     cpolyline(2, &p);
}


void uhr()
/*----------------------------------------------------------*/
/*   ===> Uhr-Ablauf <===                                   */
/*----------------------------------------------------------*/
{
     int std, min, sek;
     int ende = 0;
     int crazy_watch = 0;

     do
     {
          ende = read_time(&crazy_watch, &std, &min, &sek);
          if (!ende)
          {
               csel_draw_bitmap(!flag);
               cprep_draw_surf(CCDS_UNCONDITIONAL);
               draw_zifferblatt();
               draw_stundenzeiger(std, min);
               draw_minutenzeiger(min, sek);
               draw_sekundenzeiger(sek);
```

```
                    cset_disp_bitmap(!flag);
                    flag = !flag;
            }
    } while (!ende);
}


void draw_zifferblatt()
/*-------------------------------------------------------*/
/*
/*-------------------------------------------------------*/
{
    Cdouble ko1, ki1;
    Cvdc_int_pt txpoint;

    Cvdc height = 40;

    cset_line_colr(WHITE);
    cset_fill_colr(WHITE);
    cset_int_style(CFIS_HOLLOW);
    ccircle(&centre, 450);
    ccircle(&centre, 350);

    draw_line(500, 850, 500, 820);
    draw_line(500, 150, 500, 180);
    draw_line(850, 500, 820, 500);
    draw_line(150, 500, 180, 500);
    ko1= 350.0 * cos(PI/6.0);
    ki1= 350.0 * sin(PI/6.0);
    draw_line((int) (500.0 + ko1),
          (int) (500.0 + ki1),
          (int) (500.0),
          (int) (500.0));
    draw_line((int) (500.0 + ko1),
          (int) (500.0 - ki1),
          (int) (500.0),
          (int) (500.0));
    draw_line((int) (500.0 - ko1),
          (int) (500.0 - ki1),
          (int) (500.0),
          (int) (500.0));
    draw_line((int) (500.0 - ko1),
          (int) (500.0 + ki1),
          (int) (500.0),
          (int) (500.0));
    ko1= 350.0 * cos(PI/3.0);
    ki1= 350.0 * sin(PI/3.0);
```

```
        draw_line((int) (500.0 + ko1),
            (int) (500.0 + ki1),
            (int) (500.0),
            (int) (500.0));
        draw_line((int) (500.0 + ko1),
            (int) (500.0 - ki1),
            (int) (500.0),
            (int) (500.0));
        draw_line((int) (500.0 - ko1),
            (int) (500.0 - ki1),
            (int) (500.0),
            (int) (500.0));
        draw_line((int) (500.0 - ko1),
            (int) (500.0 + ki1),
            (int) (500.0),
            (int) (500.0));
        cset_int_style(CFIS_SOLID);
        cset_fill_colr(BLACK);
        ccircle(&centre, 320);

/* Ziffern */

        cset_text_prec(CTP_STROKE);
        cset_char_ht(height);

        cset_text_align(&txalign);
        ctext(&txpoint1, CTFF_FINAL, "12");
        ctext(&txpoint2, CTFF_FINAL, "6");
        ctext(&txpoint3, CTFF_FINAL, "3");
        ctext(&txpoint4, CTFF_FINAL, "9");
        ko1= 400.0 * cos(PI/3.0);
        ki1= 400.0 * sin(PI/3.0);
        txpoint.x= (int) (500.0 + ko1);
        txpoint.y= (int) (500.0 + ki1);
        ctext(&txpoint, CTFF_FINAL, "1");
        txpoint.y= (int) (500.0 - ki1);
        ctext(&txpoint, CTFF_FINAL, "5");
        txpoint.x= (int) (500.0 - ko1);
        ctext(&txpoint, CTFF_FINAL, "7");
        txpoint.y= (int) (500.0 + ki1);
        ctext(&txpoint, CTFF_FINAL, "11");
        ko1= 400.0 * cos(PI/6.0);
        ki1= 400.0 * sin(PI/6.0);
        txpoint.x= (int) (500.0 + ko1);
        txpoint.y= (int) (500.0 + ki1);
        ctext(&txpoint, CTFF_FINAL, "2");
        txpoint.y= (int) (500.0 - ki1);
```

```
        ctext(&txpoint, CTFF_FINAL, "4");
        txpoint.x= (int) (500.0 - ko1);
        ctext(&txpoint, CTFF_FINAL, "8");
        txpoint.y= (int) (500.0 + ki1);
        ctext(&txpoint, CTFF_FINAL, "10");

}


void draw_stundenzeiger(std, min)
/*-----------------------------------------------------------*/
/*
/*-----------------------------------------------------------*/
int std, min;
{
        Cdouble  phi;
        Cvdc_int_pt newpoints[4];

        phi= 2 * PI/12.0 * ((Cdouble)std + (Cdouble)min/60.0);
        newpoints[0]= stdpoints[0];
        transform_point(&centre, phi,
                        &stdpoints[1], &newpoints[1]);
        transform_point(&centre, phi,
                        &stdpoints[2], &newpoints[2]);
        transform_point(&centre, phi,
                        &stdpoints[3], &newpoints[3]);

        cset_fill_colr(RED);
        cpolygon(4, &newpoints);
}


void draw_minutenzeiger(min, sek)
/*-----------------------------------------------------------*/
/*
/*-----------------------------------------------------------*/
int min, sek;
{
        Cdouble  phi;
        Cvdc_int_pt newpoints[4];

        phi= 2 * PI/60.0 * ((Cdouble)min + (Cdouble)sek/60.0);
        newpoints[0]= minpoints[0];
        transform_point(&centre, phi,
                        &minpoints[1], &newpoints[1]);
        transform_point(&centre, phi,
                        &minpoints[2], &newpoints[2]);
```

```
      transform_point(&centre, phi,
                      &minpoints[3], &newpoints[3]);

      cset_fill_colr(GREEN);
      cpolygon(4, &newpoints);
}


void draw_sekundenzeiger(sek)
/*------------------------------------------------------*/
/*
/*------------------------------------------------------*/
int sek;
{
      Cdouble    phi;
      Csize_specif    lwsec = 3.0, lwn = 1.0;
      Cvdc_int_pt newpoints[2];

      phi= 2 * PI/60.0 * sek;
      transform_point(&centre, phi,
                      &sekpoints[0], &newpoints[0]);
      transform_point(&centre, phi,
                      &sekpoints[1], &newpoints[1]);
      cset_line_colr(CYAN);
      cset_line_width_specif_mode(CSM_SCALED);
      cset_line_width(&lwsec);
      draw_line(newpoints[0].x, newpoints[0].y,
                      newpoints[1].x, newpoints[1].y);
      cset_line_width(&lwn);    /* Zurücksetzen der
Linienbreite */
}


int read_time(flag, std, min, sek)
/*------------------------------------------------------*/
/*
/*------------------------------------------------------*/
int *flag;
int *std, *min, *sek;
{
      struct tm *t_block;
      static long zeit= 0;
      long zeit1;
      char taste;

      if (kbhit())
      {
```

```
            taste= getch();
            if (taste == 'c' || taste == 'C')
                *flag= !(*flag);
            else
                return (1);
    }

    if (*flag)
    {
            if (*min == 0) (*std == 0)? *std= 23 : (*std)--;
            if (*sek == 0) (*min == 0)? *min= 59 : (*min)--;
            (*sek == 0)? *sek= 59 : (*sek)--;
    }
    else
    {
            do
                zeit1 = time(NULL);
            while (zeit1==zeit);
            zeit = zeit1;
            t_block = localtime(&zeit);
            *sek = t_block->tm_sec;
            *min = t_block->tm_min;
            *std = t_block->tm_hour;
    }
    return(0);
}


void transform_point(p0, phi, p1, p2)
/*------------------------------------------------------------*/
/*
/*------------------------------------------------------------*/
Cvdc_int_pt    *p0;
Cdouble        phi;
Cvdc_int_pt    *p1;
Cvdc_int_pt    *p2;
{
    Cdouble co, si;
    Cdouble x, y, x0, y0, x1, y1;

    co= cos(phi);
    si= sin(phi);
    x0= (Cdouble) p0->x;
    y0= (Cdouble) p0->y;
    x1= (Cdouble) p1->x;
    y1= (Cdouble) p1->y;
    x= x1 * co + y1 * si + x0 - x0 * co - y0 * si;
```

```
        y= y1 * co - x1 * si + y0 + x0 * si - y0 * co;
        p2->x= (int)x;
        p2->y= (int)y;
}
```

## Anhang F : CGI-Funktionsverzeichnis

ALTERNATE CHARACTER SET INDEX ................................................................. 66
APPEND TEXT .............................................................................................. 65,69,71
ASPECT SOURCE FLAGS ................................................................................... 60
ASSOCIATE TRIGGERS ....................................................................................... 89
AUXILIARY COLOUR ...................................................................................... 61,74
BACKGROUND COLOUR ................................................................................. 61,98
BEGIN FIGURE ................................................................................................. 76,78
CELL ARRAY ................................................................................................... 76,102
CHARACTER CODING ANNOUNCER ............................................................ 68,70
CHARACTER EXPANSION FACTOR .................................................................. 67
CHARACTER HEIGHT ........................................................................... 66,69,70,71
CHARACTER ORIENTATION .................................................................... 53,66,70
CHARACTER SET INDEX ........................................................................... 66,67,68
CHARACTER SET LIST ..................................................................................... 67,70
CHARACTER SPACING .................................................................................... 67,71
CIRCLE ............................................................................................................... 71,85
CIRCULAR ARC 3 POINT .................................................................................. 76,78
CIRCULAR ARC 3 POINT CLOSE ........................................................................ 71
CIRCULAR ARC CENTRE ................................................................................. 76,80
CIRCULAR ARC CENTRE CLOSE ....................................................................... 71
CIRCULAR ARC CENTRE REVERSED ............................................................... 64
CLIP INDICATOR ................................................................................................. 60
CLIP RECTANGLE ............................................................................................... 60
CLOSE SEGMENT ......................................................................................... 80,85,86
COLOUR PRECISION REQUIREMENT .............................................................. 56
COLOUR SELECTION MODE ............................................................................... 61
COLOUR SPECIFICATION MODE ....................................................................... 80
COLOUR TABLE .............................................................................................. 61,70
COLOUR VALUE EXTENT .................................................................................. 61
CONNECTING EGDE ........................................................................................... 78
COPY SEGMENT .......................................................................................... 31,84,85
CREATE BITMAP ............................................................................................. 97,99
CREATE SEGMENT ...................................................................................... 80,85,86
DELETE ALL SEGMENTS ..................................................................................... 81
DELETE BITMAP ................................................................................................. 97
DELETE BUNDLE REPRESENTATION .............................................................. 59
DELETE PATTERN ............................................................................................... 73
DELETE PRIMITIVE ATTRIBUTES .................................................................... 62
DELETE SEGMENT ............................................................................................. 81
DEQUEUE < input class > EVENT ................................................................. 94,95
DEQUEUE ERROR REPORTS ............................................................................. 56
DEVICE VIEWPORT SPECIFICATION MODE .................................................. 53
DEVICE VIEWPORT ................................................................................ 70,99,100

DEVICE VIEWPORT MAPPING ............................................................53,70
DISABLE EVENTS .............................................................................94
DISJOINT POLYLINE..........................................................................62,80
DISPLAY BITMAP...............................................................................97,98
DRAW ALL SEGMENTS ...............................................31,81,83,84,99
DRAWING MODE ...............................................................................100
DRAWING SURFACE CLIP INDICATOR......................................54
ECHO OUTPUT CONTROLS ...........................................................94
ECHO REQUEST LOCATOR............................................................93,94
EDGE CLIPPING MODE ...................................................................61
EDGE COLOUR ..................................................................................73
EDGE REPRESENTATION ...............................................................59
EDGE TYPE .........................................................................................73
EDGE VISIBILITY ........................................................................73,76,78
EDGE WIDTH.......................................................................................73
EDGE WIDTH SPECIFICATION MODE ........................................60
ELLIPSE................................................................................................71
ELLIPTICAL ARC ..............................................................................64
ELLIPTICAL ARC CLOSE ................................................................71
ENABLE EVENTS ..............................................................................94
END FIGURE........................................................................................76,78
END PAGE............................................................................................50
ERROR HANDLING CONTROL.......................................................56
ESCAPE .................................................................................................57
EVENT QUEUE BLOCK CONTROL ...............................................95
EVENT QUEUE TRANSFER ............................................................94
EXECUTE DEFERRED ACTIONS ...................................................50,51
FILL AREA INTERIOR STYLE.......................................................76
FILL BITMAP.......................................................................................73,102
FILL COLOUR......................................................................................73,85
FILL REFERENCE POINT .................................................................73,74
FILL REPRESENTATION ..................................................................58
FILL TYPE ............................................................................................85
FLUSH DEVICE EVENTS .................................................................95
FLUSH EVENTS..................................................................................95
FONT LIST ...........................................................................................67,70
GDP........................................................................................................76,96
GENERALIZED DRAWING PRIMITIVE........................................76
GET ADDITIONAL < input class > DATA .....................................95
GET ESCAPE .......................................................................................57
GET NEW BITMAP IDENTIFIER ....................................................98
GET NEW SEGMENT IDENTIFIER ................................................80
GET PIXEL ARRAY ...........................................................................103
GET PIXEL ARRAY DIMENSIONS ................................................103
HATCH INDEX ....................................................................................73,76
INDEX PRECISION REQUIREMENT ............................................56
INHERITANCE FILTER .....................................................................84,85

INITIALIZE..............................................................................................49
INITIALIZE ECHO OUTPUT....................................................92,93
INITIALIZE ECHO REQUEST....................................................92,93
INITIALIZE EVENT QUEUE............................................................95
INITIALIZE LOGICAL INPUT DEVICE.......................................88
INTEGER PRECISION REQUIREMENT.......................................56
INTEGER/REAL PRECISION REQUIREMENT..............................56
INTERIOR STYLE...................................................................73,76
LINE BUNDLE INDEX...............................................................39,40
LINE CLIPPING MODE...................................................................61
LINE COLOUR........................................................................64,80
LINE REPRESENTATION..........................................................42,58
LINE TYPE......................................................................................64
LINE WIDTH...................................................................................64
LINE WIDTH SPECIFICATION MODE...........................................60
MAPPED BITMAP FOREGROUND COLOUR..................................98
MARKER CLIPPING MODE...........................................................61
MARKER COLOUR.........................................................................64
MARKER REPRESENTATION.........................................................58
MARKER SIZE................................................................................64
MARKER SIZE SPECIFICATION MODE..........................................60
MARKER TYPE...............................................................................64
MESSAGE.......................................................................................57
NEW REGION.................................................................................76
PATTERN INDEX.......................................................................73,74
PATTERN SIZE..........................................................................73,74
PATTERN TABLE............................................................................73
PICK IDENTIFIER...........................................................................80
PIXEL ARRAY..........................................................................98,102
POLYGON.......................................................................................71
POLYGON SET................................................................................71
POLYLINE............................................31,33,34,39,45,62,76,80,99,102
POLYMARKER.................................................................................64
PREPARE DRAWING SURFACE.................................49,50,61,83,99
RECTANGLE...................................................................................71
RELEASE ECHO OUTPUT...............................................................94
RELEASE EVENT QUEUE...............................................................95
RENAME SEGMENT.......................................................................81
REOPEN SEGMENT........................................................................80
REQUEST <input class>............................................................92,95
RESTORE PRIMITIVE ATTRIBUTES..........................................62,84
RESTRICTED TEXT..................................................................65,70,71
SAMPLE <input class>...............................................................92,95
SAVE PRIMITIVE ATTRIBUTES.....................................................62
SEGMENT DETECTABILITY...........................................................81
SEGMENT DISPLAY PRIORITY......................................................81
SEGMENT HIGHLIGHTING............................................................81

SEGMENT PICK PRIORITY ............................................................................81
SEGMENT TRANSFORM................................................................................81
SEGMENT VISIBILITY .................................................................................81
SELECT DRAWING BITMAP ......................................................................99
SIMULATE PICK............................................................................................83
STATE LIST INQUIRY SOURCE.................................................................57
TERMINATE....................................................................................................49
TEXT........................................................................45,58,64,65,66,67,69,102
TEXT ALIGNMENT .............................................................................66,67,70
TEXT BUNDLE INDEX ................................................................................66
TEXT COLOUR...............................................................................................67
TEXT FONT INDEX................................................................................67,71
TEXT PATH................................................................................................66,70
TEXT PRECISION .........................................................................................67
TEXT REPRESENTATION, ..........................................................................58
TILE THREE OPERAND BITBLT ..............................................................102
TRANSPARENCY...................................................................................61,74
UPDATE  < input class > ECHO OUTPUT................................................92
UPDATE LOCATOR ECHO .........................................................................94
VDC EXTENT ....................................................................35,53,70,99,100
VDC INTEGER/REAL PRECISION REQUIREMENT ............................56
VDC TYPE ................................................................................................52,70

# Anhang G : CGM-Funktionsverzeichnis

ALTERNATE CHARACTER SET INDEX ................................................117,130
APPEND TEXT ..............................................................................................130
APPLICATION DATA ..................................................................................122
AUXILIARY COLOUR ..................................................................................119
BACKGROUND COLOUR ..............................................................110,114,118
BEGIN FIGURE.............................................................................................127
BEGIN METAFILE ..............................................................................109,113
BEGIN PICTURE ....................................................................108,109,114,116
BEGIN PICTURE BODY ..............................................................108,114,119
BEGIN SEGMENT ........................................................................................127
CELL ARRAY ................................................................................................122
CHARACTER CODING ANNOUNCER ....................................................117,134
CHARACTER EXPANSION FACTOR.............................................................121
CHARACTER HEIGHT ................................................................................121
CHARACTER ORIENTATION .....................................................................121
CHARACTER SET INDEX.......................................................................117,130
CHARACTER SET LIST................................................................................131
CHARACTER SPACING ...............................................................................121
CIRCLE.........................................................................................................121
CIRCULAR ARC 3 POINT CLOSE.................................................................121
CIRCULAR ARC CENTRE CLOSE ...............................................................121
CIRCULAR ARC CENTRE REVERSED ......................................................127
CLEAR WORKSTATION ..............................................................................110
CLIP INDICATOR........................................................................................120
CLIP RECTANGLE.......................................................................................120
COLOUR INDEX ..........................................................................................115
COLOUR INDEX PRECISION ..............................................................132,138
COLOUR PRECISION ........................................................................115,132,134
COLOUR SELECTION MODE.............................................................122,134,139
COLOUR VALUE EXTENT .........................................................................115
COPY SEGMENT .........................................................................................127
DEFERRAL STATE.......................................................................................106
DEVICE VIEWPORT MAPPING .................................................................127
DEVICE VIEWPORT ...................................................................................127
DEVICE VIEWPORT SPECIFICATION MODE...........................................127
DIRECT COLOUR PRECISION...................................................................138
DRAWING PLUS CONTROL SET ...............................................................116
DRAWING SET.............................................................................................116
EDGE CLIPPING MODE .............................................................................127
EDGE REPRESENTATION .........................................................................127
EDGE WIDTH SPECIFICATION MODE ..............................................113,118
ELLIPSE........................................................................................................121
ELLIPTICAL ARC .......................................................................................120

ELLIPTICAL ARC CLOSE ........................................................................ 121
END FIGURE........................................................................................... 127
END METAFILE ...........................................................................109,131,114
END PICTURE.................................................................108,114,119,131
END SEGMENT...................................................................................... 127
ESCAPE ................................................................................................... 122
FILL REPRESENTATION ...................................................................... 127
FONT LIST .............................................................................................. 116
GENERALIZED DRAWING PRIMITIVE........................................... 122
INDEX PRECISION ....................................................................... 115,138
INHERITANCE FILTER ......................................................................... 127
INTEGER PRECISION .......................................................... 115,132,138
LINETYP.................................................................................................. 120
LINE BUNDLE INDEX ........................................................................... 120
LINE CLIPPING MODE .......................................................................... 127
LINE COLOUR ........................................................................................ 120
LINE REPRESENTATION....................................................................... 127
LINEWIDTH............................................................................................ 120
LINEWIDTH SPECIFICATION MODE............................................. 113,118
MARKER BUNDLE INDEX .................................................................... 121
MARKER CLIPPING MODE ................................................................... 127
MARKER COLOUR ................................................................................. 121
MARKER REPRESENTATION................................................................ 127
MARKER SIZE ......................................................................................... 121
MARKER SIZE SPECIFICATION MODE ......................................... 113,118
MARKER TYPE........................................................................................ 121
MAXIMUM COLOUR INDEX ................................................................ 115
MAXIMUM VDC EXTENT ..................................................................... 127
MESSAGE ................................................................................................ 122
METAFILE ELEMENT LIST .................................................................. 110
METAFILE DEFAULTS REPLACEMENT........................................116,120
METAFILE DESCRIPTION.................................................................... 115
METAFILE ELEMENT LIST .................................................................. 112
METAFILE VERSION .......................................................................110,115
NEW REGION.......................................................................................... 127
PICK IDENTIFIER .................................................................................. 127
POLYGON SET........................................................................................ 121
REAL PRECISION ............................................................... 115,132,138
RESTORE PRIMITIVE ATTRIBUTES................................................. 127
RESTRICTED TEXT ............................................................................... 130
SAVE PRIMITIVE ATTRIBUTES.......................................................... 127
SCALING MODE..............................................................................112,117
SEGMENT DISPLAY PRIORITY........................................................... 127
SEGMENT HIGHLIGHTING ................................................................. 127
SEGMENT PICK PRIORITY .................................................................. 127
SEGMENT PRIORITY EXTENT............................................................ 127
SEGMENT TRANSFORMATION.......................................................... 127

TEXT..................................................................................................130,142
TEXT ALIGNMENT..........................................................................121
TEXT BUNDLE INDEX.....................................................................121
TEXT COLOUR.................................................................................121
TEXT FONT INDEX................................................................116,121
TEXT PATH.......................................................................................121
TEXT PRECISION ...........................................................................121
TEXT REPRESENTATION...............................................................127
TRANSPARENCY.............................................................................119
UPDATE WORKSTATION................................................................106
USER ITEM .......................................................................................122
VDC EXTENT....................................................................112,113,118
VDC INTEGER / REAL PRECISION................................................113
VDC INTEGER PRECISION...............................................119,133,139
VDC REAL PRECISION......................................................119,133,139
VDC TYPE ................................................................................115,133

# Anhang H : Abbildungsverzeichnis

Abb. II-1 : CGI-Konfigurationen..................................................................................20
Abb. II-2 : CGI-Schnittstellen in GKS-Implementierungen ...............................23
Abb. II-3 : CGM Interpretation mit einem CGI-Gerät.......................................25
Abb. II-4 : CGI und CGM innerhalb von GKS ......................................................26
Abb. II-5 : Virtuelle Geräteschnittstellen in einem verteilten graphischen System....27
Abb. II-6 : CGI-Objekt-Pipeline...............................................................................32
Abb. II-7 : Das Darstellungselement POLYLINE...............................................33
Abb. II-8 : Attributauswahl .......................................................................................34
Abb. II-9 : Die Effekte der unterschiedlichen Klipp-Modi ...............................36
Abb. II-10: Konzept der Profile ................................................................................44
Abb. II-11: Definition der VDC-Ausdehnung .......................................................51
Abb. II-12: Die vier möglichen VDC-Ausdehnungen und ihr zugehöriger Drehsinn.52
Abb, II-13: Abbilden von VDC-Ausdehnung auf Gerätedarstellungsfläche.............54
Abb. II-14: Gerätedarstellungsbereich und Geräteklippen ...............................55
Abb. II-15: Zustandsmodell für die Ausgabe........................................................59
Abb. II-16: Linienprimitive des CGI.......................................................................63
Abb. II-17: Zeichendefinition in CGI......................................................................65
Abb. II-18: Character Orientation in CGI...............................................................66
Abb. II-19: Schriftqualität ..........................................................................................68
Abb. II-20: Beispiele für Zeichenbreitefaktor .....................................................69
Abb. II-21: Beispiele für Zeichenabstand...............................................................69
Abb. II-22: Füllgebietprimitive des CGI ................................................................72
Abb. II-23: Schraffuren des CGI ..............................................................................73
Abb. II-24: Ausfüllungsarten.....................................................................................74
Abb. II-25: Bestimmung des Inneren von Füllgebieten .....................................75
Abb. II-26: Zusammengesetztes Füllgebiet............................................................77
Abb. II-27: Zusammengesetztes Füllgebiet............................................................77
Abb. II-28: Rotation, Skalierung und Translation eines Segments ...................82
Abb. II-29: Zustandsdiagramm der Sample-Eingabe .........................................91
Abb. II-30: Zustandsdiagramm der Echo-Request-Eingabe .............................93
Abb. II-31: Die Raster Pipeline ................................................................................99
Abb. III-1: Verwendung von GKS-Metafiles .....................................................106
Abb. III-2: Verwendung von CGM ........................................................................107
Abb. III-3: Struktur des CGM .................................................................................108
Abb. III-4: CGM Zustandsdiagramm ...................................................................111
Abb. III-5: CGM-Interpreter ...................................................................................123
Abb. III-6: CGM-Generator und Interpreter in GKS ......................................125
Abb. III-7: Aufruf von CGM-Interpreter .............................................................126
Abb. III-8: 7-Bit-Kodierung....................................................................................129
Abb. III-9: 8-Bit-Kodierung....................................................................................130

# Index

< input class > INPUT  45
1-WAY-OUTPUT  45
2-WAY-OUTPUT  45
7-Bit-Kode  130
7-Bit-Kodierung  129
8-Bit-Kodierung  130

Abfrage  86
abstract rendering  35
Acknowledgement  90, 92
action required flag  57
Addendum  105
Addendum 1  127
Addendum 2  127
Addendum 3  128
additiv  40
Aktualisierungszustand  50
Allesgeber  87
alternativer Zeichensatz  66
Anforderung  86
Ansprechbarkeit  81
Anwendungsprofil  44
Anwendungsprogrammierer  3
Anwendungsschnittstelle  5
API standards  5
Application Programmers Interface
   (API)  7
Arbeitsplatz  124
arbeitsplatzabhängiger Segment-
   speicher (AASS)  10
Arbeitsplatztreiber  23
arbeitsplatzunabhängiger
   Segmentspeicher (AUSS)  10
asap  50
aspect source flag  33
Aspektanzeiger  33, 60
associated clipping  54, 60
Assoziierte Transformation  35
asti  50
Attributanbindung  58, 120
Attribute  8, 122
Attributfunktionen  29, 48
Aufforderung  90, 92

Aufforderungsarten  90
Ausfüllungsart  73, 74
Ausgabefläche  8, 49
Ausgabefunktionen  48
Ausgabekontrollfunktionen  29
Ausgabeprimitive  28
Auslöser  88, 89, 91, 92
Auswähler (choice)  9, 87
auxiliary colour  35, 101, 102

Background Colour  61
Backup-File  106
base line  66
Basis-Format (basic format)  131, 132,
   134
Bediener  2
Begrenzungselement  109
Benutzer  2, 28
Beschreibungstabelle  39
Bildaktualisierung  50
Bildarchivierung  104
Bildbeschreibungselement  109
Bilddatei (CGM, Metafile)  10, 13, 22,
   104
Bilddatei-Ausgabearbeitsplatz  105
Bilddatei-Eingabearbeitsplatz  105
Bilddatei-Generator  105
Bilddatei-Interpreter  105
Bildkörper  109
Bildregenerierung  58
Bildspeichermedium  107
Binärkodierung (binary encoding)  18,
   136, 144
BitBlt-Funktionen  100
Bitfolge-Format (bitstream)  132
bitmap  75, 96
bitmap extent  97, 99
bitmap identifier  98
Bitmap-Zustandsliste  41, 100
Bitmap/Pixmap-Graphik  29
bni  50
break  91, 95
Bündeltabelle  58
Byte-Swapping  136

C0-Satz  130
C1-Satz  130
callable target  21

cap line 66
CGI (Computer Graphics Interface) 12
CGI - Normen 16
CGI client 19, 48
CGI Data Stream Encoding 16, 18
CGI Functional Specification 16
CGI graphic object pipeline 29
CGI Library Language Binding 16
CGI state list 37
CGI target 20, 21
CGI virtual device 15, 22
CGI-Anwendung 19
CGI-Generator/Interpreter 21
CGI-Geräte 22
CGI-Implementierung 19
CGI-Konfigurationen 20
CGI-Objekt-Pipeline 31, 32, 84
CGI-Profil 44
CGM 24, 104, 105
CGM-Addendum 1 126
CGM-Element 129
CGM-Generator 13, 124
CGM-Interpreter 13, 126
CGM-Kodierung 129
character 68
character base line 66
Character Coding Announcer 134
character encoding 18
character expansion factor 69
character spacing 69
character up vector 66
Class-Independent Logical Input Device Description Table 40
Class-Independent Logical Input Device State List 41
Class-Specific Logical Input Device Description Table 40
Class-Specific Logical Input Device State List 41
clear text encoding 18, 140
client 15
closed figure 58, 76, 127
Coding (s. CGM-Kodierung) 129
Colour Selection Mode 61
composite line primitive 128
compound primitive 33, 47, 76
compound text 58

compound text primitive 65
Computer Graphics Interface 14
Computer Graphics Metafile 24, 105
Constituency Profiles 44
Control 39, 40
Control Description Table 39
Control State List 40
crosshair 90
current closure point 76

Darstellungselemente 29, 120
Darstellungspriorität 81
data record 88
data stream encoding 21
Datenstrom 57
default values 39
deferral mode 50
delimiter element 109
description table 39
destination bitmap 100, 102
detection 55
detection off 56
Device Drawing Surface State 49
Device Identification Description Table 39
device viewport 34, 37, 53
Differential Chain Code (DCC) 133
digital representation 90
Displacement-Modus 133
display bitmap 99
display surface 49
displayable bitmap 97
Domain Ring 133
drawing bitmap 98, 99
drawing mode 37, 100, 102
drawing plus control set 110
drawing set 110
Drawing Surface Clipping 37, 54, 60
dynamische Farbänderung 61

Echo 90, 92
Echo Anforderung 87
Echo Entity State List 41
echo output 92
Echo Output Description Table 40
Echo-Request-Eingabe 92
Echoart 90
Echoausgabe 90, 92

Echoausgabegerät 92

Echoausgabezustandsliste 92

Echowert 93

edge 73, 102

Edge Attributes State List 41

Edge Description Table 40

effective viewport 53

effektive Darstellungsfläche 53

effektive Darstellungspriorität 81

Eingabe 86

Eingabebereich 89

Eingabefunktionen 48, 86

Eingabegeräte 8

Eingabeklasse 87, 89, 90

Eingabemodi (Betriebsarten) 86

Eingabewarteschlange 94

Element-Begrenzer 141

Element-Identifikation (element id) 136, 137, 144

Elementen-Klasse (element class) 136, 137, 144

Ellipse 71

Ellipsenabschnitt 71

Ellipsenausschnitt 71

Ellipsenbogen 64, 120

Empfangsgerät 57

empty 75

ending point 62

Ereignis 86

Ereignisbericht 94, 95

Ereignismodus 94, 95

Ereigniswarteschlange 94

Erfragefunktion 29, 39, 42, 49

Ergebnis-Bitmap 100, 101

Ergebnis-Pixel 100

error detection 43

error queue 43, 56

error reaction 43

error reporting 43

error reports 56

escape 29

Escape-Sequenz 130

event 47, 86

Event Input State List 41, 95

event queue 94

event report 94

Event-Eingabe 89, 94

explicit regeneration 84

Externe Funktionen (externals) 29, 49

Farbdefinition 29

Farbeigenschaften 35

Farbindex 34

Farbrastergerät 35

Farbrealisierung 40

Farbspezifikation 61

Farbtabelle 34

Farbwert 35

Fehlerbehandlung 43

Fehlerbehandlungsfunktionen 29, 49

Fehlerberichte 56

Fehlererkennung 43

Fehlerfindung 55

Fehlerklasse 43, 56

Fehlerliste 56

Fehlermeldung 43, 55

Fehlernummer 56

Fenstersysteme 22

Fill Attributes State List 41

Fill Description Table 40

fixed integer 56

Flächenattribute 121

Flächenprimitive 71

flag 42

Fluchtfunktion 29, 49, 57

Folgebit (exponent follow-Bit) 132

Foundation Profile 43, 48

full-depth 98

Full-Depth bitmaps 98

Function and Profile Support Description Table 39

G-Sätze 130

Genauigkeit 56

General Attributes and Output Control State List 41

generating client 21

Generator 21

Gerätedarstellungsfeld 112

Gerätedarstellungsfläche 34, 53

Gerätefenster 112

Geräteklasse 49

Geräteklippen 37, 54, 60

Geräteklipprechteck 54

Geräteschnittstelle 14

Gerätetransformation 34, 37

GKS 7, 22
GKS-3D 11, 24
GKS-Bilddatei 13
GKS-Bilddatei-Ausgabe (BA) (GKS
    metafile output, MO) 10
GKS-Bilddatei-Eingabe (BE) (GKS
    metafile input, MI) 10
GKS-Metafile 106, 110
GKSM 105
GKSM-Interpreter 126
graphische Arbeitsplätze 19, 22
graphische Ausgabepipeline 17
graphische Geräte 22
Graphisches Kernsystem (GKS) 7,
    104
graphischer Arbeitsplatz (workstation)
    7

Hardcopy 49
Hardcopy-Gerät 50
hatch 74, 102
Hervorheben 81
Hintergrundfarbe 61, 110
hollow 73

Implementierer 3, 28
implizite Regenerierung 81
implizite Segment-Regenerierung 83
Incremental-Modus 133
Indexfarben 61
Individual Echo Entity State List 41
Individual Segment State List 41
Inkremente 133
Input and Echoing 40, 41
input class 87, 91
Input Description Table 40
input extent 88, 89
inquiry function 29, 42
interior style 73
intermediate point 62
Interpreter 21, 112
invalid 42
Isotropie 53

Kante 73, 121
Kantenattribute 73
Klartextkodierung 18, 109, 140, 144
Klippanzeiger 60, 80

Klippbereich 84
Klippen 35, 55
Klippmodi 61
Klipprechteck 60, 80
Kodierung 17, 18
    Binär- 136
    Klartext- 140
    Zeichen- 129
Kodierung (data stream encoding) 5
Kodierungstechnik
    CGM 68, 129
Kommandokopf (command-header)
    136
Kompatibilität 4
Kontrollfunktionen 28, 48, 49
Kopiertransformation 35, 82, 84
Kreis 71
Kreisabschnitte 71
Kreisbogen 62, 120
Kreissektoren 71
Kurzform-Kodierung 136

Langform-Kodierung 136
language binding 5
Leistungsstufe (level) 10
Line Attributes State List 41
line bundle index 34
Line Description Table 40
Linienattribute 64
Linienelement 120
Linienfunktionen 62
Liniengeber 87, 89
Liniengeber (stroke) 9
Linientyp 64
Linienzug 62
locus clipping 35
locus then shape clipping 35
LOCUS-Klippen 36
LOCUS-THEN-SHAPE-Klippen 36
logical input device 87
logical input device state list 89
logische Eingabegeräte 29, 86, 87, 94
logische Eingabegeräte (logical input
    devices) 9
logische Eingabeklasse (input class) 9
Lokalisierer (locator) 9, 87, 89, 90

mapped 98

Mapped bitmaps 98
Markenfunktion 64
Markentyp 64, 121
Marker Attributes State List 41
Marker Description Table 40
Maßwert 88, 89, 92
Mehr-Byte-Zeichensätze 131
Metafile (Bilddatei) 10, 104
  Kodierung 129
metafile descriptor element 110
metafile input workstation 105
metafile output workstation 105
Metafile-Deskriptor 137
Metafile-Element 112
Metafile-Input-Workstation 124
Metafile-Output-Workstation 124
Metafilebeschreibung 110
Metafiles 104
Minimalanforderung für den CGM-Interpreter 123
Multi-Part Standard 17
Muster 74
Mustergröße 74

nominal scaled line width 34
nominale skalierte Linienbreite 34
non-displayable bitmaps 97
non-retained data 80, 85
normierte Koordinaten 112
Null-Wartezeit 90

Objekt-Klipp-Modi 35
Objektklippen 54, 60
Oktetts (octet) 136
Opcode
  CGM 131
Opcodes 144
Operanden-Bitmap 100
Operator 2
Output 39, 41
Output Control Description Table 40
Output Device Description Table 39
overflow 95

Partitions-Flag 137
pattern 74
pattern bitmap 102
PHIGS 11, 24

physical rendering 37
Physikalische Objektgenerierung 37
Picker (pick) 9, 87
Picker-Echo 38
Picker-Eingabe 9, 83
Picker-Priorität 81
Pickerkennzeichen 87
Pickerkennzeichnung 80
picking 83
picture body 24, 109
picture capture file 107
picture descriptor 110
picture descriptor element 109
Pixel 87, 96
Pixel Array 87, 102
Pixelgeber 87
Pixelverdoppelung 102
Portabilität 1, 2
Portionieren von Rückgabedaten 95
PRECISION REQUIREMENT-
  Funktion 52
predefined displayable bitmaps 97
preferred behaviour 45
Previewing 104
Primitive (Darstellungselemente) 8, 29
Primitive Support Description Table 39, 62
procedural binding 19
procedural single-entry-point binding 19
Prompting 89, 90, 92

Quell-Bitmap 100, 101
quick update method 83
Quittung 90, 92
Quittungsarten 90

Raster 40, 41
Raster Description Table 40
Raster State List 41
Rasterfunktionen 29, 48, 96
Referenzmodell 3, 17
regeneration pending 83
Regenerierung 83
Remote Echoing 49, 92, 96
rendering 61
reporting 55

reporting off 56
request input 46
Request-Eingabe 91
response validity flag 98
RGB-Farbmodell 61
RGB-Tripel 34
rubber band line 90
rubber band rectangle 90

sample 47, 86
Sample-Eingabe 91
Schraffur 74
Schraffurtyp 74
Schreibmodus 37, 100
Schreibrichtung 66
Schriftart 67
Schriftlinie 66
Schriftqualität 67, 68
Segment Description Table 40
segment identifier 80
Segment State List 41
Segmentattribut 81
Segmente 9, 40, 41, 79
Segmentfunktionen 29, 48
Segmentname 80, 87
Segmentspeicher 10, 23, 37, 79, 81, 86
Segmenttransformation 35, 81
selective erase 84
SHAPE-Klippen (shape clipping) 35, 36
Sichtbarkeit 81
Signed Integer 137
Sitzungsprotokoll 106
Skalierungsfaktor 34
Softcopy-Ausgabefläche 49
Softcopy-Gerät 50
solid 73
source bitmap 100, 102
specification mode 34
Spezifikationsmodi 34, 60
Spezifikationsmodus 'scaled' 34
Spezifikationsmodus 'VDC' 34
spontane Änderung 50
Spontaneous Change Possible in Drawing Surface Description 50
Sprachanbindung 5, 12, 17, 18, 124
Spracheingabe 87
starting point 62

state list 39
steckerkompatible Austauschbarkeit graphischer Geräte 14
string 68, 87
stroke 68, 87
subtraktiv 40
Syntax 142
   CGM 135

target 19
Text Attributes State List 41
Text Description Table 40
text precision 68
Textattribute 65, 121
Textausrichtung 66
Textfarbe 67
Textgeber (string) 9, 87, 89
Textindex 66
Textprimitive 64
Timeout 90, 91, 95
tracking cross 90
transparent colour 102
Transparenz 61
trigger 88

unreported overflow state 95
Unsigned Integer 137
Unterbrecher 95
Unterbrecherknopf 92
Unterbrechung 91

valid 42
validity status 88
VDC 51, 112
VDC extent 53
VDC range 52, 113
VDC space 52
VDC-Ausdehnung 53
VDC-Bereich 52, 113
VDC-System 52, 113
VDC-to-Device-Mapping 34, 37, 53, 60
VDI 14
Verallgemeinertes Darstellungselement 76
Verallgemeinertes Eingabegerät 87
Vererbungsfilter 84
Versalhöhe 66

verteiltes graphisches System 27
Videotext 131
view surface clipping 37
view surface clipping rectangle 37
virtual device coordinates 51, 112
Virtual Device Interface (VDI) 5, 14
Virtuelle Gerätekoordinaten 51, 112
Virtuelle Geräteschnittstellen 12, 27
virtuellen Koordinaten (VDC) 133
virtuelles CGI-Gerät 19

wait forever 90
weiches Trennzeichen (soft delimiter)
    141
Weltkoordinatensystem 8
Wertgeber (valuator) 9, 87
Window-Systeme 50
workstation dependent segment
    storage, WDSS 10
workstation independent segment
    storage, WISS 10, 84
workstation viewport 112
workstation window 112

Zeichenabstand 67, 69
Zeichenaufwärtsvektor 66
Zeichenbreitefaktor 67, 69
Zeichengröße 66
Zeichenkodierung 18, 144
Zeichenkodierung (character
    encoding) 129
Zeichenorientierung 66
Zeichensatz
    CGM 130
Zeichensatz-Index 66
Zellmatrix 76, 122
Ziel-Bitmap 100, 101
zusammengesetzte Füllgebiete 76
zusammengesetzte Linien 128
zusammengesetzte Primitive 58, 76,
    127
Zusammengesetzte Texte 70
zusammengesetztes Textprimitiv 65
Zustandsliste 39, 88
Zustandsmodell 38
Zwei-Byte-Opcode 131